Tirol unter dem bayerischen Löwen

Reinhard Heydenreuter

Tirol unter dem bayerischen Löwen

Geschichte einer wechselhaften Beziehung

F. Pustet · Tyrolia · Athesia

Gedruckt mit Unterstützung
der Abteilung Kultur im Amt
der Tiroler Landesregierung

und der

Südtiroler Landesregierung,
Abteilung für deutsche
Kultur und Familie

AUTONOME　　　　PROVINCIA
PROVINZ　　　　　AUTONOMA
BOZEN　　　　　　DI BOLZANO
SÜDTIROL　　　　ALTO ADIGE

Deutsche Kultur und Familie

Bibliografische Information der Deutschen Bibliothek

Die Deutsche Bibliothek verzeichnet diese Publikation
in der Deutschen Nationalbibliografie; detaillierte biografische
Daten sind im Internet über http://dnb.ddb.de abrufbar.

www.pustet.de
www.tyrolia-verlag.at
www.athesiabuch.it

ISBN 978-3-7917-2134-7 (Pustet)
ISBN 978-3-7022-2974-0 (Tyrolia)
ISBN 978-88-8266-548-7 (Athesia)
© 2008 by Verlag Friedrich Pustet, Regensburg
Umschlaggestaltung: Heike Jörss
Gesamtherstellung: Friedrich Pustet, Regensburg
Printed in Germany 2008

Inhalt

Vorwort 7

1. **Kapitel: Die bajuwarische Einwanderung** 9
   Christianisierung im Alpenraum • Die Gründung der Klöster Scharnitz und Innichen • Bayerische Kirchenfürsten und Klostervorstände in Tirol

2. **Kapitel: Tirol scheidet aus dem Herzogtum Bayern aus** . 20
   Die Grafschaft Tirol entsteht • Neue Herren • Die Görzer – Aufstieg einer bayerischen Familie • „Grenzverkehr"

3. **Kapitel: Tirol zwischen Wittelsbach und Habsburg** . . . 38
   Die tirolische Heirat • Herzog Ludwig V. der Brandenburger als Regent von Tirol • Tirol kommt an das Haus Habsburg • Gescheiterte Hoffnungen • Die bayerischen Gerichte Rattenberg, Kitzbühel und Kufstein • Rattenberg, Kitzbühel und Kufstein kommen an Habsburg • Tiroler in Bayern • Der „Bayerische Rummel" • Erbstreitigkeiten im 18. Jahrhundert • Europa im Umbruch

4. **Kapitel: Tirol kommt zu Bayern** 88
   Das bayerische Bündnis mit Napoleon • Die Besetzung Tirols durch französische und bayerische Truppen • Der Friede von Preßburg und die Abtretung Tirols • Die Zivilübernahme Tirols

5. **Kapitel: Tirol als Landesteil Bayerns** 102
   Bevölkerung und Wirtschaftslage • Die bayerische Behördenorganisation und -reform in Tirol • Finanzpolitische und wirtschaftliche Maßnahmen • Gesundheitspolitik • Königs- und Kronprinzenbesuche

6. **Kapitel: Bayern und die Verfassung Tirols** 128
   Die Tiroler Landstände • Die Aufhebung der Landschaftskassen • Die Aufhebung der Landstände • Bayern und der Tiroler Adel • Die Tiroler Wehrverfassung • Die bayerische Konskription von 1809

7. **Kapitel: Bayern und das „Heilige Land Tirol"** 146

8. **Kapitel: Die Tiroler Erhebung** 156
   Gründe für den Aufstand • Die erste Befreiung Tirols im April 1809 • Die österreichische Interims-Regierung • Die Rückeroberung Tirols • Die Treffen am Bergisel und die zweite Befreiung Tirols • Die dritte Befreiung Tirols • Die letzte Schlacht – das Ende • Ein Mythos entsteht

9. Kapitel: Tirol nach dem Aufstand 204
Die Teilung Tirols • Bayerns letzte Jahre in Tirol • Der österreichische Einmarsch • Tirol und Bayern nach dem Vertrag von Ried • Österreich als Erbe Bayerns in Tirol

10. Kapitel: Tirol und Bayern nach dem Ende der bayerischen Herrschaft 225
Unruhiges Biedermeier in Bayern und Tirol • In Memoriam Andreas Hofer • Der Freiheitskampf künstlerisch gestaltet • Späte Reue? – Tiroler über Bayern und umgekehrt • Lebenswege zwischen Tirol und Bayern im 19. Jahrhundert • Tirol und die bayerische Alpensehnsucht

11. Kapitel: Bayern und Tirol im 20. Jahrhundert 250
Waffenbrüderschaft im Ersten Weltkrieg • Umbruch nach 1918 • Bayern und Tirol heute

Zeittafel 258

Literaturverzeichnis 261

Anmerkungen 264

Register der Personen 268

Register der Orte 276

Bildnachweis 280

Vorwort

Dieses Buch soll der tirolisch-bayerischen Nachbarschaft gewidmet sein. Doch sind Tirol und Bayern mehr als nur Nachbarn. Sie verbindet vielmehr eine vielhundertjährige Beziehung.

Einst waren die Bajuwaren die Herren im Land, bis sich im 13. Jahrhundert das „Land im Gebirge" vom Herzogtum Bayern löste. Die „gefürstete" Grafschaft Tirol war allerdings nur achtzig Jahre eigenständig, bis sie im Jahr 1342 ein „Leckerbissen" zunächst für Wittelsbach, aber nach gerade mal zwei Jahrzehnten für Habsburg wurde.

In den folgenden Jahrhunderten schielte der bayerische Löwe immer wieder nach Süden. Noch einmal gelang es ihm, sich den Adler untertänig zu machen. Doch sträubte der so heftig sein Gefieder, dass der Löwe endgültig resignierte. Adler und Löwe sind heute friedlich und kooperativ.

Das „dokumentiert" auch dieses Buch: Die Jahrhunderte gemeinsamer Geschichte ebenso wie die vielfältigen Auseinandersetzungen in der Vergangenheit um ihre Bindung oder Lösung. Dabei tauchen faszinierende Gestalten, erfolgreiche aber auch glücklose Akteure auf.

Der Band ist eine Zeitschau von Jahrhunderten bis er im 19. und 20. Jahrhundert das nachbarschaftliche Neben- und auch Miteinander von Löwe und Adler schildert.

Es ist lohnend, diesem Netzwerk nachzuspüren. Denn die Geschichte des eigenen Landes lässt sich besser begreifen, wenn man die des Nachbarn kennen lernt.

Dazu sei der Leser eingeladen.

Das Werk dokumentiert auch die Kooperation dreier einheimischer Verlage, die sich besonders der jeweiligen Landesgeschichte widmen. Die folgende Darstellung ist ein passender Baustein im Programm eines jeden.

Ich danke den Verlagen Pustet, Tyrolia und Athesia für dieses aufgeschlossene Forum und ihr „länderübergreifendes" Engagement.

Nicht zuletzt war es mir ein Anliegen, ein wichtiges Kapitel tirolisch-bayerischer Beziehungen, die Tiroler Erhebung von 1809, in einen größeren historischen Kontext zu stellen.

Ob dies gelungen ist, mögen Sie, geneigter Leser und/oder Tirol"liebhaber" selbst entscheiden.

Penzberg, im Oktober 2008   Reinhard Heydenreuter

1. Kapitel

Die bajuwarische Einwanderung

Die Bajuwaren, über deren Herkunft sich die Historiker und Archäologen nicht im Klaren sind, hatten bereits im 6. Jahrhundert von Norden her die Alpen erreicht. Vermutlich haben sich die ersten Siedler um 550 im Raum Kufstein – Kitzbühel – Wörgl festgesetzt. Sie überschritten noch vor dem Jahr 600 den Brenner. In dieser Zeit fügen sie sich zu einem festen Stamm, den nachmaligen Baiern[1].
Wir kennen bereits den Namen eines bajuwarischen Stammesherzogs, Garibald I. aus dem Geschlecht der Agilolfinger (etwa 550–591). Dieser heiratete zwischen 555 und 561 die vom Merowingerkönig Chlotar (511–561) geschiedene Langobardenprinzessin Walderada. Diese Heirat deutet eine für die nächsten zwei Jahrhunderte schicksalhafte Beziehung zwischen Bajuwaren und Langobarden an. Garibalds Tochter Theodolinde heiratete den langobardischen König Authari und ihrem Einfluss ist es nicht zuletzt zuzuschreiben, dass sich die arianischen Langobarden zum katholischen Glauben bekehrten. Im Gebiet von Bozen scheint die bajuwarisch-langobardische Grenze verlaufen zu sein. Ein comes Baiuvariorum ist dort Ende des 7. Jahrhunderts fassbar.
Seit ihrem Auftauchen standen die Herzöge aus dem Geschlecht der Agilolfinger mehr oder weniger unter der Oberhoheit der Franken, die möglicherweise die Bajuwaren ins Land gerufen hatten, jedenfalls ihre ersten Herzöge ernannt haben.
Das größte Problem der 200 Jahre lang regierenden Agilolfinger Herzöge im Tiroler Raum waren die aus dem Osten hereindrängenden Slawen. Nach 590 haben diese das Drautal besetzt und sind im Pustertal auf die Bajuwaren gestoßen. Unter dem fränkischen Kaufmann Samo gelingt es den Slawen für einige Zeit, sich aus der Oberherrschaft der Awaren zu befreien und ein Großreich mit dem Zentrum in Kärnten zu bilden, das sich bis 660 hält. Im Süden versuchen die Bajuwaren in die Geschicke

des Langobardenreichs einzugreifen. Eine Auseinandersetzung zwischen dem Grenzgrafen von Bozen und dem langobardischen Herzog von Trient weist auf den Versuch der Agilolfinger hin, zugunsten der Nachkommen der Herzogstochter Theodolinde in langobardischen Thronstreitigkeiten mitzumischen.

In der ersten Hälfte des 8. Jahrhunderts war die bayerische Herrschaft im Becken von Meran gesichert, doch schon südlich von Bozen und am südlichen Ufer der Etsch bis Meran begann das Herrschaftsgebiet der Langobarden, aus dem sich später das nachkarolingische „Reichsitalien" entwickelte. Unter dem 962 zum Kaiser gekrönten Otto I. aus sächsischem Stamm wurde diese Grenzmark an Bayern gegeben. Bayerischer Herzog war damals Ottos Bruder Heinrich (der Zänker). Unter den Ottonen erreichte Bayern seine größte Ausdehnung: Es reichte bis Istrien.

Die bayerische Herrschaft war zunächst ohne weitere Wirkung auf die Urbevölkerung in den Alpenländern. Bis ins 11. Jahrhundert müssen wir sogar, mehr als bisher angenommen, von einer dichten romanischen Bevölkerung ausgehen, was noch heute in den Orts- und Flurnamen sichtbar wird.

Erst zwischen dem 11. und 13. Jahrhundert, als die Bevölkerung in Altbayern zunahm und schlechte Ernteperioden eine Auswanderung nach Süden begünstigten, kam es zu einer bayerischen Besiedlung Tirols.

Diese Kolonisation wurde vor allem von den Bistümern und Klöstern, aber auch vom Adel gefördert. Die Bistümer Trient und Brixen erhielten im 11. Jahrhundert die Grafschaftsrechte im Tiroler Gebiet und stiegen so zu Reichsfürsten auf, die dem Kaiser den Weg nach Rom zur Kaiserkrönung freihalten mussten. Nach dem Investiturstreit trauten die Kaiser ihren Bischöfen, über die sie vor allem im 11. Jahrhundert noch frei verfügen konnten, nicht mehr.

Nun begann der Aufstieg der Dynastengeschlechter, der kaiserlichen und herzoglichen Ministerialen. Besonders begünstigt im Wetteifer um Macht und Einfluss waren diejenigen Dynasten, denen es gelang, Hochstiftsvogteien zu erwerben, d.h. die weltliche (Rechts-)Vertretung (advocatia) geistlicher Institutionen. Auch das Sammeln von Grafschaftsrechten gehörte zu den Erfolgsrezepten des Adels im frühen Mittelalter. Im Gebiet des heutigen Tirol konkurrierten in diesem Punkt mit den Bischöfen besonders die Herzöge von Bayern, die Grafen von Andechs, die Grafen von Eschenlohe und die nachmaligen Grafen von Tirol. Letztere sollten schließlich das Rennen machen.

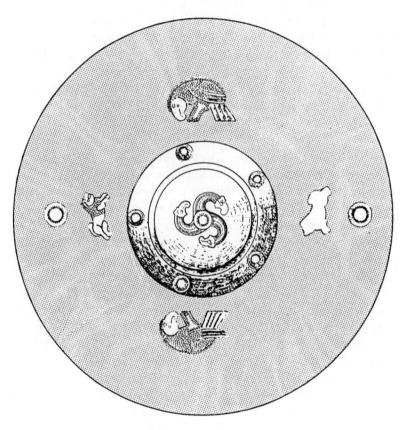

Schild mit zwei gegenüber kauernden Adlern und einem Löwen als Zierbeschlägen; langobardisch, 7. Jahrhundert

Christianisierung im Alpenraum

In der Frühzeit der Christianisierung, noch vor der Schaffung einer festen Bistumsorganisation im 8. Jahrhundert, begegnen uns Wanderbischöfe, die – noch ohne festen Bistumssitz – im Frankenreich und zwischen Bayern, Tirol und Rom „herumziehen". Tiroler wie Bayern können sie als Heilige für sich beanspruchen. Der erste „Wanderer" ist der etwa im 5. Jahrhundert tätige Bischof *Valentin*, der, nach der Lebensbeschreibung des Hl. Severin, vor allem in Passau gewirkt und sich dann in den Stürmen der Völkerwanderung hier niedergelassen hat. Er gilt als der Apostel Rätiens. Seine Gebeine, die zunächst in Mais bei Meran begraben waren, wurden 768 nach Passau überführt. Der Hl. Valentin ist Bistumspatron Passaus.

Dank der Lebensbeschreibung Bischof Arbeos von Freising besser bekannt ist der erste Bischof von Freising, der aus Frankreich (Melun) stammende *Hl. Korbinian*, der sowohl in Bayern wie in Südtirol, seiner Wahlheimat, verankert ist. In Frankreich als Chorbischof tätig, reiste er nach einem Aufenthalt in Freising nach Rom, um dort als Mönch zu leben. Papst Gregor II. sandte Korbinian 717/18 von Rom nach Bayern zurück. Auf dem Weg nach Norden erneuerte Korbinian in Obermais die Verehrung des dort begrabenen Hl. Valentin. Der Vinschgau gehörte nach dem Bericht Arbeos um diese Zeit bereits zum Herzogtum Bayern. In Freising, wo er nach dem Willen Herzog Theodos als Regionalbischof am Hof des Herzogssohnes Grimoald wirkte, kam es zu Problemen, als Korbinian sich zu sehr in die Familienangelegenheiten der Agilolfinger einmischte: Er monierte die Ehe des Herzogs mit der Witwe seines Bruders. Um den Racheakten dieser Witwe Piltrudis zu entgehen, verließ Korbinian den Freisinger Hof und ließ sich vom Herzog im Castrum Maiense (Mais), der Zenoburg über Meran, eine steinerne Kirche, ein Haus und Weinberge schenken. Hier in Mais, das damals an der Grenze zum Langobardenreich lag, gründete er nahe dem Grab des Hl. Valentin auch ein Kloster.

Erst unter Grimoalds Nachfolger Hugibert wurde Korbinian feierlich nach Freising zurückberufen, wo er am 8. September 725 starb. Seinem letzten Willen gemäß, wurde sein Leichnam nach Obermais transferiert, aber 765 von Bischof Arbeo nach Freising zurückgebracht. Korbinian ist der wichtigste Bistumsheilige Freisings.

Etwa vier Jahrzehnte später war sein Nachfolger ein geborener Tiroler: Es war *Arbeo*, der auch der erste bayerische Geschichtsschreiber und erste deutsche „Philologe" wurde. Arbeo wurde wohl um 720 in der Gegend von Meran geboren. Er stammt wahrscheinlich aus einer Adelsfamilie, möglicherweise aus dem Geschlecht der im Süden Bayerns und in Tirol begüterten Huosi. Nach eigenen Angaben wurde Arbeo als Kleinkind am Festtag des Hl. Korbinian in Mais bei Meran auf wunderbare Weise aus Todesgefahr errettet. Möglicherweise haben ihn deswegen seine Eltern schon früh in die Obhut der Freisinger Bischofskirche gegeben. Dort wuchs er in der Zeit des Bischofs Ermbert auf. Nach längerem Studienaufenthalt im langobardischen Oberitalien leitete er seit etwa 754 als Notar und Archipresbyter (in der Funktion eines Kanzlers) die Verwaltung des Freisinger Bistums. 763 zunächst Abt von Scharnitz, wurde er 764/65 Bischof von Freising. Vor seinem Tod am 4. Mai 783 scheint er das Bischofsamt, vielleicht auf politischen Druck des bayerischen Herzogs Tassilo III. hin, abgegeben zu haben. Arbeo war ein juristisch versierter Territorialpolitiker, der durch Kirchen- und Klostergründungen dem Bistum zu einer bedeutenden Blüte verhalf. Mit Bischof Virgil von Salzburg pflegte er engen Kontakt. Bedeutung hat Arbeo vor allem als Biograf Korbinians. Seine etwa 772 verfasste „Vita Corbiniani" und die wenig später folgende Biografie des Hl. Emmeram, die „Vita Haimhrammi", sind die wichtigsten und frühesten Quellen zur bayerischen Geschichte. 769 erschien im Umkreis der Freisinger Domschule und Dombibliothek auf Veranlassung Arbeos eine deutsche Übersetzung eines von ihm aus Oberitalien mitgebrachten lateinischen Glossars, der „ Abrogans", das älteste uns noch erhaltene deutsche Sprachdenkmal. Damit steht Arbeo am Anfang deutschsprachiger Literatur.

Die Gründung der Klöster Scharnitz und Innichen

Bayern war schon im 8. Jahrhundert eine Klosterlandschaft. Bis zur Absetzung Herzog Tassilos III. 788 durch Karl den Großen und den damit verbundenen Untergang des ersten bayerischen Herzogsgeschlechts der Agilolfinger sind in Bayern an die fünfzig Klöster nachweisbar. Begründet wurden sie durch Bischöfe, durch Adelsfamilien und durch die agilolfingischen Herzöge, besonders *Odilo und Tassilo III*. Odilo ließ auch 739 durch Bonifatius die bayerischen Bistümer organisieren. Im Gebiet des heutigen Tirol erfolgten die Klostergründungen von *Scharnitz* und *Innichen*. An beiden Gründungen war vor allem der letzte Agilolfingerherzog Tassilo III. beteiligt.

Am 29. Juni des Jahres 763, dem Fest der Heiligen Petrus und Paulus, versammelte sich in den Bergen auf dem Passweg vom Tal der Isar ins Inntal, in der sogenannten *Scharnitz* (wohl auf dem Gebiet der heutigen Gemeinde Klais) eine illustre Gesellschaft. Neben dem Freisinger Bischof Joseph und seinem Erzpriester Arbeo erschienen viele Geistliche und Adelige aus der Familie der Huosi, um zu bezeugen, dass Reginperht die von ihm gestiftete Peterskirche samt Kloster in der Scharnitz dem Bistum Freising übergeben habe. Die Gründerfamilie stattete die Peterskirche und das Kloster Scharnitz reich mit Gütern aus. Mit ihren weitläufigen Besitzungen beherrschten die Huosi eine strategische Schlüsselstellung in der Region und kontrollierten den Fernverkehr ins Langobardenreich. Das Kloster Scharnitz entstand im Bereich des ehemaligen römischen castrum Scarbia. Seine wichtigste Aufgabe war die Sicherung der Pässe, was den außenpolitischen Zielen des Herzogs diente. Man sucht die Peterskirche heute meist in Klais, wo Reste einer kleinen frühmittelalterlichen Kirchenanlage ausgegraben wurden.

Indem die Familienmitglieder ihre riesigen Ländereien der Scharnitzer Peterskirche übergaben, entzogen sie diese Besitzungen dem Zugriff weiterer Sippenangehöriger. Das beteiligte Bistum Freising war offensichtlich fest in der Hand der Huosi, die interessiert waren, den Einfluss der Augsburger Kirche in diesem Grenzbereich einzudämmen. Arbeo stellt in seiner Gründungsurkunde ausdrücklich fest, dass Scharnitz im Hochstift Freising liege.

Warum musste der Herzog der Gründung eines Klosters zustimmen? Die Antwort ist einfach: Ein entsprechender Akt durchbrach die Prinzipien des germanischen Erbrechts, nach dem das „Gut wie das Blut" floss und das eine testamentarische Verfügung grundsätzlich nicht kannte. Daher waren auch letztwillige Verfügungen des Adels in dieser Größenordnung zugunsten geistlicher Einrichtungen nach der Verfassung des Herzogtums nur mit Zustimmung des Herzogs möglich. Dazu kommt, dass gerade unter Herzog Tassilo III. Bayern südlich des Brenners eine ziemlich eigenständige Politik zur Abwehr der Awaren und Slawen betrieb.
Bei einem Aufenthalt in Bozen übertrug Tassilo III. dem Scharnitzer Abt *Atto* die große Aufgabe der Slawenmission im Pustertal. Er übergab ihm zu diesem Zweck mit Zustimmung des Adels den unbewohnten Ort Innichen, der im Volksmund „Frostfeld" hieß. Abt Atto, der 783 Bischof von Freising wurde, brachte Innichen der Freisinger Kirche zu, bei der es bis 1803 blieb. Zu Recht galt Atto schon im 9. Jahrhundert als der eigentliche Gründer des *Klosters Innichen*. Er weihte es dem Hl. Petrus und dem Märtyrer Candidus. Tassilo stattete Innichen mit Besitzungen aus und sorgte mit diesen Übertragungen für die weitere Erschließung des Gebiets südlich des Brenners. So verstärkte er seinen herrschaftlichen Zugriff auf den Kernbereich der Alpen. Die Ortsnamen des Pustertales lassen die alte bayerische Besitzstruktur erkennen: Herzogsgut steht neben adeliger Grundherrschaft. Pustertaler Ortsnamen wie Uttenheim, Tesselberg, Greinwald und Dietenheim lassen sich auf agilofingische Personennamen zurückführen; Namen wie Percha, Aufkirchen und Wielenbach finden sich auch im altbayerischen Gebiet um Würmsee und Ammersee. Zuerst Eigenkloster, dann ab 1140 selbständiges Kollegialstift, war der jeweilige Propst von Innichen meist Mitglied des Freisinger Domkapitels. Seit Kaiser Otto I., der Innichen mit wertvollen Privilegien versah, war das Kloster Stützpunkt des Kaisers und der Freisinger Bischöfe auf dem Weg nach Süden. Für Freising wurde Innichen besonders wichtig, als es 965 von Otto I. die Grafschaft Cadore mit Ampezzo erhielt. An die beiden Gründer und Wohltäter des Klosters Innichen erinnert ihre Darstellung in der Stiftskirche. Die meisten Rechte im Gebiet um Innichen verlor Freising seit

dem 11. Jahrhundert an den Tiroler Adel und an die Grafen von Tirol. Was dem Hochstift bis 1803 noch blieb, war der Bereich um die Stiftskirche, die „Hofmark" Innichen.

Insgesamt ist das Erbe Tirols aus der Frühzeit zwischen dem 9. und 13. Jahrhundert ungemein reich an Kirchenbauten mit hervorragendem, z. T. bestens erhaltenem Freskenschmuck (besonders in Südtirol) und bildhauerischem Schaffen.

Bayerische Kirchenfürsten und Klostervorstände in Tirol

Die deutschen Kaiser verließen sich seit dem 10. Jahrhundert nur noch ungern auf die meist rebellischen Herzöge von Bayern, wenn es darum ging, den Weg nach Italien über die Alpenpässe zu sichern. Zuverlässigere Partner waren da die Bischöfe, die man weitgehend aus den eigenen Anhängern „rekrutieren" konnte. Im Rahmen der ottonischen, salischen und staufischen Reichskirchenpolitik, werden die Bischofssitze in Norditalien und Tirol zunehmend mit Adeligen und Geistlichen aus Süddeutschland besetzt, die großen Einfluss auf die Politik gewannen. 1027 erhob Kaiser Konrad II. die Bischöfe von Trient und Brixen zu Reichsfürsten und übertrug ihnen Grafschaftsrechte im Inn-, Eisack- und Etschtal.

Der Brixener Bischof *Adalbero* (1006–1017) stammte aus Bayern und war im Kloster Niederaltaich ausgebildet worden, dem Hauskloster Kaiser Heinrichs II.

Bischof *Hartwig* (1022–1039), der aus dem in Bayern und Kärnten groß gewordenen Haus Sponheim stammte, wurde von seinem Verwandten, Erzbischof Hartwig von Salzburg († 1027), ausgebildet und auf den Brixener Bischofsstuhl gebracht. Hartwig hielt sich oftmals im Herzogtum Bayern auf, das mit seiner Hauptstadt Regensburg damals eine Art Reichsprovinz darstellte.

Bischof *Altwin* von Brixen (1049–1097) war Bischof in der schwierigen Zeit der Auseinandersetzung zwischen Kaiser und Papsttum, dem Investiturstreit. Das Recht des Kaisers, die Kirchenfürsten zu ernennen, wurde kirchenintern mehr und mehr in Frage gestellt und auch Bischof Altwin scheint im Lauf seines Episkopats mehr und mehr kirchliche Positionen vertreten zu haben, obwohl er sein Bischofsamt allein Kaiser Heinrich III.

verdankte, von dem er es angeblich für 100 Mark Silber gekauft haben soll. Altwin profitierte von der Absetzung des Bayernherzogs Welf IV., der sich auf die Seite der Kaisergegner geschlagen hatte. Er erhielt dessen Güter im Passeiertal. Schon 1065 hatte er als treuer Parteigänger Kaiser Heinrichs IV. das bayerische Stift Polling erhalten. Als 1080 Papst Gregor VII. den Kaiser noch einmal in den Bann tat, wurde in Brixen im Beisein zahlreicher Würdenträger die Absetzung des Papstes beschlossen. 1091 erhielt Altwin vom Kaiser die Grafschaftsrechte im Pustertal, die letzte Schenkung eines deutschen Kaisers an das Hochstift. Noch in den letzten Jahren seiner langen Bischofszeit musste sich Altwin mit dem Herzogtum Bayern auseinandersetzen. Er wurde gefangen genommen und musste die Kirchengründung Säben abgeben. Kurz vor seinem Tode konnte Altwin wieder in seine Bischofsstadt einziehen.

Einer der bedeutendsten Brixener Bischöfe *Hartmann* (1140–1164)[2], der als Seliger verehrt wird, stammte aus der Nähe von Passau und war schon in seiner Jugend in das Chorherrenstift St. Nikola vor den Mauern des Bischofsitzes Passau eingetreten. 1140 wurde Hartmann auf den Brixener Bischofsstuhl berufen. Aus Klosterneuburg holte er Kanoniker und Laienbrüder für das von ihm und dem Burggrafen von Säben 1142 gegründete *Augustinerchorherrenstift Neustift* bei Brixen. In einer zeitgenössischen Biografie (Vita Hartmanni) wird vor allem das großzügige Wirken Hartmanns für die zu Brixen gehörenden Klöster gewürdigt. Auch in Bayern wird das Andenken an ihn gepflegt: In Schäftlarn weihte er 1150 die Basilika St. Magdalena, in Dießen 1158 den Hochaltar und im gleichen Jahr, zusammen mit dem Freisinger Bischof, die Kirche des von Tegernsee abhängigen Augustinerchorherrenstifts Dietramszell. Hartmann gehörte zu den angesehensten und einflussreichsten Bischöfen des deutschen Reiches. Er war nicht nur Reformator und Organisator des kirchlichen Lebens, sondern auch Ratgeber Kaiser Friedrichs I. Barbarossa. Nicht zuletzt ihm ist es zu danken, dass sich der Kaiser schließlich 1177 mit Papst Alexander III. im Frieden von Venedig ausgesöhnt hat.

Eine besonders schöne Darstellung des Brixener Wappens findet sich am einstigen Brixener Hof in Regensburg, einer Schenkung Kaiser Heinrichs II. an das Hochstift (s. Seite 18).

Stifterabbildung mit Kirchenmodell, um 800; St. Benedikt in Mals/Südtirol

Das wohl aus der 2. Hälfte des 14. Jahrhunderts stammende Steinrelief trägt die Inschrift „Des pistums hof zu Brixen". Über dem Wappen befinden sich noch zwei kleinere Brixener Wappensteine, nämlich der österreichische Bindenschild und das Wappen des Domkapitels, bzw. des geistlichen Reichsfürstentums Brixen, ein Adler, über dessen Brust ein Bischofsstab gelegt ist.

In einer Urkunde verleiht der damalige Brixener Bischof *Bruno von Kirchberg* (1250–1288) seinem Neffen, dem Graf von Kirchberg, mit Zustimmung des Domkapitels „unser cleinode von unserm helme ..."[3] Die Brixener Bischofsmitra wurde seit dem 16. Jahrhundert von den Erben der Kirchberger, den Fuggern, neben der Lilie im Wappen geführt und ist so auf vielen „Fuggernachweisen" in Tirol zu sehen u. a. im Palazzo Galasso in Trient, der von Georg Fugger, der seit 1581 in Trient eine Niederlassung hatte, erbaut wurde.

Auch unter den Trienter Bischöfen finden sich im 11. und 12. Jahrhundert viele kaiserliche Parteigänger, deren Herkunft in Süddeutschland zu suchen ist. Als Anhänger Kaiser Heinrichs IV. im Investiturstreit gelten die wohl aus Süddeutschland stammenden Bischöfe *Hatto* (um 1060) und *Heinrich* (1068–1080). Wie eng die Verbindung Trients auch zu Bayern war, zeigt die Schenkung des Klosters Benediktbeuern 1070 an das Bistum.

Die engen Beziehungen zwischen den Bistümern und Klöstern im Eisack- und Etschtal und den bayerischen Klöstern beweist u. a. die Auswanderung von Untertanen aus dem *Klostergericht Benediktbeuern* während einer Hungersnot Mitte des 11. Jahrhunderts. Der damalige Abt des Klosters, Gotahelm, hatte so gute Beziehungen zu dem aus Ulm stammenden Bischof Walter in Verona und zu dem aus Benediktbeuern stammenden Abt des dortigen Klosters St. Maria ad Organa, dass er einen Teil seiner hungernden Untertanen 1148 zur Ansiedelung an den südlichen Alpenrand schicken konnte. In ähnlicher Weise haben wohl auch die Trienter Bischöfe bayerische Siedler aufgenommen, deren Nachfahren auf den Hochflächen des südlichen Alpenrands ihren bayerischen Dialekt aus dem 11. Jahrhundert bis ins 19. und 20. Jahrhundert hinein bewahren konnten.

Mit Ende des Investiturstreits und dem Rückgang des Einflusses der deutschen Dynasten und des Kaisers seit dem 13. Jahrhundert gelangen einheimische Geschlechter und Kirchenmänner an die Spitze der Hochstifte und kirchlicher Institutionen in Tirol. Parallel dazu kommt es zum Ablösungsprozess der Hochstifte Trient und Brixen vom Herzogtum Bayern. Die bayerischen Hochstifte behalten ebenso wie die landsässigen bayerischen Klöster enge Verbindungen zu Tirol über ihren reichen Grundbesitz.

*Als älteste Darstellung des Tiroler Adlers
gilt dieses Steinrelief am Eingang zur
Schlosskapelle der Zenoburg über Meran.*

2. Kapitel

Tirol scheidet aus dem Herzogtum Bayern aus

Der Einfluss der bayerischen Landesherrn im Alpenraum ging seit dem 11. Jahrhundert zurück. 1027 überträgt Kaiser Konrad II. die Grafschaft Norital, die von Bozen über den Brenner bis nahe Innsbruck reichte, an den Bischof von Brixen und löst damit dieses Gebiet aus dem Herzogtum Bayern. Besonders prekär wurde die Lage für das Herzogtum Bayern nach dem Sturz Heinrichs des Löwen 1180, des mächtigen Herzogs, der in seinen Herzogtümern Bayern und Sachsen wie ein König geschaltet und durch seine Städtegründungen eine überregionale Politik betrieben hatte. Sein Sturz ließ besonders in Bayern ein spürbares Machtvakuum entstehen. Die neuen Herren, die *Wittelsbacher*, konnten nur noch einen Teil der alten Herzogsmacht behaupten und sich gegenüber den großen einheimischen und eifersüchtigen Adelsgeschlechtern nur schwer durchsetzen. Im Vergleich etwa mit den Andechs-Meraniern war ihr Hausbesitz eher unbedeutend. Sie konnten sich nur auf die Vogtei über Freising stützen. Zur Zeit der Welfen noch zum Herzogtum gehörende Grafschaften verloren sie nach dem Tode Ottos I. von Wittelsbach 1183 bis auf eine. Es war eine der schwersten Krisen der bayerischen Geschichte. Auch die bayerische Pfalzgrafschaft ging verloren. Die Steiermark hatte man 1180 zu einem eigenen Herzogtum gemacht, die dortigen Markgrafen wurden Reichsfürsten.

Dagegen erlebten ab 1180 die *Grafen von Andechs* einen Aufstieg. Als Ausgleich für die Herzogserhebung der Wittelsbacher wurden sie zu Herzögen von Andechs-Meranien ernannt. Dies war freilich ein weitgehend fiktiver Titel, der sich nur sehr dürftig mit dem verstreuten Andechser Grundbesitz in Istrien und dem bisher geführten istrischen Markgrafentitel begründen ließ. In „Meranien", dem Herzogtum am Meer (Istrien, Kroatien, Dalmatien), hatten de facto die Venezianer das Sagen, die alten Feinde Kaiser Friedrich I. Barbarossas. Es ist daher naheliegend, dass diese Herzogsernennung auch als boshafte Spitze gegen

Venedig gedacht war. Die Andechs-Meranier fühlten sich nach dieser Rangerhöhung und wegen guter Beziehungen zu den Staufern den Wittelsbachern nicht nur ebenbürtig, sondern überlegen.

Mit der Herzogsernennung setzten die Andechs-Meranier bedeutende Aktivitäten im Inntal. Es scheint, als ob sie sich mit Blick auf weitere Vorhaben im Süden einen Stützpunkt am Fuß des Brennerpasses bauen wollten. Herzog Berthold von Andechs-Meranien erwarb von Kloster Wilten Land, gründete dort am linken Innufer einen kleinen Markt, baute eine Brücke und eine Burg. 1187 erscheint erstmals der Name *Innsbruck*. 1239 erhielt Innsbruck von Herzog Otto von Andechs-Meranien das Stadtrecht. Anlässlich des mit Wilten geschlossenen Vertrags erhielt das Kloster von Herzog Berthold einen Kelch, eine niedersächsische Goldschmiedearbeit des 12. Jahrhunderts, der sich heute im Kunsthistorischen Museum in Wien befindet.

Angesichts der Schwäche der neuen bayerischen Herzöge und der Tatsache, dass die Wittelsbacher in Tirol keinerlei Besitz hatten, betrieben sowohl die Andechser als auch die Grafen von Tirol verstärkt die Ablösung Tirols vom bayerischen Stammesherzogtum.

Die Grafschaft Tirol entsteht

Der Aufstieg der *Grafen von Tirol* im Alpenraum erfolgte parallel zum Rückgang des bayerischen Einflusses. Sie stammen möglicherweise von den Vinschgaugrafen ab, die ihren Amtssitz auf Burg Tirol hatten. Genaueres wissen wir nicht. Wichtig war für dieses Geschlecht, dass es von den Bischöfen von Trient bald nach 1027 die Grafschaft Vinschgau (Vallis Venosta) als Lehen bekommen hatte. 1141 nannten sich die Brüder Albert I. und Berchtold I. „Grafen von Tirol", nach der Burg, auf der sie saßen und die dem Land den Namen geben sollte. Wichtig für die zukünftige Entwicklung der „Aufsteiger" waren der Erwerb der Grafschaft Bozen und der Vogtei über das Hochstift Trient noch im 12. Jahrhundert, sowie 1210 der Erwerb der Vogtei über Brixen. Für das Verhältnis zum Herzogtum Bayern war von Bedeutung, dass die Burg Tirol außerhalb des Herzogtums Bayern lag. Der Vinschgau stand zwar gelegentlich, etwa um 720, unter der Herrschaft bayerischer Herzöge, blieb aber immer ein

Teil Churrätiens. Die Grafen von Tirol hatten ihren Sitz also nicht im Einflussbereich des Herzogtums Bayern, was auch für die Vogtei über das Hochstift Trient galt. Nicht minder entscheidend für das Verhältnis von Bayern und Tirol war auch die Tatsache, dass die späteren Erben der Grafen von Tirol, die ab 1254 in Tirol regierenden *Grafen von Görz*, in Kärnten saßen, das schon 976 aus dem bayerischen Herzogtum ausgegliedert worden war. So waren die Grafen von Tirol durch ihre Besitzungen außerhalb Bayerns von Bayern weitgehend unabhängig und wurden dadurch im Alpenraum den bayerischen Herzögen gefährlich.

Für den weiteren Aufstieg der Grafen von Tirol war der Niedergang des Hauses Andechs-Meranien von entscheidender Bedeutung. Dieser begann, als am 21. Juni 1208 der staufische König Philipp in Bamberg von Pfalzgraf Otto von Wittelsbach ermordet wurde. Damals heiratete in Bamberg, wo der Andechser Ekbert als Bischof regierte, Beatrix, Erbin von Burgund und Nichte des Königs, Herzog Otto von Andechs-Meranien. Die Andechser Brüder Ekbert und Heinrich wurden der Mitwisserschaft bezichtigt und verfielen der Reichsacht. Der Bamberger Königsmord brachte vor allem dem bayerischen Herzog *Ludwig dem Kelheimer* Vorteile. Er brachte ihm nicht nur die Besitzungen seines Vetters Otto, des Mörders von Bamberg, sondern Ludwig griff auch auf das Gebiet der geächteten Andechser im Alpenraum zu. Auf die Markgrafschaften Istrien und Krain musste er freilich zugunsten des Patriarchen Wolfger von Aquileja schon 1209 verzichten und in Tirol konnte er sich wegen des Widerstands des Grafen Albert III. von Tirol nicht durchsetzen. Diesem gelang es, die bisher den Andechsern gehörende Vogtei des Hochstifts Brixen 1210 zu erwerben und auch nach der Restitution der Andechser zu behaupten.

Als die Andechs-Meranier 1248 mit Herzog Otto ausstarben, gelang den Wittelsbachern lediglich der Erwerb des bayerischen Kerngebiets der Andechser. Deren Grafschaft im Inntal mit Innsbruck, sowie die Grafschaft im Pustertal kamen an Graf Albert III. von Tirol, den letzten aus dem alten Geschlecht der Grafen von Tirol. Ihm gelang die Vereinigung der einzelnen Grafschaften. Der Kern des Landes nördlich und südlich des Brenners war somit in einer Hand – *das Land Tyrol* (alte Schreibweise).

Siegel des Grafen Albert III. von Tirol, der 1248 die Grafschaften um den Brenner vereinigte, mit einer frühen Darstellung des Tiroler Adlers

Die Herau
TIRO
aus

- ▬ Grenze des Herzogtums Bayern um 1200
- ▬ ▬ Vinschgau (zeitweise Zugehörigkeit zum Herzogtum Bayern ungesichert)
- ▨ Unter Meinhard II. entstandene reichsunmittelbare Grafschaft Tirol
- ═══ Grenze des Hochstifts Trient, zeitweise von Meinhard II. unterworfen
- ▨ Bis 1271 von Meinhard II. mitregierte, dann von Tirol getrennte Görzer Gebiete
- ▪▪▪▪ Grenze Bayerns nach 1300
- ▨ Reichsunmittelbare geistliche und weltliche Herrschaften innerhalb der bayerischen Grenzen nach 1300 (außerhalb dieser Grenzen entstandene Stiftsländer oder abgetrennte Gebiete sind nicht gekennzeichnet)

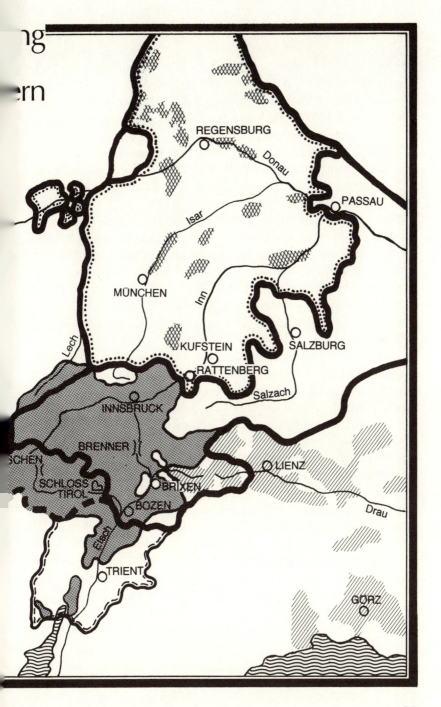

Neue Herren

Albert III. hatte keine männlichen Nachkommen. Seine Tochter Elisabeth († 1256) war in erster Ehe mit dem letzten Andechs-Meranier Otto († 1248) und in zweiter Ehe mit Gebhard d. Ä. von Hirschberg († 1275) verheiratet. Alberts zweite Tochter Adelheid († 1275) heiratete Graf Meinhard III. von Görz († 1258).

Angesichts dieser verwandtschaftlichen Konstellationen wurde die Grafschaft Tirol nach dem Tod Graf Alberts, 1253, zum Erbrechtsproblem. Zunächst teilten sich das Land die beiden Schwiegersöhne.

Mit den *Hirschbergern* hätte nach den Andechs-Meraniern wieder ein bayerisches Geschlecht die Chance gehabt, in der Grafschaft Tirol dauerhaft Fuß zu fassen. Gebhard von Hirschberg († 1275) erbte nach dem Tod seines Schwiegervaters Albert neben Innsbruck noch das ganze Gebiet nördlich der Prienner Brücke bei Landeck und nördlich der Holzbrücke bei Oberau-Franzensfeste im Eisacktal. Ihm gehörte auch das Gericht Thaur mit der Saline zu Hall.

Nachdem Gebhards Frau Elisabeth 1256 kinderlos verstorben war, erhob sein Schwager *Meinhard von Görz* (als Graf von Tirol: Meinhard I.) Ansprüche auf das Erbe. Da Meinhard schon 1258 starb, blieben diese Ansprüche zunächst auf dem Papier. Der Sohn Gebhards aus zweiter Ehe, Gebhard d. J., war jedoch an dem Tiroler Erbe wenig interessiert. Er verkaufte 1282–1284 seine Rechte in Tirol an seinen Vetter Meinhard II. gegen eine beträchtliche Summe.

Damit verschwand ein bedeutendes bayerisches Geschlecht aus Tirol. In Bayern wollten die Hirschberger, die ohne männliche Nachkommen waren, ihren Besitz an das Hochstift Eichstätt vererben und gerieten deshalb mit den Wittelsbachern in schwere Auseinandersetzungen. Nach dem Tode des letzten Hirschberger Grafen, Gebhard d. J., am 4. März 1305 wurde der reiche Grundbesitz zwischen dem Hochstift Eichstätt und den Wittelsbachern aufgeteilt.

Die Görzer – Aufstieg einer bayerischen Familie

Die *Meinhardinger Grafen von Görz* kamen ursprünglich aus dem Chiemgau und waren Abkömmlinge des aribonischen Pfalzgrafen Hartwig II. (10. Jahrhundert). Ihr Hauskloster war Seeon. Durch geschickte Heiratspolitik konnten sie im Pustertal und im Raum von Lienz Fuß fassen. Durch ihre Verwandtschaft mit dem Aribonen, Patriarch Sigehard von Aquileja (1068–1077), erhielten die Meinhardinger Lehen am Isonzo, erwarben die Grafschaft Görz und vor allem die Vogtei über Aquileja. Nach dem Erwerb eines Teils von Tirol durch die Heirat Meinhards teilten sich die Görzer Brüder Meinhard und Albert 1271 ihre Länder. Die Mühlbacher Klause am Eingang des Pustertals bei Brixen wurde die Grenze zwischen Tirol im Westen (Meinhard, Graf von Tirol) und Görz im Osten (Albert, Graf von Görz). Beide Brüder behielten gemeinsam die Vogteirechte über Trient und Aquileja, sowie einige Zolleinnahmen.

Graf Meinhard II. (1258–1295)[4], dem tatkräftigen Sohn des 1258 verstorbenen Görzer Grafen Meinhard I., gelang 1286 der Erwerb des Herzogtums Kärnten und damit des Herzogtitels. Die Grafschaft Tirol betrachtete er nicht mehr als Teil des Herzogtums Bayern. Dies demonstrierte er den bayerischen Herzögen bei jeder sich bietenden Gelegenheit. Als er am 5. Oktober 1259 in München die bayerische Herzogstochter Elisabeth, die Witwe des Stauferkönigs Konrad IV. und Mutter Konradins, heiratete, konnte ihm sein Schwager, Herzog Ludwig der Strenge, nur mit großer Mühe einen Rittergürtel umlegen. Meinhard II. zierte sich, da er nicht als bayerischer Lehensmann gelten wollte.

Meinhard war seit seiner Heirat zusammen mit seinem Wittelsbacher Schwager Ludwig ein unbedingter Verfechter der staufischen Sache. Von dieser Haltung profitierte er ebenso wie sein Schwager. Denn das Wittumsgut der Elisabeth sollte für Tirol eine große Rolle spielen. Sie hatte sich 1266 gegenüber Konradin vertraglich zur Herausgabe ihrer Besitzungen auf dem Nordgau (Teil der heutigen Oberpfalz), sowie im Südwesten Bayerns (Donauwörth, Schongau, Peiting, Ammergau) verpflichtet und erhielt dafür auf Lebenszeit die staufischen Besitzungen Imst, das Passeiertal und das Land von Fernstein bis zur Scharnitz, das Kaiser Friedrich II. von den Grafen von Ulten gekauft hatte. Damit hatte Meinhard einen großen Teil des staufischen Besitzes in Tirol in seine Hände gebracht. Das Zisterzienserstift Stams wurde 1271 von Meinrad II. als Grablege für sein Geschlecht auf altem staufischem Hausbesitz errichtet. Es ist ein Denkmal staufischer Reichsherrlichkeit und einer bayrisch-tirolischen Ehe. Die Mönche holte man sich aus dem Zisterzienserkloster Kaisheim bei Donauwörth. Der alte romanische Bau wurde zu Beginn des 18. Jh. barock umgestaltet. Bemerkenswert ist der eigenwillige Renaissancealtar des Weilheimer Bildhauers Bartholome Steinle (1609–1613).

Wie die Görzer Grafen versuchten sich auch die Bischöfe von Brixen aus der Abhängigkeit von Bayern zu lösen. Bereits im Jahre 1229 hatte der damalige Bischof *Heinrich von Taufers* einen eigenen Landfrieden aufgerichtet und hatte damit die Unabhängigkeit seines Bistums unterstrichen. Doch die Wittelsbacher setzten alles daran, um die in die Unabhängigkeit strebenden Bischöfe an ihr Land zu ketten. Gerade Brixen war wegen der Passstraßen nach Norditalien wichtig und so finden wir in den Güterverzeichnissen (Herzogsurbar) der bayerischen Herzöge das Hochstift Brixen etwa 1280 noch als Teil des Herzogtums. Die Wirklichkeit sah freilich anders aus. Als am 6. Juli 1281 durch König Rudolf von Habsburg in Regensburg ein bayerischer Landfrieden aufgerichtet wurde, um die Adelsfehden einzudämmen, nahm der Bischof von Brixen, *Bruno von Kirchberg*, zwar teil, aber als selbständiger Vertragspartner. Er ließ sich bestätigen, dass der Landfrieden seinem Land nicht zum Nachteil gereichen werde. Immerhin wurde im Landfrieden noch festgehalten, dass die Bischöfe, also auch der Brixener, „ze dem land ze Beirn gehörent".[5]

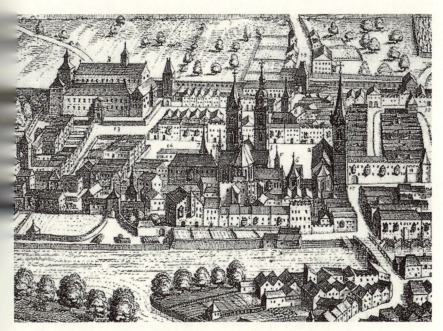

Brixen; Kupferstich von Matthäus Merian, 1649 (Ausschnitt)

Der Landfrieden von 1281

Der Landfrieden von 1281, wo alle Vertragspartner, der König, die beiden bayerischen Herzöge (Ludwig der Kelheimer von Oberbayern und der Pfalz sowie Heinrich XIII. von Niederbayern) und die Bischöfe, als weitgehend selbständige Vertragspartner auftraten, traf für alle Beteiligten geltende Bestimmungen zur Eindämmung von Fehden. Wichtig waren seine Strafrechtsbestimmungen. Erstmals wurde auch zugunsten der Entwicklung der Städte und Märkte festgelegt, dass ein Grundhold (Leibeigener), der sich in eine Stadt und einen Markt begibt, nach einem Jahr und einem Tag nicht mehr zurückgefordert werden darf (Stadtluft macht frei!). Außerdem wurde dem niederen Adel der Burgenbau verboten. Burgen durften nur noch gebaut werden, wenn sie dem Land nicht schadeten.

Nach dem Tod seiner bayerischen Gemahlin Elisabeth, 1273, fühlte sich Graf Meinhard II. noch weniger als bayerischer Untertan. Die Bindungen zu Bayern hatten sich fast vollständig gelöst. 1282 lässt sich Meinhard *im Ulmer Spruch* von dem ihm wohlgesinnten König Rudolf I. ausdrücklich bestätigen, dass *sein Land weder zu Bayern noch zu Schwaben gehört*. Als Beweis für seine Unabhängigkeit führt er vor allem ein Zeugnis des Bischofs von Chur an, das besagt, dass Tirol ein eigenes Landrecht besitze. Dies könnten auch andere Adelige beweisen. Das eigene Recht war also für Tirol entscheidend für den Nachweis der territorialen Selbständigkeit! Durch den Erwerb des Herzogtums Kärnten (1286) wird Meinhard II. in einigen Urkunden fälschlicherweise auch als Herzog von Tirol bezeichnet.

Mit dem Ulmer Spruch war die *Unabhängigkeit Tirols reichsrechtlich festgeschrieben*.

Die Stellung des Grafen von Tirol als unabhängiger Landesherr ist in der Folgezeit auch nicht mehr angefochten worden. Eine vertragliche Anerkennung der Tiroler Eigenstaatlichkeit durch die Herzöge von Bayern liegt in dem zwischen *Bayern und Tirol am 20. Oktober 1312 abgeschlossenen Handelsvertrag*, wo den beiderseitigen Untertanen Handelsgeleit und Rechtshilfe gewährt wird.[6]

Kaiser Ludwig der Bayer war es dann auch, der in seinen Urkunden die Grafschaft Tirol als Reichslehen bezeichnete.

Graf Meinhard II., dem bedeutende finanzielle Mittel zur Verfügung standen, hätte nicht so leichtes Spiel gehabt, Tirol als von Bayern unabhängig aufzubauen, wenn die Wittelsbacher in Tirol mehr Besitz gehabt hätten. Dort, wo sie die Herren waren, nämlich im *Unterinntal von Rattenberg abwärts* (als Lehen des Hochstifts Regensburg), blieben sie unangefochten. Aus dem Nachlass der Grafen von Falkenstein erwarben die Wittelsbacher vor 1271 das Gericht *Kitzbühel*. Weitere Erwerbungen in Tirol scheiterten. Leer ausgegangen sind die Wittelsbacher nicht nur beim Tiroler Erbe der Andechs-Meranier, sondern auch bei den Tiroler Besitzungen der Grafen von Hirschberg oder der Grafen von Eschenlohe. Diese hatten in Tirol die aus dem Allgäu stammenden Markgrafen von Ronsberg beerbt, die 1212 ausgestorben waren. Das ererbte Gebiet hatte seinen Schwerpunkt um Hörtenberg bei Telfs im Oberinntal. Allerdings zeigten sich die Wittelsbacher uninteressiert an diesen Gebieten, so dass der letzte Eschenloher Graf Berthold III. 1291 die Eschenloher Herrschaft Hörtenberg, sowie die Gebiete um Scharnitz und Fernstein problemlos an Meinhard II. verkaufen konnte.

Die Grenzgrafschaft Werdenfels fiel an Freising. Der damalige Bischof Emicho hatte es geschafft, gegen den Widerstand der bayerischen Herzöge, dem letzten Eschenloher mit Vertrag vom 12. März 1294 Mittenwald und Partenkirchen und damit das wichtige Grenzgebiet zu Tirol abzukaufen. Garmisch hatte er schon vorher erworben.

In der Folgezeit gab es Auseinandersetzungen um das strategisch wichtige *Rattenberg* (Burg und Markt). Graf Meinhard II. hatte es sich von Herzog Ludwig dem Strengen 1292 gegen 24 000 Pfund Darlehen verpfänden lassen. Seine Söhne Otto, Ludwig und Heinrich wollten Rattenberg nicht mehr zurückgeben, obwohl angeblich die Pfandsumme geboten worden war. *Herzog Rudolf von Bayern* rückte daraufhin ins Inntal ein und soll dort die zwischen Schwaz und Hall gelegene Burg Werberg und Burg Tratzberg bei Jenbach gebaut haben. Genaueres ist von diesen Kämpfen nicht bekannt. Jedenfalls erscheint Rattenberg abwechselnd als bayerische und tirolische Stadt. Von 1350 bis 1393 ist sie dann an die aus der Oberpfalz stammende Jägermeisterfamilie der *Kummersbrucker* verpfändet.

Nach dem Tod Meinhards II., 1295, übernahmen seine Söhne gemeinsam das Erbe, so auch Tirol. Mit Graf Heinrich starb die Tiroler Linie des Hauses Görz 1335 im Mannesstamm aus. Seine Tochter Margarethe beerbte ihn.

„Grenzverkehr"

Besitzungen bayerischer Hochstifte und Klöster in Tirol

Bayerische Hochstifte waren in Tirol reich begütert. Im Inntal waren es Augsburg und Bamberg, im Eisacktal Eichstätt, Freising und Augsburg, im Pustertal und Ahrntal Freising. Sehr ergiebig waren die Zollstationen, die Augsburg bei Sterzing oder Freising bei Innichen errichtet hatten. Freisings Besitz in Tirol hatte einen Status, der weit über den einer normalen Grundherrschaft hinausging: Das Freisinger Gebiet um Innichen war durch ein Immunitätsprivileg Kaiser Ottos I. besonders bedacht. Die Freisinger Bischöfe versuchten, Innichen zum zentralen Stützpunkt ihrer Besitzungen in Kärnten, Oberkrain, Vicenza, Treviso, sowie in der Grafschaft Cadore, die 965 durch Kaiser Otto I. an Freising gekommen war, auszubauen. Das Gebiet um Innichen wurde dem Bischof von Freising allerdings durch die Andechs-Meranier und später die Grafen von Tirol streitig gemacht. Übrig blieb 1303 der ummauerte Markt Innichen. Das Gebiet um den Markt unterstand als Hofmark Innichen der Gerichtsbarkeit Freisings, das sich freilich immer gegen das Tiroler Gericht in Welsberg zu wehren hatte. Unangefochten konnten sich die Freisinger im Grenzgebiet zwischen Bayern und Tirol, in der Grafschaft Werdenfels, behaupten, die sie Ende des 13. Jahrhunderts aus dem Erbe der ausgestorbenen Grafen von Eschenlohe erworben hatten.

Die Hofmark Absam bei Innsbruck ist angeblich eine frühe Schenkung des Hl. Romedius, eines Grundbesitzers, an das Bistum Augsburg. Der historisch nicht fassbare Romedius wurde auch im oberbayerischen Kollegiatsstift Habach, das zu Augsburg gehörte, verehrt.

Die Klöster Tegernsee, Weihenstephan, Kochel, Polling, Wessobrunn, Scharnitz, Schlehdorf und Schäftlarn bekamen vermutlich schon bei ihrer Gründung Weinberge im Raum Bozen. So meldete Kloster Tegernsee um 1060 Ansprüche auf Weingärten an, aus denen es 40 Wagenladungen (circa 24000 l) Wein erwarten konnte. Im Etschtal und im Burggrafenamt (Meran) hatten die Klöster Altomünster, Au a. Inn, Benediktbeuern, Bernried,

Biburg, Diessen, Ebersberg, Ettal, Herrenchiemsee, Moosburg, Rott am Inn, Rottenbuch, Scheyern, Steingaden, auch noch Tegernsee, Weihenstephan und Wessobrunn Besitz. Um Klausen und Brixen besaßen die Klöster Benediktbeuern, Beyharting, Herrenchiemsee, Hohenwart, Polling, Rott am Inn und Weihenstephan Weingüter, ebenso in den Tälern an der Brenner-Scharnitz Route. Die Tiroler Weingüter der bayerischen Klöster wurden in der Regel durch eigene Beamte verwaltet.

Während die meisten Güter aus der Gründungsphase der Klöster stammten, erwarb *Andechs* seine Weingüter erst spät, 1675 den Kuglerhof, 1767 den Mantschenhof in Moritzing bei Bozen. Zu den Gütern gehörten auch Kelteranlagen. Andechs war eines der ersten Klöster Deutschlands, das den Wein in Flaschen abzog und auf Etiketten deklarierte. Seine Tiroler Weingüter behielt das Kloster bis zur Säkularisation.

Weintransporte von Tirol nach Bayern

Bis in das 14. Jahrhundert beruhte der Transport des „klösterlichen" Weins ganz auf den Leistungen der Grunduntertanen auf den Gütern. Anstelle der sonst üblichen Naturalabgaben hatten sie Transportdienste zu leisten. Wichtigste Voraussetzungen für einen preiswerten Transfer des Tiroler Weins nach Bayern waren neben den Dienstleistungen der Untertanen vor allem Zollbefreiungen, die die meisten bayerischen Klöster mit Weinbergbesitz in Tirol verliehen bekommen hatten. So hatte das Prämonstratenserstift Schäftlarn in Tirol Zoll- und Mautfreiheit für einen jährlich einmal durchzuführenden Weintransport mit 60 Pferden über den Brenner. Auf dem Rücken eines Pferdes konnten zwei Lagel von je ca. 60 Litern transportiert werden, also 120 Liter. Die Zollfreiheit galt demnach für etwa 72 hl. Dabei musste der Wein bis Martini (11. November) außer Landes gebracht werden. Erst 1777 wurde diese Bestimmung durch Kaiserin Maria Theresia beendet, die die Zollbefreiung aufhob.

Der Transport musste in einem geschlossenen Verband geschehen. Diese „Weinkarawanen", die nach der Erntezeit auf den Passstraßen nach Norden zogen, müssen ein eindrucksvolles Bild gegeben haben. In Mittenwald wurden die Fässer auf Flöße verladen. Zum Teil wurde Most transportiert, der dann in den

Klöstern „verarbeitet" wurde. Für den Transport des gärenden Mostes gab es spezielle Fässer, die einen Druckausgleich zuließen. Möglicherweise wurden Substanzen wie Eiweiß in den Most gegeben, die, im Wein verteilt, seine Klärung möglich machten. Ab dem 14. Jahrhundert bediente man sich mehr und mehr freier Unternehmer. Auch die bäuerlichen Transporteure konnten ihre Dienste nun ganz auf eigene Rechnung ausüben. In der Folge entstand sowohl in Tirol wie in der Grafschaft Werdenfels die genossenschaftliche Organisation des Rottfuhrwesens. Damit nahm *der Weinhandel* zu.

Bis Mitte des 16. Jahrhundert stellten an den herzoglich bayerischen Zollstellen Mittenwald oder Wolfratshausen die Einnahmen aus dem Weinhandel die größten Posten dar. Über die transportierte Menge unterrichtet uns eine Zollrechnung des Zollamtes von Wolfratshausen aus dem Jahr 1477. Insgesamt wurden in diesem Jahr 292 Fässer Wein, bei einer angenommenen Fassgröße von 2 Fuder Wein (ca. 1200 l) also ca. 3504 hl verzollt. Eine beachtliche Menge, bedenkt man, dass dazu bis Mittenwald 292 große Fuhrwerke mit je 8 Pferden als Transportmittel nötig waren. Auf Saumpferde „umgerechnet" hätten 2920 Pferde den Brenner mit je einem Tragegestell mit zwei Lageln zu 60 Liter überqueren müssen.

Die Rechnungsbücher des Bozner Heiliggeistspitals aus dem 16. bis 18. Jahrhundert spiegeln den Weinverkauf eines der bedeutendsten Bozner Weinproduzenten und Weinvermarkters und geben Aufschluss über die Herkunft der Händler aus Bayern und den Vertrieb. Dabei zeigt sich, dass Weilheim im 16. und 17. Jahrhundert eine dominante Rolle als Weinhandelsstadt spielte, daneben Partenkirchen und Garmisch. Zentrale „Anlaufstelle" für den Tiroler Wein war freilich seit dem Mittelalter der *Münchner Weinmarkt*. Der Weinhandel war neben dem Salzhandel eine der wichtigsten Einnahmequellen der Münchner. Die Ratsliste von 1295 weist sechs Ratsmitglieder auf, die am Import von Tiroler Wein gut verdienten.

Zu den besten Weinen auf dem Münchner Weinmarkt gehörten etwa der Traminer und der Leitacher. Beim Leytacher (Leitacher) Wein handelt es sich um einen roten Vernatsch aus Südtirol, der noch heute als Spezialität im vergleichsweise hoch gelegenen Weinbaugebiet Leitach über Klausen im Eisacktal angebaut wird. Der sogenannte „Welschwein" oder vinum latinum war bis weit ins 16. Jahrhundert in Bayern ein Hauptgetränk. Dies bezeugte schon der bayerische Geschichtsschreiber Aventin um 1525.

Der Import von Weinen aus Südtirol nach München verlief über Mittenwald, und von da mit Flößen auf der Isar. Neue Perspektiven taten sich auf, als 1487 die Venezianer ihre Messe von Bozen nach Mittenwald verlegten. 1492 baute der Münchner Patrizier Barth die Kesselbergstraße und versuchte damit, dem Augsburger Venedighandel Konkurrenz zu machen.

Verkehrswege von Bayern nach Tirol und dem Süden

Die „Obere" wie die „Untere Straße", beide 1349 zum ersten Mal genannt, hatten ihren Ausgangspunkt in den mächtigen oberdeutschen Handelsstädten, den Vermittlern des Warenverkehrs zwischen Venedig und dem deutschen Wirtschaftsraum.

Die *Obere Straße* führte von Ulm durch das Illertal nach Kempten, weiter von Füssen über den Fernpass nach Imst, dann durch das Oberinntal über den Reschenpass in den Vinschgau, das Etschtal entlang und über Trient und die Val Sugana nach Venedig.

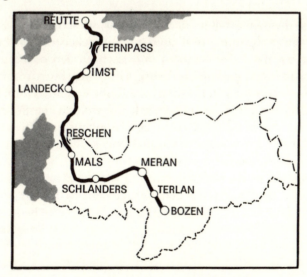

Die *Untere Straße* war die Straße der Romzüge vieler deutscher Könige. Sie ging von Regensburg oder Augsburg (zwischen Augsburg und Füssen konnte man sich auch der „Wasserrod" auf dem Lech bedienen) aus und führte über Partenkirchen, Scharnitz und Zirl nach Innsbruck, „überschritt" den Brenner und zog durch das Eisacktal über Salurn und Trient nach Süden.

Diese beiden Straßen über Fernpass, Reschen und Brenner waren die großen süd-nördlichen (und umgekehrt) Verkehrswege von Italien nach Deutschland und auch zu den oberdeutschen Handelsmetropolen wie Nürnberg, Ulm, Augsburg und Regensburg. Sie waren gesichert durch eine Reihe von Burgen im Inntal, im Pustertal, an Etsch und Eisack bis weit in die Seitentäler. Einst von dynastischen Geschlechtern erbaut und Pflegern verwaltet, sind sie noch heute faszinierendes Zeugnis der einstigen Stärke und Wehrhaftigkeit des Landes.

Unter den deutschen Kaisern und Kirchenfürsten des Mittelalters und ihrem wachsenden Engagement in Italien und dem Alpenraum erlangte die Brennerstrecke gesteigerte Bedeutung.

Dem folgte zunehmend der Fernhandel. Der Regionalhandel wurde zwischen Südbayern und Tirol zu einem großen Teil über den Scharnitzpass (Seefelder Sattel), Mittenwald und Partenkirchen oder über Walchensee und Kochel abgewickelt. Daneben war das Inntal ein wichtiger Handelsweg. Der Regionalhandel war hauptsächlich eine Domäne der lokalen Fuhrunternehmer, die in den Dörfern an den Straßen saßen. Der Fernhandel oblag bedeutenden Familien wie den Runtingern in Regensburg oder, an der Wende vom 15. zum 16. Jahrhundert, den Welsern oder den Fuggern aus Augsburg. Knotenpunkte des Frachtwesens mit Stapelplätzen (Niederlage und Umschlag) über den Fernpass waren Nassereith, später Lermoos, das erst 1515 von Maximilian I. die Errichtung einer Waage und die Einhebung eines Waagelohns zugestanden bekam, und Reutte, das 1489 Niederlags- und Rodrecht erhielt. Im Inntal bzw. an der Brennerstrecke waren Hall, Innsbruck, Sterzing, Bozen wichtige Handelsplätze.

*Tafel aus der Zeit Herzog Sigismunds mit dem Wappen Tirols;
Landesfürstliche Burg von Meran*

3. Kapitel

Tirol zwischen Wittelsbach und Habsburg

Die große Zeit des 10. Jahrhunderts, als das Herzogtum Bayern von der Adria im Süden bis nach Ungarn reichte, gehörte längst der Vergangenheit an. Das Herzogtum Österreich, die Herzogtümer Steiermark und Kärnten waren inzwischen in den Händen der Habsburger. Die Görzer als Grafen von Tirol waren in männlicher Linie ausgestorben und die Erbin des Landes, Margarethe *(später gen. Maultasch)*, war seit 1329 mit Johann Heinrich, dem Sohn König Johanns von Böhmen aus dem Hause Luxemburg, verheiratet. Bei der Eheschließung waren Johann Heinrich 7 Jahre, Margarethe 11 Jahre alt. 1335 übernahm Johann Heinrich die Regentschaft in Tirol, unterstützt von seinem Bruder Karl, dem späteren Kaiser. Der Landadel und die Erbtochter waren bald mit dem strengen Luxemburger Regiment unzufrieden. Nach einer Verschwörung musste Johann Heinrich – die Ehe mit Margarethe war kinderlos geblieben – im November 1341 das Land verlassen. Als er von einem Jagdausflug zurückkam, waren die Türen von Schloss Tirol verschlossen.

Die tirolische Heirat

So schickte sich der bayerische Herzog, deutsche König und spätere Kaiser Ludwig im 14. Jahrhundert an, Tirol für seine Dynastie wieder zu gewinnen. Margarethe weinte ihrem Gemahl keine Träne nach. Sie hatte ihr Auge längst auf *Ludwig den Brandenburger* geworfen, den ältesten Sohn des Kaisers. Ludwig war eben verwitwet und ließ sich von seinem Vater nach langem Widerstreben zu diesem Tiroler Abenteuer überreden.

Die Tiroler Stände hatten nach dem Rauswurf des Luxemburgers, der wohl mit dem Kaiser verabredet war, fünf Räte nach München geschickt, die dort die Einzelheiten der Eheschließung verabredeten und am 28. Januar 1342 einen Freiheitsbrief er-

wirkt hatten, in dem Ludwig die Rechte des Landes bestätigte und versprach, keine Steuern ohne Zustimmung der Landstände zu erheben, sowie die Regierung nur nach Rat der Landstände zu führen. Darüber hinaus durfte er als neuer Landesherr keine Ausländer, also auch keine Bayern, in Dienst nehmen und musste versprechen, Margarethe nicht außerhalb der Tiroler Landesgrenzen zu bringen.
Dieser *Große Tiroler Freiheitsbrief* ist eines der wichtigsten Dokumente der Tiroler Geschichte. Ausgestellt in mehreren Exemplaren finden sich auf einigen Exemplaren als Adressaten neben Adeligen und Geistlichen auch „Städte, Dörfer und Märkte, alle Leute, edel und unedel, reich und arm". Viele Historiker haben diese Passage als erstmaligen Hinweis auf die Landstandschaft auch der bäuerlichen Bevölkerung gewertet. Doch offensichtlich sind die Urkunden mit dieser allgemeinen Fassung nie bis Tirol gekommen, sondern verblieben in den Münchner Archiven.[7]

Freiheitsbrief vom 28. Januar 1342 (Auszug)[8]

Wir Ludwig von Gottes Gnaden Markgraf zu Brandenburg, Pfalzgraf zu Rhein, Herzog zu Bayern, des Heiligen Römischen Reichs Oberster Kämmerer, machen bekannt und verkünden allen, die diese Urkunde sehen, hören oder lesen, dass wir versprechen, dass alle Gotteshäuser, alle Geistlichen und Weltliche, alle Städte, Dörfer und Märkte und auch alle Leute, edel und unedel, reich und arm, wie die heißen und wo die gelegen oder ansässig sind in der Grafschaft Tirol, bei allen ihren Rechten bewahren wollen, die sie als Zusage oder mit Urkunde haben, wie es alter Gewohnheit entspricht und wie sie die von Herzog Meinhart (...) haben und auch alle die Urkunden, die unser lieber Herr und Vater Kaiser Ludwig von Rom und auch wie über die genannten Sachen gegeben haben oder noch geben werden. Wir sollen auch alle Amtleute, die dazu gehören und belehnt sind, bei ihren Rechten lassen und ihnen diese zugestehen (...) Wenn jemand im Rahmen der Regierung gegen die genannten Grundsätze verstößt, wollen wir ihnen nach besten Kräften helfen. Wir wollen die vorgenannten Sachen und Stücke in allen Einzelheiten *mit guten trewen stet, gantz und unzebrochen behalten und dawider nimmer ze tun ze komen und haben ouch des ze den Heiligen gesworn.*
Der Brief ist geben ze München an Montag vor unserer Frawen tag ze Liechtmesse under unserm Insigelt besigelt, daz daran hanget. Nach Kristus Geburt driuczehenhundert Iare darnach in dem zwei und viertzigstem iare.

*Siegel von
Margarethe Maultasch,
Gräfin von Tirol und
Herzogin von Bayern, mit
dem Tiroler Adlerwappen und
dem bayerischen Rautenwappen*

*Siegel
Herzog Ludwigs
des Brandenburgers*

Das Problem, dass Margarethe schon verheiratet war, löste der Kaiser mit Hilfe seiner theologischen und juristischen Berater, etwa des Marsilius von Padua oder des Wilhelm von Ockham. Dieser gutachtete, dass die Ehe zwischen Johann Heinrich und Margarethe nie vollzogen worden sei. Der Kaiser schied die Ehe eigenmächtig bzw. erklärte, dass sie eigentlich nie bestanden habe. Trotz aller gelehrten Gutachten war dies ein Eingriff in kirchliche Zuständigkeiten. Die sich anbahnende Versöhnungspolitik des Reichsoberhaupts mit dem Papst in Avignon fand ein abruptes Ende. „Seitdem begann der gute Ruf des Kaisers in den Nasen der Fürsten zu stinken", vermerkte Abt Johann von Viktring. Die Luxemburger – vor allem der mittlerweile erblindete König Johann von Böhmen und sein Sohn Karl von Mähren, der spätere Kaiser, hatten nun doppelten Grund, sich über das Verhalten des Kaisers zu beschweren, vor allem beim Papst!

1342 trat der Kaiser mit großem Gefolge die Reise nach Tirol an, um die Vermählung zu feiern. Beim Übergang über den Jaufenpass ins Passeiertal stürzte der Bischof von Freising zu Tode, was als böses Zeichen gedeutet wurde. Am 10. Februar 1342 wurde auf Schloss Tirol die Ehe geschlossen. Einen Tag später belehnte der Kaiser das Paar im Hof des Trienter Bischofs in Meran mit der Grafschaft Tirol und dem Herzogtum Kärnten.

Tirol war, wie sich Kaiser Ludwig gegenüber seinem Sohn äußerte, „ein Bissen, den man sich nicht entgehen lassen dürfe". Er nahm dabei in Kauf, dass er gegen Verträge verstieß, die er mit den Habsburgern und Luxemburgern geschlossen hatte: Die Habsburger waren 1335 von ihm mit Kärnten, die Luxemburger 1339 mit Tirol belehnt worden. Mit der Einverleibung Tirols bot Ludwig seinen Gegnern nicht nur eine moralische, sondern auch eine juristische Angriffsfläche. Dabei war nicht nur die neuerlich verhärtete Haltung des Papstes gefährlich, sondern auch die Ablehnung der kaiserlichen Tirolpolitik durch die Kurfürsten des Reichs, insbesondere durch die Erzbischöfe von Mainz, Köln und Trier.

Für die Gegner des Kaisers, besonders für die Luxemburger, war der Wechsel im Papstamt nach dem Tode Benedikts XII., 1342, von zukunftsweisender Bedeutung. Der neue Papst Clemens VI., ehemaliger Erzbischof von Rouen, war nämlich in den 20er-Jahren Erzieher des Luxemburgers Karl von Mähren, des nachmaligen Kaisers Karl IV., am Pariser Hof gewesen. Er hatte es zum Ratgeber König Philipps VI. von Frankreich gebracht und verstand es nun als glänzender Redner und Diplomat, die Luxemburger an allen Fronten zu fördern, ohne dabei unbedingt als parteiisch zu gelten. 1343 forderte er die Kurfürsten auf, einen neuen Kaiser zu wählen.

Herzog Ludwig V. der Brandenburger als Regent von Tirol

Als am 11. Oktober 1347 Kaiser Ludwig der Bayer bei der Bärenjagd in der Nähe des Hausklosters Fürstenfeld mit etwa 60 Jahren ums Leben kam, musste sein Sohn Ludwig trachten, die von Karl IV. und Papst Clemens VI. aufgehetzten Feinde seines Vaters von Tirol fernzuhalten. Lediglich in Tirol selbst konnte sich Ludwig weitgehend unangefochten als Herr fühlen.

Herzog Ludwig V. (1315–1361) war schon als achtjähriger Knabe 1323 von seinem Vater mit der Markgrafschaft Brandenburg, die durch das Aussterben der Askanier an das Reich zurückgefallen war, belehnt worden. Ende 1324 wurde er als Neunjähriger mit der achtzehnjährigen Tochter des dänischen Königs verlobt; 1333 wurde die Ehe vollzogen. 1340 starb seine Frau, 1342 heiratete Ludwig Margarethe Maultasch. Die Ehe wurde erst 1359 vom Papst anerkannt. Als Tiroler Landesherr beachtete Ludwig die Privilegien, die er am 28. Januar 1342 dem Adel bestätigt hatte, nur beschränkt. Vielmehr versuchte er, wie in Brandenburg eine starke vom Landesherrn abhängige Verwaltung aufzubauen. Er erweiterte die Aufgaben des Landeshauptmanns, der für die wichtigsten Staatsangelegenheiten eine Art geheimen Staatsrat versammelte. Für die Münchner Kaufleute erleichterte er 1344 die Abgaben in Meran. 1351 teilte er seine Länder und übergab Brandenburg an seine jüngeren Halbbrüder Ludwig den Römer und Otto. Er selbst behielt Oberbayern. Sein gesamtes Herrschaftsgebiet reichte von der Donau und Ingolstadt im Norden bis nach Trient. Tirol lag nun fast im Zentrum dieses neuen bayerischen Herzogtums. Ludwigs Regierungssitze waren der Alte Hof in München und Schloss Tirol. Rastlos tätig, starb Ludwig der Brandenburger auf einem Ritt nach München in Zorneding unweit von Ebersberg.

Interessant ist, dass sowohl Brandenburg als auch Tirol die gleichen Wappenbilder haben, nämlich einen roten Adler auf silbernem Grund. Margarethe Maultasch führte ein eigenes Siegel, das die bayerischen Rauten neben dem Tiroler Adler zeigt.

Aus der Ehe Ludwigs mit Margarethe ging ein Sohn, *Meinhard III.*, hervor. Er kam am 9. Februar 1344 in Landshut zur Welt und wurde 1359 in Passau mit der um zwei Jahre jüngeren österreichischen Herzogin Margarethe, Tochter Herzog Albrechts II., verheiratet. Dessen Gesandten war es noch vor der Eheschließung gelungen, vom Papst die Legalisierung der Ehe von Ludwig und Margarethe Maultausch zu erreichen: *Meinhard III.* wurde nun zum ehelichen Nachkommen erklärt. Da der Habsburger Albrecht auch als Geldgeber von Ludwig und Margarethe auftrat und sich dabei zur Sicherheit Tiroler Burgen, wie etwa Rodenegg am Eingang des Pustertals oder Ehrenberg bei Reutte, verpfänden ließ, lässt sich schon früh ein Interesse dieses gewitzten Territorialpolitikers an Tirol erkennen. Albrecht ahnte wohl sehr früh, dass der eher schwächliche Meinhard nicht in der Lage sein würde, die Politik seines Vaters Ludwig in Tirol fortzusetzen.

Als dieser 1361 starb und der Wittelsbacher Herzog Stephan II. von Niederbayern eigenmächtig die Vormundschaft über den siebzehnjährigen Meinhard und damit die Herrschaft über Oberbayern und Tirol an sich riss und Margarethe Maultasch ausschaltete, begann gleichwohl die Stellung der Bayern in Tirol kritisch zu werden.

Tirol kommt an das Haus Habsburg

Als der Erbe Tirols, Meinhard III., schon am 13. Januar 1363 starb, verfügte seine Mutter eigenmächtig über das Land zugunsten ihres Vetters, des Habsburger Herzogs *Rudolf IV.*, und setzte die Herzöge von Österreich zu ihren Erben ein. Ob sie dazu befugt war, ist strittig, da Tirol Reichslehen war. Doch Rechtsfragen und Urkunden spielten bei diesem Vorgang nur eine untergeordnete Rolle. Die Verdrängung Herzog Stephans II. war eine Machtfrage, da Kaiser Karl IV. der Übertragung Tirols an Habsburg zustimmte und die untereinander verfeindeten Wittelsbacher der einzelnen Linien nicht in der Lage waren, ihre Tiroler Ansprüche durchzusetzen. Gegen den skrupellosen Habsburger Rudolf IV., der auch vor Urkundenfälschungen nicht zurückschreckte, und gegen seine Erben, ab 1365 seine jüngeren Brüder Albrecht und Leopold, hatten die zerstrittenen bayerischen Herzöge einen schweren Stand.

Herzog Rudolf IV., der Stifter, war der bedeutendste Vertreter des Hauses Habsburg im 14. Jahrhundert. Sein Beiname geht auf seine kirchlichen Stiftungen, insbesondere die Stiftung zum Bau des Stephansdoms in Wien zurück. Auch als Stadtgründer tritt er hervor (Rudolfswert = Novo Mesto im heutigen Slowenien). Als geschickter Territorialpolitiker umwarb er Margarethe Maultasch und erreichte 1363 kurz nach dem Tod Herzog Meinhards III. die Übertragung Tirols an Österreich. 1364 wurde er in Brünn von seinem Schwiegervater, Kaiser Karl IV., offiziell mit Tirol belehnt.

Der Tiroler Erbfolgekrieg

Den Verlust Tirols nahmen die Wittelsbacher letztlich doch nicht so einfach hin.
Im November 1363 begann der sogenannte Tiroler Erbfolgekrieg. Hauptschauplatz waren das Tiroler Inntal und die österreichisch-bayerische Grenze bei Schärding. Es war eines der härtesten Ringen der bayerischen Geschichte. Mächtigster Verbündeter des Habsburgers im Kampf gegen Bayern um Tirol war

Erzbischof Ortolf von Salzburg. Gegner hatte Rudolf in Tirol vor allem in den Reihen der Adeligen, denen es kurzzeitig gelang, ihn gefangen zu nehmen. Mit Hilfe der Bürger von Hall und Innsbruck konnte er jedoch befreit werden.

Die im Inntal von Rattenberg aus vordringenden bayerischen Truppen wurden von zwei mächtigen Reichsfürsten unterstützt, dem Burggrafen Friedrich von Nürnberg, der eben in den Reichsfürstenstand erhoben worden war, und Pfalzgraf Ruprecht, dem Heidelberger Verwandten der bayerischen Wittelsbacher. Strategisch ungünstig für die Wittelsbacher war, dass die außerhalb Tirols aber an der Grenze gelegenen Landgerichte Kling, Wasserburg, Kufstein und die wittelsbachischen Gerichte, Rattenberg und Kitzbühel Margarethes Witwengut waren. Diese Gerichte hatte sie an Rudolf verpfändet, der dafür ihre Schulden übernommen hatte. Sie völlig Rudolf zu überlassen, wie Margarethe es vorhatte, verstieß allerdings gegen jedes Erb- und Reichsrecht.

Die beiden Festungen Kufstein und Rattenberg wurden Stützpunkte der bayerischen Herzöge im Kampf um Tirol. Die adeligen Pfleger, Amtsinhaber und Burgenbesitzer an der Grenze und in Tirol mussten sich nun zwischen Wittelsbach und Habsburg entscheiden. Da zwar das Recht eher auf der bayerischen, die Macht jedoch mehr auf der österreichischen Seite lag, kam es zu erbitterten und blutigen Auseinandersetzungen. Die Herren von Frundsberg in Schwaz, die fast reichsunmittelbaren Herren von Schwangau oder Rudolf von Haslang, Pfleger der Festung und Klause Thierberg, wechselten zu Rudolf IV. oder wurden von ihm gekauft. Mit seinen Streitkräften, die er in seinen Stammlanden Österreich, Kärnten und der Steiermark sowie in Vorderösterreich (Vorarlberg, Burgau, Freiburg) rekrutiert hatte, konnte er die Bayern, die das Grenzgebiet westlich von Rattenberg verheert hatten, zurückzuschlagen. Mit der Verwüstung des bayerischen Inntals vergalt Rudolf den bayerischen Angriff. Im Dezember 1363 griffen die bayerischen Truppen erneut an und drangen unter furchtbaren Verwüstungen über den Seefelder Sattel und durchs Inntal vor. Einen bedeutenden Sieg konnten sie bei Neuötting über die salzburgischen und österreichischen Truppen unter Graf Ulrich von Schauenberg und dem Landeshauptmann ob der Enns, Eberhard von Waldsee erfechten. Über

70 salzburgische und österreichische Ritter wanderten in bayerische Gefangenschaft, ein Sieg, der weit über Bayern und Österreich hinaus Aufsehen erregte.

Nach diesen Erfolgen versuchten die bayerischen Herzöge im Januar 1364 in Prag, Kaiser Karl IV. um Hilfe und Vermittlung zu bitten. Dieser machte unverbindliche Zusagen. Schon einen Monat später schloss er Frieden mit Österreich: Am 8. Februar 1364 bestätigte er Rudolf den Übergang Tirols an Habsburg und übertrug ihm Tirol als Reichslehen. Darüber hinaus wurde eine sehr merkwürdige Ehe verabredet: Der Bruder des Kaisers, Markgraf Johann Heinrich von Mähren (1322–1375), den Margarethe Maultasch einst aus dem Land gejagt hatte, musste nun die Schwester Herzog Rudolf IV., Margarethe (1346–1366), heiraten. Sie war die Witwe des 1363 verstorbenen Herzogs Meinhard III.! Die Belehnung Rudolfs mit Tirol wurde in Bayern nicht zur Kenntnis genommen. Trotzig nahm Herzog Stephan II. den Titel eines „Grafen von Tirol und Görz, Vogts der Gotteshäuser von Aquileja, Trient und Brixen" an.

Der Krieg ging also weiter. Der Feldzug des Jahres 1364 brachte vor allem ein gegenseitiges Plündern und Brennen, nicht nur durch die geworbenen Söldner, sondern auch die Bauern. Erstmals entstand bei den Untertanen an den Grenzen, die eigentlich zunächst nur Gerichtsgrenzen waren, ein österreichisches, ein Tiroler und ein bayerisches Feindbild!

In den erbitterten Kämpfen zwischen den salzburgischen und österreichischen Truppen einerseits und den bayerischen andererseits spielten neben den Söldnern die Aufgebote der Städte eine bedeutende Rolle. Auf bayerischer Seit kämpften vor allem die Landshuter und Wasserburger Bürger, auf österreichischer Seite die Bürger von Innsbruck und Hall. Sie belagerte das von Konrad Kummersbrucker erfolgreich verteidigte Rattenberg.

Der Tod Herzog Rudolfs IV. von Österreich am 27. Juli 1365 schien für das Haus Wittelsbach eine günstige Wendung herbeizuführen. Noch mehr Mut fassten die bayerischen Herzöge, als die launenhafte Margarethe Maultasch offensichtlich noch zu Lebzeiten Rudolfs merken ließ, dass sie ihr Bündnis mit den Habsburgern und Herzog Rudolf bereute. Dieser sah sich gezwungen, Margarethe ausdrücklich in die Pflicht zu nehmen. Sie musste eine Erklärung unterschreiben, dass Rudolf IV. seine

Pflichten immer treulich erfüllt habe und sie sich niemals mit den Gegnern verbünden oder das Land verlassen werde.

1365 waren beide Seiten so erschöpft, dass sich die Kriegshandlungen in Grenzen hielten. Im Oktober kam ein Waffenstillstand zustande. Im Winter 1365/66 wurden *Friedensverhandlungen* aufgenommen. Auf bayerischer Seite verhandelten mit den Vertretern der zwei Brüder Albrecht III. ((1348–1395) und Leopold III. (1351–1386) von Österreich Konrad von Frauenberg, Johann Kummersbrucker d. J., Georg von Waldeck und Heinrich Zenger. Die Forderungen, die sie stellten, zeigen die vergleichsweise gute Position, in der sich die bayerischen Herzöge befanden: Habsburg sollte an Bayern im Falle des Aussterbens seiner männlichen Linie nicht nur Tirol, sondern auch die vorderösterreichischen Gebiete in Schwaben und im Elsaß vererben. Außerdem sollte Habsburg die bayerischen Herzöge bei ihren Forderungen wegen des Witwenguts von Stephans II. Schwester Elisabeth gegen die Skaliger in Verona[9] unterstützen. Darüber hinaus sollte es an Herzog Stephan II. 100 000 Gulden, an dessen Söhne Stephan, Friedrich und Johann jeweils 24 000 Gulden zahlen. Schärding sollte an Bayern gegen 100 000 Gulden zurückfallen. Über den Besitz Rattenbergs sollte ein Schiedsgericht entscheiden. Das Verlöbnis von Stephans Sohn Johann mit Katharina von Görz sollte aufgelöst werden.

Die Verhandlungen zerschlugen sich. Als im Herbst 1367 der ungarische König Ludwig den bayerischen Herzögen Stephan II. und Albrecht signalisierte, dass er mit ihnen gegen die Habsburger marschieren würde, beschloss man 1368 einen neuen Kriegszug. Mit König Ludwig von Ungarn schloss man am 2. Februar 1368 in München einen entsprechenden Vertrag[10]. Obwohl die ungarische Unterstützung weitgehend auf dem Papier blieb, fielen die bayerischen Truppen im Sommer 1368 erneut in Tirol ein und eroberten wie schon im Jahre 1363 das Unterinntal ohne Hall und Innsbruck. Am Seefelder Sattel besetzten sie die Burg Schlossberg. Im Oberinntal wurde Landeck genommen. Dann stießen die bayerischen Truppen Richtung Brenner vor, nahmen die Burgen Vorder- und Hintermatrei, überschritten den Brenner und besetzten Sterzing. Im Eisacktal vor Brixen mussten sie sich jedoch vor dem Aufgebot des Bixener Bischofs und den herannahenden Truppen Herzog Leopolds zurückziehen, doch konnten sie die meisten Burgen behaupten. In Matrei verteidigten sich die Bayern gegen die Angriffe fünf Wochen lang erfolgreich. Mit der Behauptung einiger fester Plätze über das Jahr 1368 hinaus hatten die Bayern zwar nicht entscheidend gewonnen, aber für zukünftige Verhandlungen eine wichtiges Pfand in der Hand.

Bei den Kämpfen um das Inntal im Jahr 1368 wurde der damalige Abt des Klosters Wilten, Konrad Speiser, als Verbündeter der Bayern verdächtigt und zog die Wut der Innsbrucker Bevölkerung auf sich. Die Bürger stürmten das Kloster und warfen den Abt in die Sill, wo er ertrank. Der Vorfall wird durch eine Urkunde Herzog Leopolds III. vom 10. Februar 1369 aktenkundig, in der er den Bürgern Straffreiheit zusicherte; der Abt sei ein „treuloser" Mann gewesen.

Nach mehr als sechs Jahren Krieg kam es schließlich am *29. September 1369*[11] nach Verhandlungen Herzog Albrechts von Österreich mit den Herzögen Stephan III., Friedrich und Albrecht von Bayern in Schärding unter Anwesenheit vieler bayerischer Adeliger zum Friedensschluss. In diesem *Frieden von Schärding* erkannte Bayern gegen eine Entschädigung von 116 000 Gulden die *Herrschaft der Habsburger über Tirol* an. Herzog Johann, jüngster Bruder von Stephan III. versprach, aus seiner bevorstehenden Ehe mit Katharina von Görz keine Ansprüche auf Tirol abzuleiten. Die bayerischen Herzöge sollten die Tiroler Festungen, die sie noch im Besitz hatten, herausgeben und versprechen, gute Nachbarschaft zu halten. Die an Österreich verpfändeten oberschwäbischen Städte Weißenhorn und Buch an der Roth wurden Bayern ohne Entschädigung überlassen. Die fast schon verlorenen Grenzgerichte Schärding, Kufstein, Rattenberg und Kitzbühel blieben beim Herzogtum Bayern. Diese wegen ihres „Bergsegens" wichtigen drei Gerichte im Gebirge waren in der Folgezeit Teil des Herzogtums Bayern-Ingolstadt, ab 1447 Teil des Herzogtums Bayern-Landshut. Margarethe Maultasch sollte wegen ihrer Ansprüche auf diese Orte entschädigt werden, starb aber schon vier Tage nach Abschluss des Schärdinger Vertrags.

Gescheiterte Hoffnungen

Erbaussichten der Wittelsbacher auf die Grafschaft Görz

Neue Erbaussichten eröffnete die Ehe Herzog Johanns (1341–1397), dem jüngsten Sohn Herzog Stephans II. von Niederbayern, mit Katharina (1350–1391), der Tochter von Meinhard VI. Graf von Görz. An diese Verbindung zwischen Bayern und Görz erinnert das Wappen von Görz am Erker des Alten Hofes in München. Diese Ehe kam am 30. Mai 1365 in Hofgastein zustande und war damals ein großer Triumph für die bayerische Sache. Katharina war zunächst mit dem Habsburger Leopold verlobt gewesen. Diese Verlobung wurde jedoch gelöst. Der beleidigte Vater Katharinas, Meinhard VI., wählte für seine Tochter nun einen Wittelsbacher. Für den Fall des Aussterbens der männlichen Görzer war Herzog Johann ein Teil des Görzischen Landes zugesagt.

Dieser Fall trat mit dem Tode Meinhards VII. im Jahre 1385 ein. Johann wurde nun Herr der in Kärnten gelegenen Besitzungen der Görzer. In Tirol erhielt er den halben Anteil an der Hofmark Kastelruth zwischen Eisack- und Grödnertal, sowie den sehr ertragreichen Zoll in Toblach, wo der viel befahrene Handelsweg vom Pustertal über Ampezzo nach Venedig abzweigte.

Dieses bayerische Erbe wurde von Bischof Johann von Gurk angefochten, der die Vormundschaft über die minderjährigen Söhne des verstorbenen Grafen Meinhard, Heinrich und Johann, führte. Ein Schiedsgericht sprach 1390 und 1391 jedoch dem Wittelsbacher ein Drittel des gesamten Besitzes der Grafen von Görz zu: die kärntnerische Pfalzgrafschaft, die Stadt und Festung Görz (Gorizia), die Michelsburg im Pustertal, die Stadt Lienz mit der Festung Bruck und der Lienzer Klause sowie die Besitzungen in Tirol.

Doch war schließlich dieses Erbe den bayerischen Herzögen zu entlegen. Angesichts ihrer latenten Finanznot und der habsburgischen Begehrlichkeiten bot es sich an, diese Besitzungen abzustoßen, und so kam der bayerische Anteil am 25. Juli 1392 durch einen in Salzburg abgeschlossenen Vertrag für 100 000 ungarische Goldgulden an den österreichischen Herzog Albrecht.

Die Bayern ließen sich aber zusichern, dass sie die gesamte Grafschaft Görz erben würden, wenn die Kinder Albrechts ohne männliche Nachkommen blieben.

Die Einfälle der Bayern 1410 und 1413

Fast vierzig Jahre sollte es nach dem Frieden von Schärding dauern, bis sich die wittelsbachischen Herzöge wieder daran machten, mit Kriegsmacht in Tirol einzufallen.[12] Den Anlass bot ein mächtiger Tiroler Adeliger, der unter *Herzog Friedrich IV.* von Tirol soviel Macht gewonnen hatte, dass er gegen seinen eigenen Landesfürsten losschlagen konnte.

Als jüngstem Sohn des österreichischen Herzogs Leopold III. und dessen Frau, einer Visconti, war dem 1382/83 geborenen Friedrich im Jahre 1406 von seinem älteren Bruder Leopold IV. die Herrschaft über Tirol und in den Vorlanden überlassen worden. Da Friedrich sich Zeit seiner Regierung vorwiegend in Tirol aufhielt, wurde er der erste populäre Tiroler Landesfürst.

Friedrich musste sich mit dem selbstbewussten Trienter Bischof *Georg von Liechtenstein* auseinandersetzen. Dieser hatte aus seiner mährischen Heimat Verwaltungsbeamte mitgebracht, um das Hochstift zu sanieren und brüskierte damit adelige Lehensträger aus Tirol, die sich nun zusammen mit Friedrich gegen den Bischof wandten und die Bestätigung ihrer alten Privilegien erzwangen. Die 1407 im „Falkenbund" organisierte Adelsopposition wandte sich jedoch unter ihrem mächtigsten Mann, *Heinrich von Rottenburg*, bald auch gegen den Herzog selbst.

Die Rottenburger stammten wahrscheinlich aus Bayern und waren mit den Andechsern ins Land gekommen. Mit der Geschichte ihres Hauses verbunden ist die Legende der in Eben am Achensee verehrten Hl. Notburga, die wohl nicht, wie die Legende will, eine Dienstmagd der Rottenburger, sondern ein Mitglied des Geschlechts war.

Heinrich von Rottenburg, der mächtigste Adelige in Tirol um 1400, verfügte über ein riesiges Hausgut um die Stammburg Rottenburg bei Jenbach und im Etschtal. Unter dem jungen Friedrich IV. war er Hofmeister und Hauptmann zu Trient.

Zunächst 1407 an der Spitze des Falkenbundes, wechselte er in das bischöfliche Lager. Im Kampf gegen Friedrich unterlag Heinrich, der zu sehr auf die Unterstützung seiner adeligen Standesgenossen aus dem Falkenbund gebaut hatte. Heinrich floh nach Bayern. Er bot den Herzögen die Herrschaft in Tirol an und versprach, dass den Wittelsbachern die meisten Burgen des Landes offen stehen würden.

Das reizte die Bayern. 1410 griffen Herzog Stephan III. von Bayern-Ingolstadt und seine Münchner Neffen Ernst und Wilhelm III. zu den Waffen, nachdem sie sich am 31. Juli 1410 in München darauf geeinigt hatten, die Eroberungen zu teilen. Als Kriegsgrund wurde ein Streit wegen der Ausfuhr des Haller Salzes vorgeschoben, dessen Vertrieb in Bayern verboten war. Die gesammelte Streitmacht der bayerischen Herzöge – die Stadt München unter dem Hauptmann Barth stellte dabei den Hauptteil – rückte von Rattenberg aus in das Herrschaftsgebiet Herzog Friedrichs IV. ein. Die bayerischen Truppen kamen nur bis Volders. Schon im September 1410 kam es zum Waffenstillstand, der 1411 verlängert wurde. Heinrich war in die Gefangenschaft Herzog Friedrichs gelangt und musste seine Schlösser, u. a. den Stammsitz Rottenburg, übergeben, der zerstört wurde.

Im Jahre 1413 rückte Herzog Stephan III., dem ja die an Tirol grenzenden Landgerichte Kufstein, Kitzbühel und vor allem Rattenberg gehörten, noch einmal gegen Herzog Friedrich IV. bis an die Stadtmauern von Hall vor. Doch blieb diesmal die Unterstützung durch die Münchner Neffen aus. Die bayerischen Truppen zogen sich angesichts des Widerstands der Haller und Innsbrucker Bürger schnell zurück. Der greise Herzog resignierte und schloss im Juli in Salzburg einen Waffenstillstand. Er versprach, die Handelszüge und den Salztransport durch das Inntal für die Zeit des Waffenstillstands nicht zu behindern. Am 2. Oktober 1413 verstarb er. Im nächsten Jahr, 1414, schlossen die Wittelsbacher Frieden mit Habsburg.

Neue Hoffnung auf Tirol

Noch einmal trachteten die Wittelsbacher, in den Besitz Tirols zu kommen. *Herzog Albrecht IV.* (1447–1508) war nach einer zweijährigen Regierungszeit mit seinem Bruder 1467 zur alleinigen Regentschaft von Bayern-München gelangt. Er beabsichtigte „das löbliche Haus Bayern zu erweitern, zumal an den Enden, die vormaln dazugehörten". So heirate er 1487 in Innsbruck Kunigunde, die Tochter Kaiser Friedrichs III. von Habsburg. Trotz dieser Verbindung sollte die beabsichtigte „Rückerwerbung" Tirols scheitern.

Sowohl Ludwig der Reiche von Bayern-Landshut, als auch Albrecht IV. waren in dieser zweiten Hälfte des 15. Jahrhunderts mächtig genug, gegenüber den Habsburgern, die durch Länderteilungen sehr geschwächt waren, wieder aufzutrumpfen. Besonders Albrecht IV. verfolgte das Ziel, durch eine geschickte Territorialpolitik die alte Stellung und Ausdehnung des Herzogtums Bayern wieder herzustellen. Hoffnung auf die Verwirklichung dieses hochgespannten Ziels gab es, als der Tiroler Landesherr, Sigmund der Münzreiche – er regierte seit 1446 – sich mehr und mehr an Bayern verschuldete: 1488 war er den bayerischen Herzögen bereits eine Million Gulden schuldig. Da Sigmund keine Kinder hatte und seinem nächsten Verwandten, Kaiser Friedrich III., nichts gönnte, war abzusehen, wann Tirol und Vorderösterreich an die Wittelsbacher in München und Landshut – dort war seit 1479 Herzog Georg der Reiche an der Regierung – fallen würden. 1487 gab Sigmund bereits den Befehl zur Huldigung an die bayerischen Herzöge. Da Friedrich III. zu dieser Zeit Wien und ganz Niederösterreich an den ungarischen König verloren hatte und sein Sohn Maximilian 1488 in Burgund in Bedrängnis kam, war der Widerstand des Hauses Habsburg zunächst ohne Bedeutung. Doch gelang es Kaiser Friedrich III. wenig später, die beiden bayerischen Herzöge zu entzweien und über Albrecht IV. wegen der Einverleibung der Reichsstadt Regensburg die Reichsacht zu verhängen. 1492 unterwarf sich dieser dem Schiedsspruch des Kaisers: Er gab Regensburg zurück und verzichtete auf die Verschreibung Tirols durch Sigmund. Dieser hatte schon 1490 zugunsten Friedrichs Sohn, dem späteren Kaiser Maximilian I., abgedankt.

Tirol blieb bei Habsburg.

Es sollte fast 200 Jahre dauern, bevor die Bayern unter Berufung auf ihre alten Ansprüche wieder bewaffnet in Tirol einfielen.

Stadtansicht von Rattenberg, 17. Jh. (Ausschnitt)

Die bayerischen Gerichte Rattenberg, Kitzbühel und Kufstein

Seit dem Frieden von Schärding (1369) waren die *Gerichte Kufstein, Kitzbühel und Rattenberg* im Inntal die Vorposten Bayerns zur Grafschaft Tirol und zum Erzbistum Salzburg, dem das Zillertal gehörte. Die Grenze bildete der Zillerfluss, das nächstgelegene Tiroler Gericht war Rottenburg. Der zuständige Salzburger Pfleger amtierte auf Burg Kropfsberg am Eingang des Zillertals. So saßen im 15. Jahrhundert in diesem „Dreiländereck" die jeweiligen landesherrlichen Pfleger auf den Burgen Rottenburg (Tirol), Rattenberg (Bayern) und Kropfsberg (Salzburg) einander fast in Sichtweite gegenüber.

Der zeitweise Wechsel der Herrschaftsträger, führte zu einer besonderen rechtlichen und politischen Situation in den Gerichtsgebieten: Das bayerische Gericht Rattenberg war im 13. Jahrhundert an Meinhard II. von Tirol verpfändet worden. Als dann Ludwig der Brandenburger seiner Gemahlin Margarethe Maultasch die Gerichte Kufstein und Kitzbühel als Witwengut verschrieb, standen sie kurz vor ihrer Eingliederung nach Tirol.[13] Im Vertrag von Schärding 1369 wurden die drei Gerichte zu Bayern geschlagen. Hier wechselten sie vergleichsweise häufig zwischen den jeweiligen Teilherzogtümern. Zunächst bei Bayern-München, wurden sie bei der Landesteilung von 1392 dem Herzogtum Bayern-Ingolstadt zugeschlagen und kamen nach dessen Ende 1447 zu Bayern-Landshut.

Ein Wechsel in der Landeshoheit konnte Probleme schaffen, etwa wenn es um den Nachweis oder die Bestätigung althergebrachter Rechte für die Untertanen ging. Die Abgrenzungen der bayerischen Gerichte von den habsburgischen und den Salzburger Besitzungen spielen im amtlichen Schriftgut eine außerordentliche Rolle, etwa wenn es um die genaue Festlegung des Grenzverlaufs ging oder um Rechte angrenzender Territorien (Alm- und Forstnutzungsrechte): Besonders strittig etwa waren die Rechtsverhältnisse im Salzburger Zillertal zwischen Bayern-Landshut, der Grafschaft Tirol und dem Erzbistum Salzburg.

Prinzipiell besaß östlich des Ziller Bayern, südlich Österreich die Hochgerichtsbarkeit. Der Pfleger in Kropfsberg konnte zwar ein Urteil fällen, musste aber die Delinquenten entweder an den Tiroler Pfleger in Schloss Rottenburg oder an den bayerischen im Gericht Rattenberg zur Hinrichtung ausliefern.[14]

Strittig war auch der Burgfrieden des Schlosses Kropfsberg und die sich daraus ergebenden Rechte. Der bayerische Pfleger von Rattenberg vertrat dazu folgenden Standpunkt:

Item das Geschloß Kropfberg leyt gantz in der Herschaft Rattenberg. Es geet auch dye Landstrass gar an dem Geschloss fur, die sy verschrankt heten und wider davon tuen muesten. Sy dürfen auch außerhalb der Mawr nicht Dafern noch Wein vayl haben, dann zw Kirchtagen. Yetzundt haben sy newe Hewser gesetzt außerhalb der Mawr und darin Wein haben und vermaindt Tafernen da zw haben. Man nymbt auch zu Kirchtagen meinem genädigen Herren den Zol .... Der Graben zw Krophsperg der von dem Geschlos yber an den Perg geet, ist auch ni pillich und wider dy Herschafft Ratenberg.[15]

Diese Grenz- und Hoheitsstreitigkeiten zogen sich das ganze 15. Jahrhundert hin und verursachten viele Schriftwechsel.[16]

Die nebenstehende vom bayerischen Pfleger in Rattenberg gezeichnete und nach Landshut an den Hof Herzog Ludwigs des Reichen geschickte „Karte" zeigt den Unterlauf des Zillers, der von rechts kommend in den Inn fließt. Der Ziller, damals die Grenze zwischen dem Herzogtum Bayern und der Grafschaft Tirol, hatte sein altes Flussbett verlassen und sich einen neuen Weg weiter westlich im Tiroler Gebiet gegraben. Die Zeichnung zeigt oben das alte Gerinne (mit Wellen) und unten das neue. Beide Flussarme sind mit Brücken überspannt. Der Tiroler Pfleger von Rottenburg hatte einen „Steg" über den neuen Flusslauf geschlagen und im neuen Gebiet zur Demonstration seiner Landeshoheit und seiner Blutgerichtsbarkeit einen verurteilten Straftäter aufgehängt. Der bayerische Pfleger in Rattenberg erhielt auf Grund seines Berichts vom Herzog die Anweisung, umgehend die „Einzüge" der Tiroler Beamten zu beseitigen.

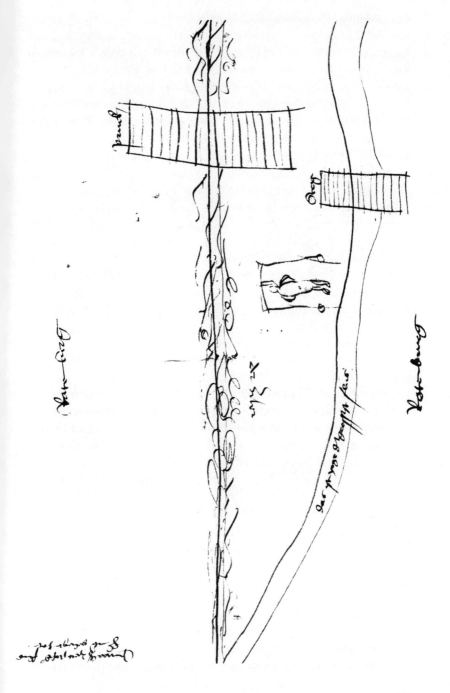

Der „Bergsegen" in den drei Gerichten

Kurz nach 1400 entdeckte man im Inntal vor allem zwischen Kufstein und Schwaz Silber- und Kupfervorkommen. Davon sollten über Jahrzehnte hauptsächlich die Herzöge von Bayern-Landshut profitieren, die 1447 die drei Gerichte von Bayern-Ingolstadt übernommen hatten. Herzog *Heinrich der Reiche* privilegierte 1447 die Bergwerke. Sein Sohn *Ludwig* verlieh 1459 ebenfalls großzügige Bergfreiheiten, um Unternehmer anzulocken und die Erschließung neuer Vorkommen zu beschleunigen. Die Betreiber der Gruben erhielten nach dem Vorbild der Schladminger Bergordnung von 1308 freies Geleit, die niedere Gerichtsbarkeit, Nutzung der Wälder, Gewässer und Wege nach Bedarf. Für die ersten zehn Jahre musste vom Bergertrag der zehnte Teil abgegeben werden („Bergwerksrecht zur Fron"), nach zehn Jahren waren neben der „Fron" auch noch Geldabgaben fällig. Von jeder Mark Silber waren 1 Gulden, von jeder Mark Gold 9 Gulden zu entrichten. Bei Kupfer oder Blei war jeweils der zehnte Kübel fällig.

1463 stieß man in Rattenberg auf eine riesige Silberader, die einen wahren „Silberrausch" auslöste. Ludwig der Reiche erließ hier eine Bergordnung, die vor allem die technischen Details der Erzgewinnung und Erzverhüttung regelte. Als technischer Leiter wurde 1464 der Bergmeister Peter Hirn mit einem Jahressold von 140 Pfund Pfennigen angestellt. Hirn, ein begüterter Unternehmer aus Neuburg a. d. Donau, stieg mit der Gunst des Herzogs zum allmächtigen Bergrichter, Bergmeister, Hüttenmeister, Wechsler und Verwalter des Zolls zu Rattenberg auf. In den nächsten Jahren erwirtschaftete er Summen, die durchaus die Höhe der Gesamteinnahmen des Herzogtums erreichten. Sein immenser Reichtum weckte die Neider: Er wurde verdächtigt, einen Teil des gewonnenen Silbers in die eigenen Taschen zu wirtschaften. Der Herzog ließ ihn inhaftieren und sein Vermögen beschlagnahmen. Hirn kam glimpflich davon. Er schloss einen Vergleich mit Herzog Ludwig, der sich mit einer Zahlung in Höhe von 5945 Pfund Pfennigen begnügte.

Die reichen Erträge der Bergwerke trugen erheblich zum Staatshaushalt und damit auch zur Macht und zum Prunk der in Landshut regierenden Herzöge bei. Die Landshuter Hochzeit des

Herzogssohns Georg mit der polnischen Königstochter Jadwiga 1475 erinnert bis heute an die einstige Prachtentfaltung am Landshuter Hof.

Zunehmend gewannen *süddeutsche Handelshäuser* Anteil am Bergbau: Die Gossenbrot, Höchstetter, Welser und Baumgartner, vor allem die Fugger aus Augsburg. Das stolze Schloss *Tratzberg*, das seit 1554 der Augsburger Patrizierfamilie Ilsung und von 1589 bis 1657 den Fuggern gehörte, zeigt, in welchem Maß diese Häuser vom Tiroler Bergsegen profitierten. Auch in Glurns und Sterzing besaßen die Fugger Niederlassungen. Ein Großteil des Tiroler Kupfers ging zur Weiterverarbeitung in die Reichsstadt Nürnberg, die große Waffenschmiede des Hl. Römischen Reichs. Mittelpunkt der Tiroler Silber- und Kupfergewinnung war Schwaz im Inntal.

Die Beteiligung der süddeutschen Unternehmen war durch den Geldbedarf der Landesherrn bedingt. Sie suchten sich kapitalstarke Gesellschaften, denen sie gegen bedeutende Summen die Abbaurechte verschrieben. Schon 1456 wurde zwischen Erzherzog Sigmund und der Augsburger Handelsgesellschaft Meuting der erste diesbezügliche Darlehensvertrag geschlossen. Sigmund erhielt 40 000 Gulden, die aus dem Ertrag der *Schwazer* Silbergruben der nächsten Jahre zurückzuzahlen waren. Das Geschäft war äußerst lukrativ, so dass sich in der Folgezeit ein heftiger Konkurrenzkampf entwickelte. Sieger blieben *die Fugger*, denen es um 1500 gelang, als alleinige Finanziers Kaiser Maximilians die Erlöse aus dem Schwazer Silber an sich zu ziehen. Jakob Fugger konnte 1519 mit 543 000 Gulden die Kurfürsten für die Wahl des Habsburgers Karl V. zum Kaiser bestechen. Die Rückzahlung der Habsburger erfolgte zu 75% mit Schwazer Silber.

Die einheimischen Gewerke hatten angesichts der enormen Konkurrenz keine Chancen mehr und gingen im Laufe des 15. Jahrhunderts zugrunde. Die Augsburger Kapitalgesellschaften jedoch beherrschten das Feld. Sie kümmerten sich nicht nur um den Silberhandel, sondern auch um die Steigerung der Produktion.

Zu Beginn des 16. Jahrhunderts arbeiteten in Schwaz in den zwanzig Schmelzwerken und über 250 Stollen 12 000 Bergknappen und Schmelzer Tag und Nacht. Die Zerkleinerungsanlagen und Wasserhebemaschinen galten als Weltwunder. Die Arbeiter waren genossenschaftlich in Form einer „Gemain des Bergwerks" organisiert und gut bezahlt. Gleichwohl entstanden soziale Probleme in den rasch wachsenden Bergwerksorten Schwaz, Rattenberg oder Kitzbühel. Ein Großteil der Bergknappen kam aus entlegenen Regionen. Sie bildeten in den Orten einen Fremdkörper.

Der „Bergsegen" in den drei bayerischen Gerichten nahm schon vor 1500 ab. Noch 1497 hatte Herzog Georg der Reiche eine neue Bergwerksordnung für seine Gerichte Kufstein, Kitzbühel und Rattenberg erlassen. Mitte des 16. Jahrhunderts ging der Bergbau auch in Schwaz zurück. Die Hörwarts aus Augsburg verkauften 1558 ihre Anteile an den Landesfürsten. Andere private Unternehmer, wie etwa die Baumgartner, wurden Mitte des 16. Jahrhunderts zahlungsunfähig und gaben auf. Die Fugger versuchten zwischen 1566 und 1574, durch Zusammenschluss mit anderen Unternehmern in der „Jenbacher Gesellschaft" dem landesherrlichen Bergbau Widerstand zu leisten. Aber selbst für sie war nach 1620 der Bergbaubetrieb in Schwaz nur noch ein Zuschussgeschäft, das sie dann durch die Aufgabe aller Bergrechte 1657 an den Landesherrn abtraten.

Bis heute ist in den Stadtbildern hauptsächlich von Rattenberg, Schwaz und Kufstein die große Bergwerksvergangenheit des 15. Jahrhunderts sichtbar: In Rattenberg wurde ab 1473 im spätgotischen Stil die Pfarrkirche zum Hl. Vigilius gebaut. Sie hat zwei Chöre und zwei durch eine Reihe runder Säulen getrennte Schiffe. Diese „Zweiteilung" der Kirche verweist (wie auch in der Schwazer Kirche) auf die Teilung der Gemeinde in Bergwerksunternehmer und Bergknappen einerseits und Bürger andererseits, denen je ein Kirchenschiff zugewiesen war. Der reiche Bergwerksunternehmer Gilg (Virgil) Hofer stiftete 1495 die an den Kreuzgang des Augustinereremitenklosters in Rattenberg angebaute wunderschöne spätgotische Kapelle. Dort findet sich auch die Grabplatte des 1496 verstorbenen Wohltäters.

Heute noch dominiert das stattliche Fuggerhaus, erbaut um 1520, das Stadtbild von Schwaz. Es diente vor allem den Faktoren der Schwazer Niederlassung, aber auch den Mitgliedern der Familie als Wohnsitz. Von hier aus regierte Anton Fugger zwischen 1530 und 1550 das Fuggerimperium. Der von 1525

Grabstein des Hans Kummersprucker und seiner Frau in der Klosterkirche von Rattenberg, 1396; der älteste Bildnisgrabstein eines deutschen Adligen in Tirol

Bronzeepitaph für Ulrich Fugger in der Pfarrkirche von Schwaz; Leonhard Magt und Stefan Godl, 1531

stammende Grabstein des ersten in Schwaz residierenden Fuggers Ulrich befindet sich in der Pfarrkirche. Für ihn wurde in der Kirche auch ein Bronzedenkmal geschaffen, das als eines der bedeutendsten Kunstwerke der deutschen Frührenaissance gilt.

Verwaltung und Gesetzgebung in den drei Gerichten

Nicht zuletzt durch den Bergbau bedingt, entwickelte sich in den drei Gerichten ein Gegensatz zwischen den Bürgern und den Landbewohnern, den sogenannten „armen Leuten". Diese waren zwar am Aufschwung in der Region als Bergknappen beteiligt, doch kam es zu Konflikten mit den Bürgern, die ihre hergebrachten Rechte verteidigten, insbesondere was den Handel und den Marktzwang betraf. Typisch für diese Auseinandersetzung ist die Beschwerde der Bewohner von Kundl und Wörgl im Gericht Rattenberg über die Stadt Rattenberg und den dortigen Pfleger aus dem Jahr 1470 an den Landesherrn nach Landshut (Auszug):

- Die Amtleute verhaften rücksichtslos Landbewohner auch wegen geringer Schuldforderungen der Rattenberger Bürger (Das man einen Gerichtsmann umb leislich Schuld zur Rattenberg verpenn und in vahet in Turmn legt ...)
- Auf dem Markt in Kufstein müssen die Bewohner des Gerichts Rattenberg jetzt Zoll zahlen, die Gerichtsleute von Kufstein aber nicht.
- Das Schrannengericht (öffentliche Gerichtssitzung) in Kundl ist aufgehoben worden. Der Rattenberger Richter soll aber wie bisher zu Kundl zweimal im Jahr zu „Ehaft Taiding", zu Gericht sitzen „mit gewaltigem Stab", und soll dann auch Waage und Maß eichen „auf offener Schranne".
- Man setzt jetzt eigene Hauptleute auf dem Lande ein, die Geschäfte übernehmen, die früher vom Rattenberger Amtmann erledigt worden sind.
- Der Richter in Rattenberg verlangt eine zusätzliche Buße (Gerichtsgebühr) schon bei der ersten Klage ohne Rücksicht darauf, wie die Klage ausgeht. Nach den Bestimmungen des in den drei Gerichten geltenden Rechtsbuches Ludwig des Bayern muss niemand eine Buße geben.

Aufgrund solcher Beschwerden sahen sich die Landshuter Herzöge zu „Landgeboten" betreff *Gewerbe und Handel in den drei Gerichten* veranlasst. Diese stellen eine fortschrittliche, frühneuzeitliche Gesetzgebung dar und spiegeln die großen wirtschaftlichen und gesellschaftlichen Bewegungen, die durch den Bergbau und den zunehmenden Handel ausgelöst worden waren.

Diese Ordnungen der „Policey", wie sie dann später genannt wurden, sind ein völlig neuer Typ von Gesetzgebung, der im 16. Jahrhundert herrschend wird und die Gesetzgebung alten Typs ablöst.[17] Allein dem Gemeinwohl verpflichtet und vor allem Fragen der Daseinsvorsorge und der öffentlichen Sicherheit aufgreifend, fühlen sich diese Gesetzgebungsmaßnahmen nicht mehr dem Prinzip, das alte Recht sei immer das bessere, verpflichtet. Die dem Landesherrn von Gott übertragene Verpflichtung, für das öffentliche Wohl seiner Untertanen zu sorgen, bildete die Legitimationsgrundlage für diese Art von Gesetzgebung.

Für die drei Gerichte entstand innerhalb des Herzogtums eine Art Sonderrecht, das ihnen einen besonderen rechtshistorischen Status verlieh und für den gesamten oberdeutschen- und Alpenraum das älteste Beispiel für eine neue Gesetzgebung ist. Dass es sich im Wesentlichen um Maßnahmen handelte, bei denen es vor allem um die Sicherung der Versorgung der Städte ging, zeigt eine in Landshut erlassene Ordnung von 1470 über den Verkauf und Kauf von Waren, insbesondere Lebensmitteln und Vieh auf dem Lande und auf den Märkten.[18] Sie war für jedes Gericht an den jeweiligen Pfleger gerichtet.

Landgebot von 1470 (Auszug):

- Ein „armer Mann" kann sein vaistes Vieh entweder auf den Märkten in den Städten oder auch direkt an seiner Haustüre an die Fleischhacker aus den landesherrlichen Städten „im Gebirg" oder auch an Dritte (*„wer ihm das vergilltet"*) verkaufen. Die Käufer müssen jedoch das Vieh auf den Märkten der drei (Gerichts)-Orte anbieten. Was dort nicht verkauft wird, kann gegen Entrichtung von Zoll, Maut, Geleit und Ungelt außer Landes gehen.
- Das magere Vieh der „armen Leute" auf dem Lande, das wegen der weiten Wege nicht ohne Schaden auf den städtischen Markt gebracht werden kann, darf auch außerhalb des Marktes den Bürgern der Städte angeboten werden. Findet sich kein Käufer, soll der „Bürgermeister" bestätigen, *das sy bey ine sovil magers viechs zuverkauffen angepoten haben, das man nit kauffen hab wellen.*
- Für den Verkauf von Lebensmitteln wie Schmalz, Ziger (Topfen) oder Hennen sollen die armen Leute, die näher als eine Meile bei den Städten wohnen, die Lebensmittel selbst auf den Markt bringen. Wohnen sie weiter entfernt, können sie die Lebensmittel an Dritte verkaufen, die diese zuerst auf den Märkten in den Orten anbieten müssen, bevor sie exportiert werden.

- Wenn die armen Leute auf dem Lande über ihren Bedarf hinaus Woll- und Leinentücher herstellen, so dürfen sie diese nicht zuhause verkaufen, sondern müssen sie diese auf die gewöhnlichen Wochen- und andere Märkte in den Städten bringen und dort einzeln nach dem Ellenmaß verkaufen.
- Diejenigen Gerichtsleute, die Handel „*an die Etsch und gen welischen Landen treiben*" und die welschen Tücher ballenweise ins Land bringen, sollen diese, sofern sie sie nicht als Gesamtheit verkaufen, ebenfalls auf die Märkte der drei Städte bringen und ellenweise verkaufen.
- Für die armen Leute, *so järlich nach allter Gewonhait in unserm langen und kurtzen Sämen faren*, ist diese „Ordnung und Satzung" nicht bindend. Sie können nach Bedarf Schmalz, Ziger, Leinwand und Zwillich aus dem Land bringen und Ware einführen. Alles, was sie aus- oder einführen, müssen sie nicht auf die gewöhnlichen Märkte in die Städte bringen, da sie für diese Transporte (Sämen) dem Landesherrn eine Abgabe zahlen.
- Auf dem Land und in der Stadt müssen gleicherweise „wag und maß" verwendet werden, und jährlich von den Amtsleuten und Geschworenen kontrolliert werden. Jede Abweichung ist strikt zu bestrafen.

Diese „Ordnung und Gebote" mussten die Pfleger von Kufstein, Kitzbühel und Rattenberg in ihrem Verwaltungsbezirk öffentlich „beruffen" und die Befolgung, wenn notwendig, durch Spitzel überwachen lassen: *Ewr yeder sol auch darauf sein lospoten in gehaim setzen und haben. Also, wer diese unnser ordnung und gebote uberfur, das uns der oder dieselben uberfarer anbracht und alsdann umb ihr verprechen gestrafft werden ...*

Als Vertreter des Landesherrn waren in den Gebieten Kufstein, Kitzbühel und Rattenberg *sogenannte Pfleger* tätig. Sie waren Adelige, die meist aus benachbarten Gerichten stammten und dort auch ihre Hofmarken hatten. Zu nennen ist etwa der Kufsteiner Pfleger *Hans Ebbser* (1441–1459) aus dem Geschlecht der Herren von Ebbs. Er erwarb von seinem Landesherrn, Herzog Heinrich dem Reichen, im Jahr 1448 die Burg Mariastein. Die Ebbser stifteten um 1470 das dort heute noch verehrte Marienbild. Das Geschlecht starb 1494 aus. Mariastein ging in der Folgezeit an zahlreiche Adelsgeschlechter, zuletzt an *Karl von Schurff*, der Obersthofmeister Erzherzog Ferdinands von Tirol war. Sein Sohn Ferdinand heiratete 1608 Sophie von Freyberg, die Miterbin der Herrschaftsgerichte Hohenaschau und Wildenwarth in Bayern, gegen den heftigen Widerstand Herzog Maximilians von Bayern, der keinen in Tirol begüterten Adeligen als

Absender:
(Bitte in Druckschrift)

(Name)

(Vorname)

(Straße/Hausnr.)

(PLZ/Ort)

Diese Karte entnahm ich dem Buch:

Antwortkarte

VERLAG
FRIEDRICH PUSTET

93008 Regensburg

Bitte
frei-
machen

Ja, senden Sie mir regelmäßig und kostenlos
Informationen zu folgenden Themen zu:

Theologie
- ❏ Gesamtverzeichnis
- ❏ Liturgie / Verkündigung / Spiritualität
- ❏ Pastoral / Katechese
- ❏ Handbücher / Studienliteratur / Theologisches Sachbuch
- ❏ Wissenschaft
- ❏ Liturgie konkret (kostenloses Probeheft)

Geschichte
- ❏ Gesamtverzeichnis
- ❏ Biografien
- ❏ Ost- und Südosteuropa / Ländergeschichte
- ❏ Bayerische Geschichte / Regionalia

Unser gesamtes Programm finden Sie auch im Internet unter www.pustet.de

VERLAG FRIEDRICH PUSTET

Inhaber eines an Tirol grenzenden Gerichts wie Hohenaschau haben wollte und sich weigerte, Schurff als bayerischen Landstand anzuerkennen. Die sowohl in Bayern als auch in Tirol begüterten Schurff starben 1688 aus.[19]

1466/67 wird als Kufsteiner Pfleger *Ludwig Pienzenau* genannt. Die Herren von Pienzenau stammen aus Südostbayern. Angehörige des Geschlechts finden sich auch als Pfleger in Kitzbühel und Rattenberg. Ein gewisse Berühmtheit hat Warmund Pienzenau erlangt, der als Hofmeister Herzog Stephans III. von Bayern-Ingolstadt von dessen Neffen Herzog Ernst von Bayern-München am Christabend 1397 in der Neuen Veste in München bei einem Streit schwer verwundet wurde.[20] An Warmund Pienzenau war das Gericht Rattenberg verpfändet, das Herzog Ludwig von Bayern-Ingolstadt erst 1415 von Ludwig Pienzenau ablöste.[21] Die Verpfändung von Gerichten erfolgte zur Sicherung von Darlehen an den Herzog.

Gut überliefert ist die Amtszeit des *Christoph von Freyberg*, der als Pfleger in Kufstein von 1467–1486 und wieder von 1489 – 1496 amtierte. Die Freybergs, die heute noch „blühen", gehörten zu den wichtigsten bayerischen und schwäbischen Adelsfamilien im Dienste der Wittelsbacher. Gegen den Willen Freybergs trennte Herzog Georg der Reiche 1495 wegen der Größe des Gerichts und des Umfangs seiner Zuständigkeiten Justiz und Verwaltung. Mit Conntz Metzenrot erhielt Freyberg einen Landrichter, der ihm unterstellt war. Als Freyberg sich nicht mit der bloßen Verwaltungstätigkeit zufrieden geben wollte, entließ ihn Herzog Georg fristgerecht am Lichtmesstag 1496.[22]

In Rattenberg ist uns als Pfleger *Matthäus Türrndl* bekannt, der 1428–1447, also noch unter dem Ingolstädter Herzog Ludwig dem Gebarteten, amtierte. Türrndl kaufte die am Inn gelegene Burg Lichtenwert mit der Hofmark Münster. Die Rattenberger Pfleger *Hans Münichauer* (1450–1478) und *Gilg Münichauer* (1495–1502), vorher Pfleger in Kitzbühel, stammten aus einer Adelsfamilie, die im 16. Jahrhundert die bayerische Landstandschaft erwarb, vor allem im landesherrlichen Dienst tätig war und im 17. Jahrhundert ausstarb.

Eingestellt wurden die Pfleger immer nur für ein Jahr. In der Regel wurde ihre Amtszeit verlängert. Amtswechsel war jeweils am Lichtmesstag, dem 2. Februar.

Rattenberg, Kitzbühel und Kufstein kommen an Habsburg

Als am 1. Dezember 1503 der seit 1479 regierende Herzog Georg der Reiche aus der Linie Bayern-Landshut ohne männliche Nachkommen starb, brach der Bayerische Erbfolgekrieg zwischen Herzog Albrecht IV. von Bayern-München und den pfälzischen Wittelsbachern aus. Auslöser des Konflikts war das Testament, mit dem 1496 Herzog Georg den Pfälzer Kurfürsten Philipp zum Erben seines Landes eingesetzt hatte. Dieses Testament war auch von vielen Adeligen und Pflegern des niederbayerischen Landesteils unterschrieben worden. Im Februar 1499 hatte Georg seine Tochter Elisabeth mit Philipps Sohn, Ruprecht „dem Tugendhaften", verheiratet, den er in der Folgezeit als Erbe seines Landes ansah. Noch vor seinem Tod übernahmen Ruprecht und die pfälzischen Räte die Regierung in Landshut. Die Burgen wurden mit pfälzischen Parteigängern besetzt.

Nach dem Tod Georgs sah sich Herzog Albrecht IV. als legaler männlicher Erbe und wandte sich an seinen Schwager, den Habsburger König Maximilian, um sich mit dem Landshuter Erbe belehnen zu lassen. Dieser verhielt sich zögerlich und behielt sich sein „Interesse" vor. Er knüpfte sogar Verhandlungen mit Ruprecht und bot ihm ein Drittel des Landshuter Erbes. Maximilian, wie alle anderen Beteiligten hatte es vor allem auf den ungeheuren Reichtum der Landshuter abgesehen. Da Ruprecht nicht auf das Angebot des Königs einging, setzte dieser Albrecht unter Druck und forderte am 2. April 1504 von ihm die Abtretung der Gerichte Kufstein, Rattenberg und Kitzbühel als Entschädigung für seine Waffenhilfe. Dem reichen „Bergsegen" der drei Gerichte galt Maximilians persönliches „Interesse".

Es kam zur kriegerischen Auseinandersetzung, die sich im Wesentlichen in Plünderungszügen erschöpfte, die schlimmste Heimsuchung in der bayerischen Geschichte bis zum 30-jährigen Krieg. Die einzige große Feldschlacht, am 12. September 1504 nordöstlich von Regensburg bei Wenzenbach, brachte zwar dem Pfälzer eine vernichtende Niederlage bei, die pfälzische Partei setzte jedoch unbeirrt den Krieg fort.

*Belagerung der Festung Kufstein durch Kaiser Maximilian;
Kupferstich nach Burkmair*

Die Entscheidung wurde schließlich in Tirol gesucht[23], weil gerade dort König Maximilian wegen der drei Gerichte siegreich sein wollte. Kufstein und Rattenberg waren ihm schon gemäß Vertrag vom 2. April 1504 durch die dortigen Pfleger Hans von Pienzenau und Christoph von Laiming übergeben worden. Als aber von Wasserburg aus pfälzische Truppen Kufstein besetzten, schlug sich Hans von Pienzenau unter nicht geklärten Umständen wieder auf die pfälzische Seite und übergab Kufstein am 13. August 1504, weil er angeblich kaum noch Vorräte hatte. Andere Quellen behaupten, er wäre vom Pfälzer Feldhauptmann Wisbeck mit 30 000 Gulden bestochen worden. Jedenfalls war dieses „vertragswidrige" Verhalten der Grund, warum Maximilian später den Pienzenauer hinrichten ließ. Am 1. Oktober begann die Belagerung der Festung Kufstein. Sie galt als uneinnehmbar. Maximilian hatte von Innsbruck sein schwerstes Geschütz kommen lassen, den „Weckauf", das die Festung innerhalb drei Tagen in Trümmer schoss. Übergabeverhandlungen lehnte der König ab, für den 17. Oktober 1504, 11 Uhr wurde der Sturm angesetzt, ein Fluchtversuch der Besatzung misslang. Der Kommandant Hans von Pienzenau und 17 weitere Kriegsleute wurden hingerichtet, die restlichen wurden begnadigt.

Gleichwohl: In der Oberpfalz, um Nürnberg und in Bayern ging der Krieg weiter. Am 12. Oktober 1504, also noch während der Belagerung von Kufstein, belagerte der pfälzische Feldhauptmann Wisbeck München. Erst im Februar 1505 einigte man sich auf einen Waffenstillstand. Durch den königlichen Schiedsspruch von Köln vom 30. Juni 1505 wurde der Krieg beendet. Maximilian hatte ihn durchaus in eigener Sache geführt: Kufstein, Rattenberg und Kitzbühel musste Herzog Albrecht IV. als Tribut zahlen. *Sie gingen endgültig an Habsburg.*

Albrecht erhielt dafür das Landshuter Erbe, womit die bayrischen Teilherzogtümer zu *einem Herzogtum Bayern* geeint wurden. 1506 erließ Albrecht IV. das sog. Primogeniturgesetz, das fortan die Unteilbarkeit Bayerns gebot und die Erbfolge regelte.

Tiroler in Bayern

Zahlreiche Tiroler haben ihre Heimat verlassen und Karriere in Bayern gemacht, wie umgekehrt viele bayerische Adelsgeschlechter in Tirol eine Rolle spielten.

In Tirol und später in Bayern machten die *Herren von Frundsberg (Freundsberg)* Karriere. Über Schwaz im Inntal steht noch heute ihre Stammburg Frundsberg. Wegen des zunehmenden Bergbaus verkauften Hans und Ulrich von Frundsberg 1467 Gericht und Burg Schwaz an Erzherzog Sigmund. Ulrich von Frundsberg erwarb von den Herren von Rechberg die Herrschaft Mindelheim in Bayerisch-Schwaben. Dort bauten die Frundsberger eine bedeutende Herrschaft auf. In Tirol behielten sie noch kleinere Besitzungen, etwa die Burg Straßberg bei Sterzing. Das bedeutendste Mitglied der Anfang 1586 ausgestorbenen Familie war der schon in Mindelheim geborene Georg (Jörg) von Frundsberg (1473–1528), kaiserlicher oberster Feldhauptmann und „Vater" der deutschen Landsknechte. In zwanzig Feldschlachten hat er für den Kaiser vor allem in Italien gefochten. Sein Verdienst war es, die bunt zusammengewürfelten Haufen von Söldnern zu einheitlich uniformierten Truppenkörpern zu formieren. Ihm verdanken wir das gemeinsame „Exerzieren" der Soldaten. Da er wie jeder Söldnerführer für die Finanzierung und Entlohnung seiner Truppen verantwortlich war, kam er bald in materielle Schwierigkeiten. Kurz vor dem Marsch auf Rom (Sacco di Roma) fiel er wegen eines Schlaganfalls aus. Unter seiner Führung wäre es wahrscheinlich nicht zu den bekannten Ausschreitungen gekommen, da er sehr auf Disziplin achtete.

Direkt an Tirol grenzte die *reichsunmittelbare Herrschaft Schwangau*. Die Schwangauer hatten Besitzungen im Oberinntal, im Vinschgau und im Engadin und sind 1230–1260 im Gefolge des Tiroler Grafen Albert nachzuweisen. 1417 heiratete eine Margaretha von Schwangau den berühmten Tiroler Minnesänger Oswald von Wolkenstein. Im 15. Jahrhundert verdienten sich die Schwangauer ihr Geld in den Diensten der Wittelsbacher, vor allem als Pfleger in oberbayerischen Landgerichten. 1481 verkauften sie an Erzherzog Sigmund von Tirol für 2200 Gulden den Wildbann im Gericht Ehrenberg, das Geleit im Etschtal und einige Gerichtsrechte in Tirol. 1535 überließ Heinrich von Schwangau für 31 000 Gulden Herrschaft und Schloss Hohenschwangau dem im Tiroler Bergbau tätigen kaiserlichen Rat Johann Baumgartner aus Augsburg. 1567 wurde sie von Herzog Albrecht V. erworben. Mit der Herrschaft fielen auch Tiroler Lehen an Bayern, die vom bayerischen Lehenhof in München noch bis zu Beginn des 19. Jahrhunderts verwaltet wurden. Neue Lehensinhaber und damit bayerische Vasallen wurden die Freiherrn und Grafen *von Fieger*, eine aus Hall stammende Unternehmerfamilie, die durch den Schwazer Bergbau reich geworden war. Sie hatten 1491 die Burg Friedberg in Tirol erworben. Seit 1633 war ihnen das Gericht Hörtenberg verpfändet. Die Fieger starben 1802 mit Valerian von Fieger aus.

Die ehemals Schwangauer Lehen, die sich die Fieger in Bayern bestätigen lassen mussten, lagen in der Umgebung von Imst, Landeck, Bruneck und Schlanders.[24] Im 19. Jahrhundert wurde Hohenschwangau von Kronprinz Maximilian, dem späteren König Maximilian II., umgebaut.

Ein Tiroler beschreibt die bayerischen Heiligen

Matthias Rader (1561–1634)[25], der aus Innichen stammte, studierte in Innsbruck, trat 1581 in die Societas Jesu ein und war dann auf Betreiben Herzog Maximilians seit 1612 am Münchener Jesuitenkolleg. Dort war er als Professor tätig. Rader war ein genialer Pädagoge, der mit neuen Lehrmethoden die sprachlichen Fähigkeiten seiner zahlreichen Schüler förderte. Rader verfasste mehrere lateinische Theaterstücke, u. a. zur Einweihung der Münchner Michaelskirche 1597. Als Wissenschaftler hat er bis heute durch seine Edition von lateinischen und griechischen Texten Bedeutung. In München wurde er von Herzog Maximilian mit der Abfassung der bayerischen Landeschronik beauftragt und sollte das nur bis zur Absetzung Tassilos III. gediehene bayerische Geschichtswerk von Markus Welser († 1614) fortsetzen. Der Versuch scheiterte, doch entstand aus Raders Beschäftigung mit der bayerischen Geschichte sein Bayerisches Heiligenleben, *Bavaria Sancta et pia* in vier Bänden 1615/28, als Prunkausgabe mit hochwertigen Kupferstichen. Dieses Werk, in dem er auch die Tiroler Heiligen Notburga und Romedius behandelte, wurde später oft nachgeahmt.

Ein Tiroler als Geschichtsschreiber Bayerns

Andreas Brunner (1589–1656)[26] wurde als Sohn eines Salinenarbeiters in Hall geboren. Er studierte 1608–1618 in Ingolstadt, wurde Jesuit und war dann 1619–1621 Professor für Ethik in Dillingen und Freiburg i. Br. 1622 kam er nach München, wo er zunächst Rader bei der Quellensammlung für eine bayerische Geschichte helfen sollte. Dann wurde er von Kurfürst Maximilian mit der Abfassung eines eigenen Geschichtswerks beauftragt. 1626–1637 erschien als Ergebnis die dreibändige Ausgabe der *Annales virtutis et fortunae Boiorum*, in der er die Zeit von etwa 600 vor Christus bis 1314 behandelt. 1632 wird Brunner in München mit anderen Bürgern von den Schweden als Geisel genommen und 3 Jahre in Augsburg inhaftiert. 1637 geht er nach Tirol zurück, wo er bis zu seinem Tod 1650 an der Stadtpfarrkirche St. Jakob in Innsbruck als geschätzter Prediger wirkt. Fortgesetzt wurde die bayerische Geschichte Brunners von seinem Ordensbruder Johannes Vervaux. Erschienen ist das gesamte Werk 1663.

Beamte und Studenten aus Tirol

Die 1472 gegründete Universität Ingolstadt war für die Tiroler bis zur Gründung der Universität Innsbruck 1669 die nächstgelegene und auch beliebteste Universität.[27] Von 1472 bis 1800 kamen etwa 4,4% aller Studenten aus Tirol, also fast jeder 25. Student. Ein Viertel davon waren Adelige, so sind jeweils etwa 5 Studenten aus der Familie *Trapp* und der Familie *Wolkenstein* nachweisbar. Als Juraprofessor lehrte in Ingolstadt ein *Wolfgang Baumgartner* (1465–1507), der aus dem Kufsteiner Zweig der Bergunternehmer Baumgartner stammte. Sein Bruder *Martin*, der den Bergwerksbesitz des Vaters übernommen hatte, ist ebenso als Student in Ingolstadt nachweisbar. Tiroler finden sich auch unter den Jesuitenprofessoren der theologischen Fakultät, als Folge des lebhaften Austausches zwischen den Jesuitenkollegien in Innsbruck, Hall und Ingolstadt. Allein 60 Professoren in Ingolstadt kamen von den beiden Tiroler Kollegien, wie der berühmte Moraltheologe Paul Laymann oder der Dogmatiker Adam Tanner.

Beachtlich war auch die Präsenz der Tiroler im Hofrat oder im Geheimen Rat, den höchsten Regierungsstellen am Münchener Hof im 16. und 17. Jahrhundert, so z. B. Mitglieder der Familien Brandis und Wolkenstein. Paul Andreas Graf zu Wolkenstein war von 1624 bis zu seinem Tod 1635 Geheimer Rat Kurfürst Maximilians. 1628 erhielt er die Grafenwürde.

Als „rauher Tiroler Kopf" wird Hofrat *Dr. Johann Niclas Bonneth (Wonnet)* von seinen Kollegen geschildert. Seit 1609 Hofrat in München, war er von 1617–1624 Kanzler des Bischofs von Brixen und kehrte 1627 als Hofrat nach München zurück.

Eine besondere Karriere machte Anfang des 17. Jh. in München im Zeichen der Gegenreformation der aus der Gegend von Trient stammende *Dr. Jakob Golla* (1568–1648). Er gehört zu den Staatsmännern Maximilians, die einen nachhaltigen Einfluss auf die bayerische Kirchen- und Religionspolitik ausübten. Geboren 1568 im Hochstift Trient, wurde er 1604 Dekan in Altötting und 1610 am Kollegiatsstift zu Unserer Lieben Frau in München. 1614 weilte Golla im Auftrag Maximilians in Rom, wo er das päpstliche Breve von 1616 erwirkte, das dem Herzog ein umfangreiches Visitationsrecht bei Geistlichen gewährte. 1648 ist Golla in München gestorben, ohne es jemals zu einer vollständigen Beherrschung der deutschen Sprache gebracht zu haben. Golla stiftete für Welschtiroler Schüler Stipendien am Münchner Gymnasium Albertinum. „Der bleibende Eindruck seiner Persönlichkeit ist der einer Persönlichkeit von unverwechselbarem Profil, die ihre Prägung nicht zuletzt der Schule der Jesuiten verdanken dürfte, zu denen sich Dr. Golla Zeit seines Lebens hingezogen fühlte."[28]

Künstleraustausch

Ungeachtet politischer Ereignisse und temporärer Gegensätze zwischen Habsburg und Wittelsbach, gab es im künstlerischen Bereich eine Wanderung von Handwerkern, Malern und Schnitzern hinüber und herüber. Schon in der spätgotischen Malerei und Plastik ist man unterschiedlich und auch in der Barockkunst des 18. Jahrhunderts grenzt sich Tirol von der grandiosen Barockwelt Oberschwabens und Bayerns ab. Doch es gibt bedeutsame Ausnahmen. Besonders sind es die Freskomaler Tirols wie *Johann Jacob Zeiller, Johann Evangelist Holzer* und *Martin Knoller*, die in Süddeutschland arbeiten. Umgekehrt waren bayerische Freskanten wie *Cosmas Damian Asam* (1686–1739) in Tirol tätig. Asam schuf die Fresken in den vier Kuppeln der

St. Jakobs-Pfarrkirche in Innsbruck (1722/23). Auch *Matthäus Günther* (1705–1788) hat in Tirol seine Fresken gemalt, etwa in den Kirchen der Klöster Neustift und Wilten oder in der Pfarrkirche von Rattenberg. Wessobrunner Stukkateure haben in Tirol gearbeitet oder sich dort niedergelassen, wie etwa Anton Gigl in Innsbruck.

Von den Tiroler Freskokünstlern ist vor allem der geniale und jungverstorbene *Johann Evangelist Holzer* (1709–1740) zu nennen, der aus Burgeis im Vinschgau stammt. Er arbeitete vorwiegend in Bayern. Seine Ausbildung erhielt er beim Direktor der Kunstakademie in Augsburg, *Johann Georg Bergmüller*. Dort bekam er auch die ersten Aufträge. Im Benediktinerkloster Münsterschwarzach malte er die Fresken. Weitere Arbeiten Holzers finden sich in Dießen, vor allem im Markt Partenkirchen: Hier schuf er in der Wallfahrtskirche St. Anton 1736 ein Hauptwerk der süddeutschen Deckenmalerei.

Auch der Freskant *Martin Knoller* (1725–1804) aus Steinach, der bei seinem Landsmann Paul Troger gelernt hatte, arbeitete viel in Bayern, etwa in Benediktbeuern und Ettal. Er schuf das mächtige, im zweiten Weltkrieg zerstörte Fresko in der Bürgersaalkirche in München (1774). Sein Hauptwerk ist die Freskierung der Abteikirche von Neresheim.

Zahlreich sind die Werke, die *Johann Jakob Zeiller* (1708–1783) aus Reutte in Tirol in Bayern angefertigt hat. Das Fresko in der Anastasiakapelle in Benediktbeuern ist eines seiner besten Werke. Wir können ihn aber auch in den Abteikirchen von Aldersbach, Fürstenzell, Ettal und in der Pfarrkirche von Bichl bewundern.

Aus Silz im Inntal stammt einer der berühmtesten Kunstschlosser des 18. Jahrhunderts, *Johann Georg Oegg* (1703–1782). Sohn einer alten Kunstschmiedfamilie, lernte er in der Werkstatt seines Vaters. Ein erstes Meisterstück war seine Mitarbeit am reichen Rosengitter in der Prälatur des nahe gelegenen Stifts Stams. Nach kurzer Tätigkeit in Wien ließ er sich 1733 in Würzburg nieder, wo die vom „Bauwurm" befallenen Schönborns als Bischöfe regierten. Oeggs Meisterwerke finden sich in der Würzburger Residenz, in der Schönbornkapelle des Domes, im Schloss Werneck und im Münchner Nationalmuseum.

Max Emanuel Kurfürst von Bayern

Der „Bayerische Rummel"

Der Überfall des bayerischen Kurfürsten *Max Emanuel* (er regierte 1679–1726) auf Tirol im Spanischen Erbfolgekrieg und der erfolgreiche Abwehrkampf der Tiroler gehören zu den großen Mythen der Tiroler Geschichte. Dieser „Bayerische Rummel"[29] stellt eine wichtige Vorgeschichte zu den Ereignissen von 1809 dar, denn damals erfuhren die Tiroler, dass es unter Ausnutzung der besonderen Geographie ihres Landes nicht sonderlich schwer war, fremde Truppen aus dem Land zu jagen.

Mit Kurfürst Max Emanuel hatte sich nach zwei Jahrhunderten weitgehend freundlicher Nachbarschaft erstmals wieder ein Wittelsbacher offen gegen das Haus Habsburg gestellt. Dieses wollte nach dem Aussterben der spanischen Linie der Habsburger, 1700, die Ansprüche des Wittelsbachers auf Beteiligung am spanischen Erbe nicht im gewünschten Maß befriedigen. So schloss Max Emanuel 1702 ein Bündnis mit Frankreich gegen das Haus Habsburg – das Signal zum Spanischen Erbfolgekrieg. Um die bayerischen Truppen mit der französischen Italienarmee unter General Vendome zu verbinden, war eine Eroberung Tirols für Max Emanuel eine brauchbare Lösung. Sie erschien Erfolg versprechend.[30] Max Emanuel war von der Rechtmäßigkeit der bayerischen Ansprüche auf Tirol überzeugt. Nach offizieller bayerischer Geschichtsdeutung war am Verlust Tirols im 14. Jahrhundert allein Margarethe Maultasch schuld gewesen. Der bedeutende Jurist Franz Caspar von Schmid hatte ein Jahrzehnt vorher die Rechtsansprüche Bayerns auf Tirol dargelegt; sein Sohn Franz von Schmid verfasste jetzt auf der Grundlage der väterlichen Ausführungen eine neue Rechtsdeduktion.

Max Emanuel war überzeugt, mit 4000 Mann Tirol unterwerfen zu können. Letztendlich wurden im Juni 1703 jedoch 12 600 Mann aufgestellt, da man sonst nach Meinung der Militärs die Pässe nicht halten könne und auch mit österreichischen Truppen zu rechnen sei. An das Tiroler Landvolk dachte niemand.

Den Einmarsch in Tirol versuchte der Kurfürst bis zum letzten Moment geheim zu halten. Am 14. Juni nahm er noch an der Fronleichnamsprozession in München teil. Am gleichen Tag stieß er unvermutet zu seinen Truppen in Rosenheim, am

17. Juni erreichte man die Tiroler Grenze. Am Reichstag zu Regensburg war die Tiroler Aktion schon Gesprächsstoff, ehe die militärischen Operationen begannen. Dort wurden die Fäden gegen den bayerischen Kurfürsten gesponnen, bildete sich die „öffentliche Meinung", die ihn als Friedensbrecher brandmarkte und die schließlich zu seiner Ächtung und Vertreibung aus Bayern führen sollte. Der Reichstag in Regensburg war dabei unmittelbar mit den eskalierenden Kriegsereignissen konfrontiert, da am 8. April 1703 bayerische Truppen den Brückenkopf am jenseitigen Donauufer in Stadtamhof besetzt hatten, um den Zugang zur Stadt zu kontrollieren.

Die ersten Erfolge der Bayern in Tirol waren überraschend einfach errungen. Kufstein fiel durch eine List, der Weg nach Innsbruck war frei. Die bayerischen Truppen rückten über den Brenner bis Sterzing vor. Die befestigten Plätze waren binnen kurzem in bayerischer Hand. Die regulären österreichischen Truppen zogen sich vorerst zurück, vornehmlich nach Landeck, wo sie sich neu formierten. Am 2. Juli zog Max Emanuel feierlich in Innsbruck ein.

Damit war jedoch eine Vereinigung mit dem Gros der Franzosen in Italien noch nicht erreicht. Briefe wurden vielfach abgefangen oder gingen verloren. Auch der Versuch, über das Engadin Verbindung mit General Vendôme aufzunehmen, scheiterte.

Die bayerischen Invasoren betrachteten nun Tirol als erobertes Land. Kontributionen und Sondersteuern wurden erhoben, Lebens- und Futtermittel mit Gewalt eingetrieben, die Tiroler Bauern geplündert, Wertgegenstände aus den Schlössern geraubt, soweit sie von den Bewohnern nicht vorher in Sicherheit gebracht worden waren. Schiffsladungen voll Diebesgut wurden innabwärts transportiert. Das „goldene Dachl" in Innsbruck sollte eingeschmolzen oder künftig in München aufgebaut werden. Die Tiroler Beamten wurden auf den Kurfürsten vereidigt. Max Emanuel beabsichtigte, die Einkünfte Tirols, die auf jährlich 800 000 Gulden veranschlagt waren, in den kommenden Jahren in Bayern zu verwenden, stellte aber mit Entsetzen fest, dass die Ausgaben der Landesregierung die Einkünfte überstiegen.

Die bayerische Heeresleitung und die französische Armeeführung waren jeder in Unkenntnis, wo genau der andere stand. Der Anmarsch der französischen Italienarmee blieb aus. Der

*Überfall in der Talenge an der Pontlatzer Brücke im Oberinntal;
Kupferstich unbekannt*

Erinnerungstafel neben der Brücke:

> Hier
> bei Pontlatz ist die denkwürdige Stätte, wo am 1. Juli
> 1703 die tapferen Männer der vier Gerichte Landeck,
> Laudeck, Pfunds und Naudersberg unter Führung des
> kaisertreuen Paterioten Martin Sterzinger den Ansturm
> eines feindlichen Kriegsvolkes brachen und durch die
> Vernichtung eines ganzen Corps den Muth der streitbaren
> Männer in allen Thälern Tirols zu ähnlichen Heldenthaten
> weckten.

ursprüngliche Treffpunkt beider Armeen, Trient, war für den Kurfürsten nicht mehr realistisch, da er Verbindungslinien nicht halten konnte. Seine wenigen Soldaten waren von Kufstein bis zum Brenner und im Westen bis zur *Ehrenberger Klause*, unweit von Reutte, verteilt.

Nach dem ersten Schrecken über die blitzartige Eroberung Tirols, für die sie die österreichischen Truppen und den einheimischen Adel verantwortlich machten, griffen nun die Bürger, vor allem aber Bauern und Handwerker zur Gegenwehr. Das barbarische Vorgehen der bayerischen Truppen und die nicht minder brutalen Maßnahmen der bayerischen Verwaltung hatten den Aufstand geschürt, der nun Ende Juni 1703 offen entbrannte. Ergänzt wurden die Landsturmaktionen durch das Vorgehen österreichischer Einheiten, die vor allem aus Vorderösterreich nach Tirol einrückten.

Die Festung Ehrenberg bei Reutte mit der Straßensperre am Fuße des Hügels; Darstellung aus dem 17. Jahrhundert

Die Art des äußerst geschickten Widerstands und vor allem der Gebirgskrieg waren den bayerischen Soldaten völlig unbekannt. Die »Canaille«, wie die bayerischen Militärs die Aufständischen nannten, zerstreute oder überwältigte die regulären Truppen mit erstaunlicher Leichtigkeit. Zuerst wurden Teile des oberen Eisacktals und des oberen und unteren Inntals von den Bayern gesäubert, die Besatzungen zum größten Teil vertrieben oder niedergemacht. Schließlich wurde der Brenner entsetzt und jede Verbindung zwischen bayerischen und französischen Truppen verhindert. Der Kurfürst befahl notgedrungen den Rückzug nach Innsbruck. Er musste eine Unterbrechung aller Wege nach Bayern befürchten und gab die Hoffnung auf eine Vereinigung mit Vendôme auf.

Die militärische Situation der bayerischen Truppen verschlechterte sich so dramatisch, dass Max Emanuel, um eine völlige Katastrophe zu vermeiden, am 22. Juli, knapp fünf Wochen nach dem Einmarsch, den Rückzug aus Tirol antrat. Die Scharnitz musste freigekämpft werden, die Befestigungsanlagen wurden zerstört. In Mittenwald wartete man noch einmal, aber vergeblich, auf neue Nachrichten von den Franzosen. Das bayerische Hauptheer zog aus Tirol ab, nur einige Besatzungen blieben zurück. Max Emanuel musste die erste und bitterste Niederlage seiner militärischen Laufbahn hinnehmen. In Tirol konnten die Bayern nur die Festung Kufstein halten. In Trient, das von Vendome belagert wurde, entwickelten sich die Dinge für die Franzosen ebenfalls ungünstig. Da der Herzog von Savoyen seine bisherige Allianz mit Frankreich aufkündigte, war Vendôme gezwungen, die Belagerung von Trient (2. September 1703) abzubrechen und den Rückzug anzutreten.

Oberstwachtmeister Baron von Heydon hatte die Ehrenberger Klause zu verteidigen. Als diese aber am 30. Juli, eine Woche nach dem Rückzug Max Emanuels, von 1500 Bauern belagert und beschossen wurde, kapitulierte er gegen freien Abzug der Besatzung, ohne sich nennenswert zu wehren. Max Emanuel zeigte dafür kein Verständnis. Nach seiner Meinung hätte man Ehrenberg „im Schlaf verteidigen können". Er stellte Heydon vor ein Kriegsgericht und ließ ihn in Mittenwald hinrichten. Heydons Hauptmann wurde öffentlich degradiert, sein Degen in Gegenwart des ganzen Heeres zerbrochen.

Der Rückzug des bayerischen Kurfürsten aus Tirol ließ die kaiserfreundliche Partei am Reichstag in Regensburg jubeln. Am 26. Juli 1703 berichtete der bayerische Gesandte Zündt nach München: *Übrigens wirdt alhier von denen Üblgesinten debitirt, als sollte Euer Churfürstlicher Durchlaucht Armee in dem Tyroll nit allein totaliter ruinirt worden, sondern auch die importante Gränitz Vöstung Schärniz widerumben in der Allyrten Hände gefallen sein, worüber unbeschreiblich großes Fest gemacht wirdt ...*[31]

Nach dem Abzug der Bayern drangen die Tiroler und die kaiserlichen Truppen ihrerseits im Gegenstoß nach Bayern vor, zerstörten Bauernhöfe und plünderten Klöster.

Die Grafen von Arco im Dienst Max Emanuels

Johann Baptist Graf von Arco, aus dem Welschtiroler Zweig der Familie, hatte sich 1683 unter Max Emanuel bei der Befreiung Wiens und 1688 beim Sturm auf Belgrad ausgezeichnet. Als Generalfeldmarschall unter dem Oberbefehl Max Emanuels führte er die bayerischen Truppen im Spanischen Erbfolgekrieg. Er musste mit Max Emanuel nach 1704 ins Exil gehen und kehrte erst 1715 nach Bayern zurück, wo er im gleichen Jahr starb.

Der Tod des Grafen *Ferdinand Philipp von Arco* bei Zirl gehört zu den bekanntesten Episoden des „Bayerischen Rummels". Auf dem Rückzug stießen die Bayern am 23. Juli 1703 bei Zirl auf starke Verbände österreichischer Soldaten und Tiroler Landesverteidiger, die sich zu beiden Seiten des Inns verschanzt hatten. In der engen Passage unterhalb der Martinswand entwickelte sich ein hartes Gefecht, das die Bayern nach schweren Verlusten für sich entscheiden konnten. Die Landesverteidiger wandten sich zur Flucht. Ein Scharfschütze zielte auf den neben Max Emanuel reitenden Kammerherrn Ferdinand Graf Arco, den er für den Kurfürsten hielt. Unter dem Eindruck des erbitterten Widerstands und dieses Vorfalls gab Max Emanuel die umliegenden Ortschaften zur Plünderung frei. Den schwer verwundeten Grafen versuchte man mit einem Wagen nach München zu bringen. Arco starb am 27. Juli in Tölz. Die Beisetzung fand am 28. Juli in Münchens Theatinerkirche unter dem Beisein des Kurfürsten statt.

Max Emanuels Argumente im publizistischen Kampf

Zu den wichtigsten zeitgenössischen Äußerungen und Rechtfertigungen von Max Emanuels Angriff auf Tirol gehört die Abhandlung des Freiherrn *Franz von Schmid*, die wohl schon im Juli 1703 entstanden ist, da sie mit dem Hinweis endet, dass die schnelle Eroberung der Festungen Kufstein, Rattenberg, Scharnitz und Ehrenberg „ein augenscheinliches Kennzeichen einer gerechten Sache, auch des göttlichen Willens und himmlischen Segens sei". Schmid versucht Rechtsgründe für die Zugehörigkeit Tirols zu Bayern zu sammeln. Er widmet die Abhandlung, die er angeblich als Manuskript im Nachlass seines Vaters gefunden hatte, dem Kurfürsten, der mit seiner *grossen Klug-, Weis- und Erfahrenheit ... alle fürstliche Potentaten und Regenten auf dem ganzen teutschen Boden* weit übertreffe und der, einst von Schmids Vater beraten, besser als jeder andere die Ansprüche Bayerns kenne. Max Emanuel würde den löblichen Versuch unternehmen, das Herzogtum Bayern des Mittelalters mit seinen Grenzen bis zum adriatischen Meer wiederherzustellen. Dabei bringt Schmid auch eine schöne Deutung des österreichischen Schimpfwortes „Saubayern". Sau meine nichts anderes als die Save, bis zu der sich Bayern im Osten einmal ausgedehnt habe.

Schmid versucht vor allem, die Verfügungen der Margarethe Maultasch juristisch aus den Angeln zu heben.[32] Tirol sei dem Reich anheimgefallen und Kaiser Ludwig hätte seine Söhne damit investiert. Der Verzicht der bayrischen Herzöge auf Tirol im Frieden von Schärding, 1369, sei Erpressung gewesen. Die Aneignung von Rattenberg, Kitzbühel und Kufstein 1505 durch Österreich sei jetzt als Entschädigung für die geleistete Türkenhilfe Max Emanuels vor Wien 1683 wieder rückgängig zu machen. Deshalb, betont Schmid am Ende seiner Abhandlung, sei die jetzige „Recuperation" der Grafschaft Tirol keineswegs ein ungerechter Krieg, weil man wegen einer gerechten Sache keinen ungerechten Krieg führen könne, vor allem dann nicht, wenn man zu diesem Krieg gezwungen wurde.

In seinen Entgegnungen auf die kaiserlichen propagandistischen Angriffe betont Max Emanuel sein Recht auf Selbstverteidigung angesichts der (rechtswidrigen) militärischen Gewaltakte des Kaisers, wobei man vor allem das Wüten der kaiserlichen Truppen in der Oberpfalz (Plünderung, Mord, Beraubung von Kirchen) im Frühjahr 1703 anprangert. Dem Kaiser wird das Recht abgesprochen, in einer Angelegenheit, die allein das Haus Österreich betrifft, nämlich die spanische Erbfolgefrage, das Reich in einen Krieg zu verwickeln und aus kaiserlicher Vollmacht ohne Zuziehung des Reichstags Achterklärungen (Savoyen und Mantua) auszusprechen. Besonders rügt der Kurfürst die Fehlerhaftigkeit aller Reichsbeschlüsse, die auf Drängen des Kaisers unter Nichtbeachtung der erforderlichen Mehrheiten zustande gekommen seien. Er warnt vor einer Gefährdung der „Libertät" und „Reichsfreiheit" und beruft sich auf sein im Westfälischen Frieden gewährleistetes Bündnisrecht. Die Feindseligkeiten Österreichs würden auf einer alten Feindschaft des Erzhauses gegenüber Bayern beruhen.

Interessant ist die Wertung des Tiroler Aufstands und besonders der Tiroler Bauern in der zeitgenössischen bayerischen Publizistik und in den zeitgenössischen Quellen, soweit sie uns überliefert sind (offensichtlich ist ein großer Teil von der österreichischen Besatzung in Bayern zwischen 1704 und 1714 beseitigt worden!). Betont wird hier vor allem die „völkerrechtswidrige", irreguläre und grausame Kampfweise der Bauern, von der die bayerischen Truppen völlig überrascht wurden. Da das Land Tirol „offiziell" dem bayerischen Kurfürsten übergeben worden war, sei der Widerstand der Bauern aus dem Hinterhalt eine kriegsrechtswidrige Aktion gewesen. So war für Bayern der Tiroler Aufstand von 1703, der für das *Tiroler Selbstverständnis von entscheidender Bedeutung werden sollte*, ein Rechtsbruch und Meineid, ein Aspekt, der freilich von den Historikern in der Folgezeit kaum noch zur Kenntnis genommen wurde. In den nächsten hundert Jahren war Tirol unter Habsburgs Krone.

Erbstreitigkeiten im 18. Jahrhundert

Karl Albrecht, der Sohn Kurfürst Max Emanuels, heiratete 1722 Amalie, die Tochter Kaiser Josephs I. († 1711). Das begünstigte offiziell das österreichisch-bayerische Verhältnis.

Sehr bald sollte sich der politische Himmel verdüstern, da im Jahr 1740 der letzte männliche Habsburger, Karl VI., starb. Kurfürst Karl Albrecht machte nun Erbansprüche auf Österreich geltend, während sich die Kaisertochter Maria Theresia auf die Bestimmungen der von ihrem Vater 1713 erlassenen Pragmatischen Sanktion stützte, die ein weibliches Erbrecht vorsah.

Karl Albrecht konnte zwar 1742 als Karl VII. den deutschen Kaiserthron besteigen, doch seinen Anspruch auf die österreichischen Länder konnte er auch nicht kriegerisch durchsetzen. Dafür musste Bayern wieder die Besetzung durch österreichische Truppen und einen Einfall der Tiroler erdulden. Im Frieden von Füssen 1745 nach dem Tod Karl Albrechts blieb alles beim Alten.

Der nächste Erbschaftsstreit folgte, als mit Max III. Joseph (1745–1777) die altbayerische Linie der Wittelsbacher ausstarb. Nun machten die Habsburger ihrerseits Erbansprüche gegen Kurfürst Karl Theodor (1777–1799) geltend. Die kriegerischen Auseinandersetzungen führten zum Frieden von Teschen 1779, wo Bayern das Innviertel an Österreich abtreten musste.

Alle Erbschaftsauseinandersetzungen zwischen Habsburg und Wittelsbach im 18. Jahrhundert endeten mit Verlusten für Bayern. So entwickelte sich in Bayern zunehmend seit dem Jahr 1703 eine emotional geladene antiösterreichische Stimmung, die politisch wirksam wurde, als Karl Theodor Bayern im Tausch gegen die österreichischen Niederlande an Österreich abtreten wollte. Dieses Projekt scheiterte am Widerstand der bayerischen „Patrioten" am Münchner Hof. Dass es nach dem Tod Karl Theodors 1799 und dem Regierungsantritt Kurfürst Max IV. Josephs – aus der Pfälzer Linie Zweibrücken-Birkenfeld – nicht zu neuen Ansprüchen Österreichs auf bayerisches Gebiet kam, lag daran, dass sich das Alte Reich in Auflösung befand. Dass nicht Frankreich, sondern Österreich nach wie vor der gefährlichste Gegner Bayerns war, erwiesen die Geheimartikel des Friedensvertrags von Campo Formio 1797, in denen sich Kaiser Franz II. die Abtretung bayerischen Gebiets von den Franzosen billigen ließ.

*Napoleon I., Kaiser der Franzosen.
Gemälde von Jacques-Louis David 1812*

Europa im Umbruch

Im letzten Jahrzehnt des 18. Jahrhunderts wird Europa durch die Französische Revolution erschüttert. Napoleon betritt die politische Bühne. Als Erster Konsul Frankreichs führt er Kriege um La France zur Grande Nation zu machen. Er diktiert Friedensschlüsse und Verträge, mischt die Karten unter den europäischen Mächten.

Im Kurfürstentum Bayern waren nach dem Aussterben der altbayerischen Linie (1777) die Pfälzer Wittelsbacher an die Regierung gekommen. Kurfürst Maximilian IV. Joseph, der 1799 die Regierung antrat, bildete den „Markstein, der das alte Bayern von dem neuen scheidet". Das lag vor allem an seinem Superminister Maximilian Joseph Freiherr von Montgelas (1559–1838). Als Bündnispartner Österreichs nahm Bayern am 2. Koalitionskrieg gegen Frankreich teil und erlitt mit der österreichischen Armee unter Erzherzog Johann bei Hohenlinden im Dezember 1800 eine vernichtende Niederlage.

Der Krieg endete mit dem *Frieden von Luneville vom 9. Februar 1801*. Frankreich annektierte die linke Rheinseite und hatte damit ein Grundziel Jahrhunderte langer französischer Politik erreicht. Die Besitz-Verluste der deutschen Fürsten auf dem linken Rheinufer sollten vor allem durch die Aufhebung und Aufteilung der geistlichen Staaten und kleineren Reichsstädte kompensiert werden. Damit begannen die Zerfleischung des Alten Reiches und eine völlige Umgestaltung der deutschen Landkarte, die im Reichsdeputationshauptschluss von 1803 ihren Ausdruck fand. 112 Reichsstände verschwanden, drei Millionen Menschen erhielten einen neuen Landesherrn. Nicht sehr günstig schnitt Österreich bei der Verteilung der geistlichen Territorien ab: Es konnte sich nur die Hochstifte Trient und Brixen einverleiben. Bayern verlor 200 Quadratmeilen und 600 000 Bewohner und gewann dafür 288 Quadratmeilen mit 854 000 neuen „Landeskindern". Ein teilweise problematischer Zuwachs, denn neben den katholischen Hochstiften Würzburg, Bamberg, Augsburg, Freising und Teilen von Eichstätt und Passau kamen auch einige zerstreut in fremden Territorien liegende Reichsstädte nach Bayern. Es war jedoch Bayern gelungen, im fränkischen und schwäbischen Raum Fuß zu fassen.

Die durch den Reichsdeputationshauptschluss von 1803 begünstigten Staaten, auch Bayern, hatten keine Zeit, sich zu konsolidieren, denn schon bald zogen wieder Wolken am politischen Himmel Europas auf. Frankreich und England, die 1802 Frieden geschlossen hatten, nahmen ihre Feindseligkeiten wieder auf. Napoleon besetzte 1803 das englische Hannover. Als er im Mai 1804 die erbliche Kaiserwürde annahm und damit die historische Tradition und den Anspruch eines Karl des Großen beschwor, waren Österreich und Preußen wie gelähmt. Mit Verzögerung reagierte Österreich: Am 10. August 1804 beschloss man, eine österreichische Kaiserwürde zu schaffen, nicht ohne zu verkünden, dass dies *ohne jegliche Veränderung des Verhältnisses der deutschen Erbstaaten zum römisch-deutschen Reich* sei.

Der einzige, der neben England 1804 aktiv gegen Napoleon agierte, war der rührige russische Zar Alexander I. Am 4. Mai 1804 schloss er mit Preußen und am 6. November 1804 mit Österreich und Schweden ein Defensivbündnis. Darin waren Österreich für den Fall eines erfolgreichen Krieges in Italien der Po als südliche Grenze, die Wiedereinsetzung der jüngeren habsburgisch-lothringischen Linie in der Toskana, die Abrundung im Westen bis zum Inn, sowie das Erzstift Salzburg zugesagt. Die süddeutschen Fürsten sollten, wenn sie am Kampf gegen Frankreich teilnehmen würden, durch Eichstätt und verschiedene vorderösterreichische Besitzungen entschädigt werden. Bayern wurde bei diesem Vertrag nicht befragt, konnte sich aber später immer wieder darauf berufen, dass Österreich durch die eigenmächtige Festsetzung der landeseigenen Kaiserwürde Reichsrecht verletzt und man über Bayern vertraglich wie über Feindesland verfügt habe.

Napoleon setzte seine Expansionspolitik fort. Inzwischen hatte der seit 1803 ohne große Ereignisse verlaufende Krieg zwischen Frankreich und England sich dahingehend verdichtet, dass Napoleon versuchte, durch eine Invasion die Entscheidung zu erzwingen. Aktive Verbündete, gegen die Napoleon mit seinen Truppen auf dem Festland vorgehen konnte, besaß England nicht. Erst im Sommer 1805 schlossen sich Russland, Österreich und England zur dritten Allianz zusammen. Österreich, das seine Truppen vollständig abgerüstet hatte, wagte diesen Schritt, nachdem der skeptische Kaiser Franz II. von dem allzu optimistischen General Mack davon überzeugt worden war, dass die österreichische Armee innerhalb kürzester Zeit kriegsbereit sei. Mack redete am Wiener Hof Napoleon, der seine Truppen gerade für eine Invasion in Boulogne sammelte, schlecht. Napoleon, so Mack, werde militärisch weit überschätzt! Der in Italien stehende Erzherzog Karl war weit weniger optimistisch, Macks Lagebeurteilung wurde in Wien der Vorzug gegeben.

Napoleon stand nun vor der Wahl, entweder die Invasion mit allen Mitteln, das heißt mit dem Feind im Rücken, durchzuführen, oder die Entscheidung auf dem Festland zu suchen. Im ersten Fall hätte er Österreich mit Zugeständnissen hinhalten oder beruhigen müssen. Damit wäre auch Bayern verloren gewesen, denn Österreich hätte sich im Falle einer bayerischen Neutralität nicht nur mit dem Durchzug seiner Truppen begnügt. Im zweiten Fall, und für diese Alternative entschloss sich Napoleon ohne Zögern, benötigte er für sein militärisches Vorgehen dringend Verbündete in Süddeutschland. Er brauchte vor allem Bayern.

*Maximilian I. Joseph von Bayern und Napoleon;
Medaillons von Giacomo Spalla, 1808*

4. Kapitel

Tirol kommt zu Bayern

Das bayerische Bündnis mit Napoleon

Napoleon, der sich 1804 zum Kaiser gekrönt hatte, dachte nun an familiäre Bindungen zwischen seiner Familie und den großen europäischen Häusern. Schon Ende 1804 trug er sich, unterstützt von Minister Montgelas, mit dem Gedanken, seinen Stiefsohn Eugène Beauharnais, Vizekönig von Italien, mit Auguste Amalie, der Tochter des bayerischen Kurfürsten, zu vermählen.

Ende 1804 hatten auch Verhandlungen über ein Bündnis zwischen Bayern und Frankreich begonnen. Max IV. Joseph sicherte Napoleon 30 000 Mann auf Seite Frankreichs zu, falls Bayern nicht neutral bleiben könne.[33] Die Liebe Bayerns zu Österreich war bereits erkaltet. Der preußische Gesandte Schladen und sein Minister Hardenberg gingen schon im Januar 1805 fest davon aus, dass sich Frankreich und Bayern einig waren. Auch die Österreicher mutmaßten, dass Bayern mit den Franzosen gemeinsame Sache machen würde. Wie Österreich war Bayern für einen Krieg nicht gerüstet. Es fehlte schlicht an Geld. Zwar war 1804 nach französischem Vorbild die Wehrpflicht eingeführt worden. Trotzdem überstieg es die finanziellen Möglichkeiten des Landes, als man 1805 daran ging, 30 000 Mann zu rekrutieren. Diese Armee war der Stolz Kurfürst Max IV. Josephs, der ja von Beruf Soldat war.

Was konnte Bayern an der Seite Frankreichs in dem bevorstehenden Waffengang gewinnen? Für Montgelas war offensichtlich schon seit 1804 klar, dass nur eine Vernichtung des Reichs, nicht aber eine Vernichtung Napoleons Bayerns finanzielle Not und außenpolitische Begehrlichkeiten befriedigen könnte. Zugegeben hat das Montgelas natürlich nie. Bedenken bestanden bloß in der Frage, ob Napoleon der gegnerischen Koalition militärisch gewachsen sei. Dabei spielte Bayern gewissermaßen eine Art Zünglein an der Waage, besaß es doch eine beachtliche Streitmacht. Im Falle einer Auseinandersetzung würde, was vorauszusehen war, Bayern Kriegsschauplatz werden. Neutralität würde weder von Frankreich noch von Österreich akzeptiert werden.

Am 25. August 1805 sandte Napoleon an Kurfürst Max IV. Joseph einen Brief, in dem er den Abmarsch der Großen Armee nach Süden in Richtung Österreich ankündigte. Er werde Ende September in Bayern sein, man solle Ulm und Würzburg mit Proviant versorgen.

„Ich wünsche auf alle Fälle, dass sich E. Kurf. Durchl. zur Verschleierung meiner Bewegungen mehr denn je friedliebend zeigen und mehr denn je Besorgnis vor einem österreichischen Einmarsch an den Tag legen ... Sie dürfen von diesem Brief niemandem Kenntnis geben, auch Ihren Ministern nicht. Ich vertraue dieses Geheimnis ihrer Ehre an." Dieses Schreiben erhielt Max IV. Joseph am 1. September 1805.

Am 25. August 1805 schloss sich Bayern im Geheimvertrag von Bogenhausen Frankreich an. Der Kurfürst überließ die Einzelheiten seinem Minister Montgelas. Dass er natürlich in allen Details hinter dem Vertrag stand, durfte nicht bekannt werden. Nach seiner Version, die er bis an sein Lebensende aufrechterhielt, habe er sich erst nach dem Angriff Österreichs unter massivem Druck für Frankreich entschieden und erst dann als die französischen Truppen in Würzburg einrückten. Auch von der offiziellen bayerischen Geschichtsschreibung wurde das ganze 19. Jahrhundert hindurch behauptet, der Vertrag mit Frankreich sei erst im letzten Moment, nämlich am 23. September geschlossen worden. Am 28. September 1805 wurde er ratifiziert. Dass es bereits am 25. August 1805 einen Geheimvertrag von Bogenhausen gab, wurde erst 1830 auf Grund von Unterlagen in französischen Archiven bekannt.[34]

Max IV. Joseph ließ nun die bayerischen Truppen nach Westen zur französischen Armee marschieren. Der Krieg hatte begonnen – noch ohne Feindberührung. In Bayern erwartete man jetzt den Einmarsch der Österreicher in „Feindesland", diese rechneten aber offensichtlich bis zuletzt mit Bayern und zögerten. Am Abend des 6. September erschien Hofkriegsrat Fürst Schwarzenberg in Nymphenburg mit einem Brief von Kaiser Franz II., in dem dieser Max Joseph aufforderte, seine Armee der österreichischen anzugliedern. Tatsächlich waren die Österreicher noch ahnungslos. Schwarzenberg erhielt eine hinhaltende Antwort, sodass die Österreicher noch in der Nacht des 7. September den Vormarsch stoppten.

Das gebrochene Wort des bayerischen Kurfürsten bzw. die vorsätzlichen Täuschungsversuche ermöglichten der bayerischen Armee Zeitgewinn und ungestörte Truppenbewegungen aus den Garnisonen nach Würzburg. Heimlich verließ der Hof München am 8. September Richtung Ansbach. Die Bayern betonten noch immer ihre Neutralität, die Österreicher hofften immer noch auf ein Bündnis. Der Krieg war noch nicht erklärt, auch nicht als am 13. September 1805 der österreichische General Mack in München einrückte. Erst sehr spät versuchten die Österreicher das Einrücken der bayerischen Wehrpflichtigen zu ihren Regimentern zu verhindern. Doch konnte noch am 18. und 19. September, als Mack bereits in Ulm lag, General Wrede von Schwaben aus unbelästigt mit seinen Truppen nach Würzburg ziehen. Auch Kronprinz Ludwig durchschaute nicht das Spiel seines Vaters und Montgelas'. Am 24. September 1805 schrieb er aus Bern einen Brief an seinen Vater und beschwor ihn, *„unter keinen Umständen mit den Franzosen zu gehen ... mit der Ungerechtigkeit dieser Nation, die alles Recht mit Füßen tritt. Glauben Sie nicht, dass ich ein Österreicher bin, aber ich bin deutsch und bin ein Feind des Unrechts ..."* Hier schreibt schon der Franzosenhasser Ludwig. Die Geschehnisse von 1805 dürften seine Abneigung gegenüber der Politik Montgelas' entscheidend geprägt haben.

Nach der öffentlichen Bekanntgabe des Übertritts Bayerns auf die französische Seite versuchten die offiziellen Kreise in Bayern die Schuld daran auf die Österreicher zu schieben: So etwa eine vom Generalkommissar Aretin verfasste Rechtfertigungsschrift („Geschichtliche Darstellung der Verhältnisse, welche das Benehmen Seiner churfürstlichen Durchlaucht von Pfalzbaiern geleitet haben"), die am 29. September 1805 in Würzburg erschien. Man sei nur an der Neutralität interessiert gewesen, *„[n]icht in der geringsten feindlichen Absicht, aber um die angenommene Neutralität zu behaupten, suchte der Hof zu München Zeit zu gewinnen und die mit angestrengtester Eile getroffenen Maas-*

regeln dem Fürsten von Schwarzenberg zu verbergen." Das Neutralitätsangebot, das der österreichische Gesandte Buol-Schauenstein noch in Würzburg vorlegte, wurde nach der Darstellung Aretins deswegen nicht beachtet, weil es angeblich unaufrichtig war. Vor allem berief man sich auf die Ehre und Unabhängigkeit Bayerns, die durch die angekündigten österreichischen Maßnahmen auch im Falle der Neutralität Bayerns verletzt worden seien!

Die Besetzung Tirols durch französische und bayerische Truppen

Nach der Vereinigung der bayerischen und französischen Truppen in Würzburg und dem französischen Sieg bei Ulm zog Napoleon am 24. Oktober 1805 feierlich in die bayerische Hauptstadt ein. Kurfürst Max IV. Joseph kam unter vielen Entschuldigungen bei Napoleon erst am 29. Oktober aus Würzburg in seine Residenzstadt zurück.

Trotz des Erfolgs bei Ulm war der Feldzug noch nicht entschieden. Inzwischen waren nämlich die Russen auf dem Kriegsschauplatz erschienen und unter Kutosow bis Braunau marschiert. Im Norden hatte Preußen mobil gemacht. In Tirol standen die Österreicher unter dem Oberbefehl Erzherzog Johanns und bedrohten die in Bayern operierenden französischen und bayerischen Truppen.

Um ihnen zuvorzukommen, gab Napoleon den Befehl, Tirol zu besetzen. Für die bayerischen Truppen unter General Bernhard Erasmus von Deroy war dies der erste Einsatz in diesem Krieg. Am 29. Oktober 1805 nahmen die Bayern Salzburg und drangen über Reichenhall und Lofer nach Kufstein vor. Am 1. November nahmen sie in einem bravourösen Handstreich den Bodenbühlpass, bei dem die österreichische Infanterie zusammen mit den Tiroler Landesverteidigern ebenso zurückweichen musste wie am folgenden Tag am Steinpass und am Kniepass. Dabei erlitten die österreichischen Verteidiger und der Tiroler Landsturm einen Verlust von fast 300 Toten. Die bayerischen Verluste beliefen sich auf 6 Tote und 26 Verwundete. Die Tiroler versuchten, durch Schüsse aus dem Hinterhalt und durch das Herabrollen von Felsen den Kampf fortzusetzen. Damit begegneten die Bayern auch diesmal der „Guerillataktik" des Tiroler Landsturms wie einst schon Max Emanuel. Zuletzt gelang es den bayerischen Truppen noch, die mit Proviant und Munition gut versorgte Festung Kufstein nach etwas voreiliger Übergabe am 10. November 1805 zu besetzen.

Es war vor allem das Verdienst des seit September 1805 in Tirol anwesenden Erzherzogs Johann, dass die Tiroler an der Seite der regulären österreichischen Truppe kämpfen durften. Doch war ihre militärische Hilfe zunächst gering. Das zeigte sich auch, als die Franzosen unter Marschall Ney Tirol im Westen angriffen. Sie eroberten die Festung Scharnitz und zogen am 5. November 1805 in Innsbruck ein. Am 20. November fiel Bozen und am 21. November Trient in französische Hand. Damit war die Verbindung zwischen den französischen Verbänden in Italien und an der Donau hergestellt. Erzherzog Johann hatte zur großen Bestürzung der Tiroler das Land fast ohne Widerstand geräumt. Tirol war in Feindeshand.

An Stelle der Franzosen übernahmen ab dem 29. November 1805 bayerische Truppen die Besetzung Tirols. Am 3. Dezember 1805 zog der bayerische General Siebein in Innsbruck ein. Napoleon war sich zwar sicher, Tirol nicht bei Österreich zu belassen, schwankte aber noch, an wen und in welchem Umfang er das Land nach dem Sieg über Österreich geben sollte. Nach der Dreikaiserschlacht von Austerlitz am 2. Dezember 1805 und dem Sieg Napoleons war der Dritte Koalitionskrieg militärisch entschieden. Es folgten der Waffenstillstand von Znaim am 4. Dezember 1805 und schließlich der Friedensvertrag von Preßburg vom 26. Dezember 1805.

Durch die bayerische Besetzung entstanden Gerüchte über eine Abtretung des Landes Tirol an Bayern. Auch der schnelle Abzug von Erzherzog Johann weckte das Misstrauen der Tiroler. Sie argwöhnten, Österreich könne Tirol, das sich immer als etwas störrisch gezeigt hatte und finanziell nicht gerade einträglich war, allzu leicht an die Franzosen oder Bayern geben. Die „Ständische Aktivität" wandte sich daher am 14. Dezember 1805 an Kaiser Franz II. nach Wien und bat um das weitere Verbleiben Tirols beim Kaiserhaus. Falls dies nicht möglich sei, solle das Land nicht geteilt und die Verfassung beibehalten werden. Wichtig waren für die Landstände auch die weitere ungestörte Versorgung der landesfürstlichen und landständischen Beamten und die Beibehaltung der Klöster und Stifte. Statt positiver Zusicherungen präsentierte man den Tiroler Landständen ihren Anteil an den französischen Kontributionsforderungen an Österreich, neun Millionen Francs. Daraufhin schickten die Landstände Ende Dezember eine Deputation zu dem in München weilenden Napoleon, um die anlaufenden Konfiskationen zu stoppen, erhielten aber die Auskunft, dass Tirol nun zu Bayern gehöre. Die Nachricht erreichte Tirol Ende des Jahres 1805. Die aus zwei Mann bestehende Tiroler Deputation konnte die Erhebung Bayerns zum Königreich am 1. Januar 1806 in München miterleben und mit ihren neuen Herrn, König Max I. Joseph und Minister Montgelas, konferieren. Man sicherte ihnen unter Hinweis auf den Preßburger Frieden zu, das alte Tiroler Herkommen zu beachten, und konnte ihnen auch eine Reduktion der Kontributionen in Aussicht stellen. Einen Teilerfolg erzielte die Deputation auch mit ihrem Wunsch, die Grenzfestungen Tirols zu erhalten: Scharnitz musste zwar zerstört werden, aber Kufstein blieb bestehen.

Der Friede von Preßburg und die Abtretung Tirols

Obwohl kein ausdrücklicher Reichskrieg geführt worden war, war das Alte Reich durch den Frieden von Preßberg (26.12.1805) besonders betroffen. Er bedeutete de facto seine Aufhebung.

Vor allem die Erhebung von Bayern und Württemberg zu „souveränen" Königreichen stellte einen nicht mehr reparablen Eingriff in das Gefüge des Reichs dar. Schon der Text des Friedensvertrags kennt den Begriff „Reich" nicht mehr, sondern spricht vom „Deutschen Bund" *(confederation Germanique).* Damit hatte Napoleon sein Ziel erreicht, die Aufspaltung des Reichs in eine bloße Konföderation. Merkwürdig sind die Bestimmungen über die Souveränität der beiden neuen Königreiche. Beide Länder sollten zwar nicht aus dem Deutschen Bund ausscheiden (Art. VII), doch wurde ihnen (und Baden) die volle und uneingeschränkte Souveränität zuerkannt (Art. XIV), und zwar in der gleichen Weise, wie sie dem Kaiser von Österreich und dem König von Preußen zustand, d. h. die neuen Königreiche konnten die gleichen Rechte beanspruchen, die sich Preußen und Österreich im Laufe der letzten Jahrzehnte angemaßt hatten. Damit hatte man indirekt Preußen und Österreich als Reichszerstörer gebrandmarkt und ihnen so die Schuld am Ende des Reiches zugewiesen.

Österreich musste schwerste Bedingungen hinnehmen. Die festgelegten Gebietsabtretungen waren zwar einschneidend, gefährdeten aber nicht seine staatliche Existenz. Am härtesten trafen Österreich die Abtretungen Venetiens (Art. III) und Tirols (Art. VIII). Nicht zuletzt wegen der Eingriffe Napoleons in Italien hatte Österreich den Krieg begonnen und musste nun im Art. V Napoleon als König von Italien anerkennen. Durch die gleichzeitige Abtretung von Vorderösterreich an Bayern, Württemberg und Baden besaß Österreich nun keine Gebiete mehr westlich und südlich von Bayern.

Die Abtretung Tirols an Bayern war Bayerns Lohn für seine Waffenhilfe. Rechtsgrundlage dafür waren einzelne Bestimmungen des Friedensvertrags. Sie war im Vorfeld umstritten. Die bayerische Regierung war vom Vorteil dieser Erwerbung nicht überzeugt, da man damit ein schwer regierbares und wirtschaftlich weitgehend uninteressantes Land erhielt. Napoleon wollte jedoch den Bayern Würzburg zugunsten des Großherzogs der Toskana entziehen und brauchte dafür einen dem künftigen Königreich angemessenen Ausgleich. Zunächst dachte er daran, Welschtirol an das Königreich Italien zu geben, doch gerade dieser Teil Tirols war wirtschaftlich für Bayern interessant, so dass man sich schließlich, wenn auch mit Verzögerungen in das Frühjahr 1806 hinein, auf das gesamte Tirol einigte, das nun bis an den Gardasee mit Riva und dem wichtigen Hafen Torbole und bis südlich von Rovereto an die venezianische Grenze reichte. Da Venetien, das ehemalige Herrschaftsgebiet der Republik Venedig, seit dem Preßburger Frieden zum Herrschaftsbereich des Vizekönigs von Italien gehörte, hatte die Nachbarschaft von Italien und Bayern auch familienpolitische Bedeutung: Vizekönig Eugène Beauharnais war von Napoleon als Gemahl der ältesten Tochter des bayerischen Königs ausersehen!

Der für die gesamten Gebietsverschiebungen zwischen Österreich und Bayern entscheidende Artikel VIII des Preßburger Friedensvertrags lautete in deutscher Übersetzung, soweit er Bayern betraf, wie folgt:

> Seine Majestät der Kaiser von Deutschland und Österreich leistet sowohl für sich, seine Erben und Nachfolger, als für die Prinzen seines Hauses, ihre Erben und respektiven Nachfolger auf nachbenannte Fürstentümer, Herrschaften, Domänen und Gebiete Verzicht und überläßt und tritt ab an Seine Majestät den König von Baiern die Markgrafschaft Burgau und was dazu gehört, das Fürstentum Eichstätt, denjenigen Teile des Gebietes von Passau, der Seiner königlichen Hoheit, dem Kurfürsten von Salzburg gehörte, und zwischen Böhmen, Österreich, der Donau und dem Inn gelegen ist, ferner die Grafschaft Tirol mit Inbegriff der Fürstentümer Brixen und Trient; die sieben Herrschaften im Vorarlbergischen mit ihren Inklavierungen, die Grafschaft Hohenems, die Grafschaft Königsegg-Rothenfels, die Herrschaften Tettnang und Argen und die Stadt Lindau nebst ihrem Gebiet ...
>
> ... Von allen hier oben benannten Fürstentümern, Herrschaften, Domänen und Gebieten sollen Ihre Majestäten, die Könige von Baiern und Württemberg, und Seine Durchlaucht der Kurfürst von Baden, ganz unabhängig mit der vollkommensten Souveränität, auf die gleiche Weise, mit den gleichen Titeln, Rechten und Prärogativen Besitz nehmen, wie sie vorhin Seine Majestät der Kaiser von Deutschland und Österreich oder die Prinzen seines Hauses besessen haben, und nicht anders.

Mit diesen letzten drei Worten, deren Einfügung auf den „Hofjuristen" Joseph Freiherr v. Hormayr zurückgehen soll (so berichtet er wenigstens), wollte man angeblich die besonders privilegierte Verfassungslage Tirols festschreiben. Wenigstens wollte das die österreichische Propaganda später so wahrhaben.

*Kaiser Franz I.
von Österreich
um 1810; Gemälde
eines unbekannten
österreichischen Malers*

*Kurfürst Maximilian IV. Joseph,
später König von Bayern*

Die Zivilübernahme Tirols

Nach dem Wortlaut des Preßburger Vertrags war Tirol zwar von Österreich an Bayern abgetreten worden und auch schon seit Ende November von bayerischen Truppen besetzt, aber noch fehlten die offizielle Besitzergreifung Bayerns und die Übergabe der Zivilverwaltung. Dies geschah mit Patent vom 22. Januar 1806.[35]

Ein Abdruck des Patents im bayerischen Regierungsblatt erfolgte nicht. Im Text findet sich kein Hinweis auf eine Landesverfassung, dagegen wird die Gleichbehandlung aller Untertanen des Königreichs betont. Tirol solle auf ewige Zeiten mit Bayern verbunden bleiben. Der Wortlaut des Besitzergreifungspatents stand im Widerspruch zu den mündlichen Zusicherungen, die der König sowohl den Tiroler Deputierten bei ihren Audienzen in München als auch der Huldigungsdeputation im Februar 1806 gemacht hatte. Ein Schreiben des Königs vom 14. Januar an die Landstände sichert die Beibehaltung der Landesverfassung zu. Freilich waren diese Zusicherungen eher dem gutmütigen Wesen des Königs zuzuschreiben.

Gleichzeitig mit dem Besitzergreifungspatent erhielt der nach Tirol abgeordnete Hofkommissar Carl Maria Reichsgraf von Arco eine Instruktion:

Es ist unser ah. Wille, dass vor der Hand im Inneren des Landes nichts abgeändert und alles vermieden werde, was Beschwerde oder Eingriffe in Privilegien und Verfassung und darauf gegründete Gesuche um ausdrückliche Bestätigung veranlassen könnte, in dem Wir in dieser Rücksicht allen bindenden Versicherungen ausweichen wollten, bis man alle Verhältnisse vollständig und gründlich übersehen kann.

Bayern wollte also nach österreichischem Vorbild keine Privilegienbestätigungen in Tirol vornehmen. Auch die im Preßburger Frieden schon vorgezeichnete Auflösung des Heiligen Römischen Reiches, in dessen Rahmen ja noch die landständischen Rechte juristisch abgesichert waren, war für die bayerische Regierung ein entscheidender Grund, sich in Tirol alle Türen offen zu lassen. Vor allem aber war das „junge" Königreich Bayern im Frühjahr zunächst so sehr mit sich selbst und vor allem auch mit dem französischen Bundesgenossen und dessen Forderungen beschäftigt, dass man bei der Übernahme der neuen Gebiete überall, so auch in Tirol, darauf bedacht war, keine unnötigen Irritationen auftreten zu lassen.

Wie sehr Bayern in allen Punkten noch unter der Kuratel der französischen Verbündeten stand, zeigte sich bei der Übergabe der Zivilverwaltung Tirols an Bayern. Nicht der bisherige österreichische Gouverneur von Tirol, Graf Johann Brandis, sondern der französische Kommissar Villemanzy übergab am 11. Februar 1806 die Zivilverwaltung an den bayerischen Hofkommissar Graf Arco. Die Übergabe durch den französischen Kommissar war sinnvoll, weil noch offen war, wie die späteren Grenzen zwischen Welschtirol und dem Königreich Bayern verlaufen sollten.

Die endgültige Grenzziehung erfolgte erst im Mai 1806. Im Übrigen war die in Tirol praktizierte „Weiterleitung" von Gebieten aus französischer Hand an einen Bundesgenossen ein von Napoleon gern praktiziertes Rechtsritual, um die Abhängigkeit des Bundesgenossen von Frankreich nach Art des mittelalterlichen Lehensrechts deutlich zu machen. Im Fall Tirol wurde dem König von Bayern als französischem Vasallen ausdrücklich bedeutet, dass man ihm dieses Land gnadenweise überlasse, damit es in eine bessere Zukunft geführt werde.

Die nach Tirol gesandte österreichische Übergabekommission, die nach der französischen Intervention nichts mehr mit der Zivilübergabe zu tun hatte, erließ am 10. April 1806 an die tirolischen Stände die folgende Deklaration[36]:

Seine römisch und österreichisch kaiserliche Majestät haben ... die Unterzeichneten zur Übergabe der durch den achten Friedensartikel an Seine königliche Majestät von Baiern abgetretenen gefürsteten Grafschaft Tirol und vorarlbergischen Herrschaften allergnädigst anher abgeordnet.
Dieselben finden demnach den löblichen tirolischen Herren Ständen in allerhöchstem Namen zu eröffnen, dass unter den vielfältigen schweren Pflichten, welche die Vorsicht denjenigen auferlegt, welche sie zum Throne berief, gewiss keine schwerere und schmerzlichere ist, als sich von einem treuen biederen Volke zu trennen.
Die Stände und das Volk Tirols haben dem allerdurchlauchtigsten Erzhause beinahe durch ein halbes Jahrtausend die geschworenen Treue mit unerschütterlicher Standhaftigkeit gehalten, gegen Seiner kaiserlichen königlichen Majestät geheiligte Person alle erdenkliche Beweise der Devotion, Liebe und Anhänglichkeit stets an den Tag gelegt und in Erfüllung ihrer Pflichten unter keinen Ereignissen sich irre machen lassen.
Dem schmerzlichen Gefühle, welches Seine kaiserliche Majestät bei der Entsagung Tirols und bei der hiermit erfolgenden Entlassung der Stände von ihren Pflichten daher empfunden, kommt nichts gleich als einerseits die väterliche Sorge, welche allerhöchst dieselben der Wohlfahrt der biederen Tiroler Nation von jeher und selbst noch bei dem Friedenstraktat von Preßburg, in Gemäßheit des achten Friedensartikels gewelhet haben und anderseits hochstderselben mit unerlöschlichem Danke erfüllter inniger Wunsch: möge Tirol durch gleichschuldige Erfüllung der Untertans- und Konstitutionspflichten, dann des Gehorsames gegen seinen neuen Beherrscher sich ebenso auszeichnen, um die Dauer seiner Wohlfahrt hierdurch zu sichern!
Mit gerührtem Herzen und wahrer patriotischer Teilnahme haben die Unterzeichneten anmit die Empfindungen und Gesinnungen ihres allergnädigsten Monarchen ausgedrückt und dieselben haben nur noch den löblichen Herrn Ständen die Versicherung ihrer vollkommenen und unwandelbaren Hochachtung beizufügen.

Innsbruck den 10. April 1806

Seiner römischen und österreichischen kaiserlichen Majestät
bevollmächtigte Hofkommissäre
Johann Graf und Herr zu Brandis, Karl von Eiberg

Als Preis für seinen Bündniswechsel zu Napoleon wurde Bayern am 1. Januar 1806 zum Königreich erhoben. Noch einmal stand es „im Rampenlicht", als unter Anwesenheit Napoleons am 13./ 14. Januar dessen Stief- und Adoptivsohn Eugène Beauharnais mit Prinzessin Auguste Amalie, der Tochter des frischgebackenen Königs, verheiratet wurde.

Doch in Bayern war die Freude über die neue Würde gedämpft: Napoleon hatte Bayern nach der Hochzeit zwar verlassen, nicht jedoch seine Truppen. Sie blieben zum Verdruss der Bevölkerung in fast voller Stärke im Lande und verursachten große Unkosten. Schon am 20. Oktober 1805 hatte Lorenz v. Westenrieder geäußert, man hege in München keinen sehnlicheren Wunsch, als die Franzosen möglichst bald weitermarschieren zu sehen, denn im Jahr 1800 seien sie als Feinde angenehmer und bescheidener aufgetreten als sie sich nun als Freunde und Verbündete benähmen. Selbst die Gemahlin Montgelas', Ernestine, zunächst eine eifrige Verfechterin des Bündnisses mit Frankreich, sah sich veranlasst, am 30. Mai 1806 in einem Brief an Talleyrand die Truppen des Kaisers mit Blutegeln zu vergleichen und fortzufahren: *„Hat man, seit die Welt besteht, je so gefräßige Verbündete gesehen wie euch, die ihr euch zu einem Aufenthalt ohne Ende niedergelassen habt, ohne eine Miene zu machen zu zahlen? Aber wißt, dass man um diesen Preis auch Feinde dahaben könnte, und dann hätte man wenigstens das Vergnügen, den einen oder anderen oder allesamt umzubringen."*

Die Franzosen waren bestrebt, den Unterhalt ihrer riesigen Armeen nach Möglichkeit dem Ausland, sei es dem feindlichen, sei es dem verbündeten, aufzulasten. Dem Vertrag von Brünn vom 10. Dezember 1805 hatten sie eine geheime Zusatzklausel angefügt, nach der Bayern alle im Laufe des Feldzugs an die Große Armee geleisteten Lieferungen zu tragen hatte. Jetzt, nach dem Friedensschluss, lebten die Truppen auf Frankreichs Zusage von Zahlungen, die allen Versprechungen zum Trotz nie erfolgten. Den Gebieten, die an das Königreich kamen, legten die Franzosen, kurz bevor sie diese ihrem neuen Herrn übergaben, noch enorme Kontributionen auf, die dann Bayern, wie auch alle alten Schulden dieser Territorien, zu übernehmen hatte. Im Fall von Tirol waren es 14 Millionen, nicht gerade geeignet, die finanziellen Probleme Bayerns zu lösen. Im Gegenteil.

Wappen des Königreichs Bayern

5. Kapitel

Tirol als Landesteil Bayerns

Bevölkerung und Wirtschaftslage

Die – nun bayerische – gefürstete Grafschaft Tirol war nicht identisch mit dem, was wir heute unter Tirol verstehen, dem Bundesland Tirol und der autonomen italienischen Provinz Südtirol. Sie umfasste vielmehr damals auch das Gebiet der heutigen Provinz Trient, sowie mit Ampezzo und Buchenstein Gebiete in der heutigen Provinz Belluno. Nicht zu Tirol gehörten damals Teile des Zillertals und das Defereggental, die an das Fürstentum Salzburg und damit an Österreich fielen.

Tirol war also in dem Gebietsumfang, wie es 1806 von Bayern übernommen worden war, territorial kein einheitliches Land, wie der spätere Aufstand von 1809 vermuten lassen würde. Dem italienisch sprechenden Süden – Welschtirol – stand der deutschsprachige Norden gegenüber. Weit umfangreicher als heute waren damals ladinische Sprachinseln in den Tiroler und Trientiner Gerichten Kastelruth, Wolkenstein, Enneberg, Fassa, Fleims, Primör, Ivano, Nons- und Sulzberg, gleichsam eingesprengt in das italienischsprachige Umfeld. In den italienischen und ladinischen Gebieten waren nicht nur die Besitz- und Bevölkerungsstrukturen, sondern auch die Formen der ständischen Vertretungen gegenüber dem Landesherrn unterschiedlich verglichen mit dem Norden.

Insgesamt zählte Gesamt-Tirol bei der Übernahme durch Bayern nach bayerischen Berechnungen 618 857 Einwohner (1807) auf einer Fläche von 24 918 Quadratkilometern. Mehr als ein Drittel der Einwohner Tirols, etwa 289 000, lebte in Welschtirol, damals bis zum Garda-See reichend. Bei etwa 3,5 Millionen Einwohnern im Königreich Bayern stellten die Tiroler also seit 1806 mit einem Sechstel der Einwohner einen beachtlichen Teil der Gesamtbevölkerung!

Der Anteil der ausschließlich in der Landwirtschaft beschäftigten Personen war in Tirol im Vergleich zu Bayern gering, wahrscheinlich nicht mehr als 40%. Ein beachtlicher Teil der Landbevölkerung war auf Nebenverdienste angewiesen, als Taglöhner, Kleinhändler, Handwerker oder im Transportwesen. Einen beträchtlichen Nebenverdienst, der sich nicht in den auf Grundsteuer beschränkten amtlichen Steuerlisten niederschlug, erwirtschafteten die vielen Kleinhändler und Saisonarbeiter, die während des Sommers weit herumzogen und den Tiroler in ganz Europa zu einer bekannten Erscheinung machten. Einer der merkwürdigsten Erwerbszweige war der Vogelhandel besonders mit Kanarienvögeln. Die Bauhandwerker, die in den Frühjahrs- und Sommermonaten in ganz Europa tätig waren, kehrten im Winter nach Tirol zurück. Ein trauriges Kapitel der Tiroler Sozialgeschichte stellten bis ins 20. Jh. die so genannten Schwabenkinder dar, die vor allem als Viehhüter ins benachbarte Allgäu zogen. Nach Berechnungen der bayerischen Regierung hielten sich jährlich etwa 30 000 Tiroler im Ausland auf. Diese bäuerliche Mobilität relativiert die Vorstellung von der Weltabgeschiedenheit der bäuerlichen Welt in Tirol beträchtlich. Man kann im Gegenteil davon ausgehen, dass es gerade diese Weltläufigkeit großer Teile der Bevölkerung und die dadurch bedingte Kommunikation bis in die abgelegenen Täler war, die einen Aufstand wie den von 1809 so wirkungsvoll gemacht hat. Nicht umsonst hat die bayerische Regierung wie schon vorher die österreichische das „Auslaufen" der Bevölkerung nicht gerne gesehen. Auch entzogen sich die im Ausland verdienten Gelder der Besteuerung im Inland. Um 1800 war man in Österreich und auch in Bayern der Meinung, ein Mehr an Bevölkerung bedeutete ein Mehr an Einnahmen. Dem war eben nicht so.

Die größten Einnahmen wurden in Tirol im Bereich des Transithandels erzielt. Mit dem Reschen- und dem Brennerpass besaß das Land den Schlüssel für den Nord-Südverkehr. Das Transportwesen auf Straße und Wasser (Inn und Etsch) war für die Tiroler ertragreich. Die wichtigsten Warenumschlagsplätze Tirols waren Hall, Bozen und Rovereto. Bozen konnte sich mit seiner Messe und seinem Handelspatriziat durchaus mit den Handelsplätzen Süddeutschlands messen. Die Bozener Handelsherren besaßen ein Monopol im Tiroler Fernhandel. Mit dem Merkantilmagistrat stand den marktbesuchenden Kaufleuten seit 1635 ein autonomes Handels- und Wechselgericht in Marktsachen zur Verfügung, in dem die welschtiroler Kaufleute dominierten. Die Bozener Handelsleute haben auch als „Faktoren", als Vertreter ausländischer Handelsleute, auf der Bozener Messe ihr Geld verdient.

Die Landwirtschaft war in den Gebirgsregionen vor allem Viehwirtschaft, im südlichen Landesteil, besonders in der Gegend um Bozen, spielte der Weinbau eine wichtige Rolle. Der einstmals reiche Bergbau in den Landgerichten Schwaz, Kufstein, Rattenberg und Kitzbühel war schon vor der Übernahme durch Bayern defizitär.[37] Lediglich die Saline in Hall bildete auch in der Zeit der bayerischen Besetzung eine bedeutende Einnahmequelle.

Da sich Tirol auf Grund seiner landschaftlichen Struktur nicht ausreichend mit Nahrungsmitteln versorgen konnte, war es auf Importe angewiesen; ein Drittel des Getreides musste importiert werden, vor allem aus Schwaben und Bayern. Trotz des Fleißes und der Anspruchslosigkeit des Bauernstandes, trotz der vielen Saisonarbeiter und Kleinhändler und trotz des reichen Handelsstandes war die Armut in Tirol allgegenwärtig. Viele waren erwerbslos und lebten vom Betteln oder der Wohltätigkeit weltlicher Stiftungen und geistlicher Institutionen. Auch hier konnte die bayerische Regierung, die ein Faible für statistische Erhebungen hatte, schon 1806 Zahlen auf den Tisch legen: 10 000 Personen waren angeblich erwerbslos.

Angesichts der bescheidenen Einkommensverhältnisse der Tiroler war, verglichen mit den anderen Erbländern der österreichischen Monarchie, der jeweilige Beitrag Tirols zu den Militär- und Kammerkosten (Zuschuss zur Deckung der Staatsschulden) in Wien außerordentlich gering. Zu den Gesamtkosten von 11 492 646 Gulden trug Tirol nur 70 000 Gulden bei (Zum Vergleich: Steiermark 1 100 630 Gulden, Kärnten 414 902 Gulden). Die Tiroler Landstände verwiesen bei jeder Gelegenheit auf die Armut ihres Landes, um Versuche abzuwehren, die Steuerleistung der Tiroler an diejenige anderer Untertanen anzupassen. Als die Rückgabe Tirols an Österreich 1814 unmittelbar bevorstand, bemühte sich eine Tiroler Deputation am 23. Juni 1814 in Wien, die besonderen Verhältnisse in Tirol zu schildern, um Österreich daran zu hindern, die von Bayern begonnene gleichmäßige Besteuerung der Untertanen fortzusetzen:

Tirol war zu allen Zeiten ein geldarmes Land, zum Teil mit ewigem Eise bedeckte Gebirgsketten, Schneelawinen, Berg- und Erdfälle, reißende Gewässer und zurückgelassene Sümpfe rauben demselben ein Dritteil, wo nicht die Hälfte des Erdbodens [...]
Die Tiroler müssen als Ansiedler eines von der Natur stiefmütterlich behandelten Erdstriches betrachtet werden, welche bloß durch größte mögliche Befreiung von jedem Finanzdrucke und durch die allen Gebirgsbewohner eigenen Anhänglichkeit an ihr Vaterland an die Scholle gekettet sind; das Vaterland aber hört auf ihr Vaterland zu sein, wenn sie den Boden, den sie im Schweiße ihrer Angesichts pflügen, nicht mehr ernährt.
Tirol war daher von den früheren Regenten glorreichen Angedenkens nie als eine Finanzquelle betrachtet und kann um so minder für die Folge als solche betrachtet werden ... (Auszug)[38]

Angesichts der dürftigen Einkommensquellen in der Landwirtschaft spielte der Erwerb aus dem freien Handel in Tirol eine entscheidende Rolle. Alle Störungen dieser Erwerbsmöglichkeiten wirkten sich daher auf das ganze Land aus. Kriegzeiten, neue Grenzziehungen und Zollbelastungen, wie sie die napoleonische Zeit brachte, waren für Tirol daher weit mehr existenzgefährdend als etwa für Bayern. Die wachsende Unzufriedenheit der Tiroler mit der bayerischen Regierung ging also weniger von den Bauern aus, für die sich wirtschaftlich seit 1805 weniger geändert hatte, sondern von jenem Teil der Bevölkerung, der gerade für Tirol typisch war, nämlich den Kleinhändlern und Saisonarbeitern. Aus diesen Gruppen rekrutierte sich ein wichtiger Teil der Aufständischen von 1809. Im Unterschied zu den Hofbesitzern hatten sie wenig zu verlieren.

Die bayerische Behördenorganisation und -reform in Tirol

Bei der Übernahme Tirols im Januar 1806 verblieben nicht unerhebliche Teile bei Österreich. Nicht an Bayern, sondern an das Fürstentum Salzburg und damit an Österreich gingen das Brixental, der Großteil des Zillertals, das obere Isel- und ein Stück des Defereggentals sowie Nikolsdorf (Gerichte waren in Itter, Fügen, Zell mit Landersbach, Windischmatrei und Lengberg).

Zum Leiter der Zivilverwaltung wurde der als Hofkommissar abgeordnete Carl Graf Arco (1769–1856) ernannt. Seine Berufung in Innsbruck verdankt er sowohl der Herkunft seiner Familie aus Welschtirol als auch der Tatsache, dass seine Schwester Ernestine seit 1803 mit dem um 20 Jahre älteren Minister Montgelas verheiratet war. Die bayerische Verwaltung unter Graf Arco ging zunächst mit großer Behutsamkeit ans Werk. Gemäß seiner Instruktionen vom 22. Januar 1806 sollte Arco *alles ... vermeiden, was Beschwerden erzeugen, als Eingriff in des Landes Privilegien und Verfassung erscheinen könnte; jegliches Eigentum ... bleibt vorläufig unberührt; in geistlichen Sachen ist keine Änderung vorzunehmen ... selbst religiöse Vorurteile sollen bis zu künftiger besserer Volksbelehrung geduldet werden; über das umlaufende Papiergeld soll ... Beratung gepflogen werden, um es allmählich ohne zu großen Verlust ... außer Kurs zu setzen.*

Das unter Maria Theresia 1763 ins Leben gerufene Tirolische Landesgubernium mit Räten und Kanzleipersonal, einem Fiskalamt, einem Rechnungsrevisorium und einer Provinzialhauptkasse wurde beibehalten[39], nunmehr als „königlich-bayerisches". Am 26. April 1806 wurden Vorarlberg und das Kreisamt Bregenz aus der Zuständigkeit des Tiroler Guberniums ausgegliedert und der Provinz Schwaben sowie dem dortigen Generallandeskommissariat überwiesen.

Neben dem Gubernium wurde nach bayerischem Muster aus der von Arco präsidierten Hofkommission ab 26. Juni 1806 ein *Generallandeskommissariat* gebildet. Arco wurde zum Generallandeskommissar ernannt, ein Titel, der seit Oktober 1804 für die Leiter der Landesdirektionen in den neu erworbenen bayerischen Provinzen (Schwaben, Franken) üblich war. Die Geschäfte des Guberniums, das kollegial organisiert war, übernahm nun mehr und mehr das nach bayerischem System hierarchisch arbeitende Generallandeskommissariat. Dieser Übergang vom kollegialen zum hierarchischen System, das seit dieser Zeit die Behördenorganisation nicht nur in Bayern und Österreich dominiert, war für die Reformen des Ministers Montgelas typisch. Endgültig verschwand das Gubernium mit der neuen Kreiseinteilung und der Schaffung der Generalkreiskommissariate 1808.

Die Einheit des Landes Tirol wurde von Bayern gewahrt. Die *Provinz Tirol* war nach hergebrachtem Muster bis 1808 in die unter Maria Theresia eingerichteten Kreisämter (Kreise) geteilt. Beim Übergang an Bayern bestanden sieben Ämter für sieben Kreise: Bregenz/Vorarlberg (dann ausgegliedert), Schwaz/Unterinntal, Imst/Oberinntal, Brixen/Pustertal, Bozen/an der Etsch, Trient/Trient und Rovereto/Rovereto. Diese Kreise entsprachen im Wesentlichen der alten Vierteleinteilung des Landes.

Mit Einrichtung des Generallandeskommissariats im Juni 1806 kam es erstmals in der Geschichte Tirols zu einer Trennung von Justiz und Verwaltung. Das Appellationsgericht in Innsbruck sollte in Zukunft völlig unabhängig von der Regierung sein. Als dritte Instanz war für Tirol die oberste Justizbehörde in Ulm zuständig. Dort wurden zwei Tiroler Räte eingesetzt, die das österreichische Recht kannten, und von denen wenigstens einer die italienische Sprache beherrschen musste. Auf diese Weise kam der Tiroler J. v. Hörmann nach Ulm, der dann später im bayerischen Justizdienst Karriere machen sollte. Mit der Reform der Justizverfassung 1808 wurde neben dem Appellationsgericht Innsbruck noch das AppellationsgerichtTrient eingerichtet. Dritte Instanz für alle Tiroler Gerichte war ab 1808 das Oberappellationsgericht München.

Den Kreisen unterstanden die Gerichte (Pflegämter), die sich zur Zeit der Übernahme durch Bayern in einem fast noch mittelalterlichen Zustand befanden, was sie im Übrigen mit den bayerischen Pflegämtern, Herrschaften und Hofmarken gemeinsam hatten. Insgesamt gab es fast 200 Gerichtssprengel mit unterschiedlicher Größe und unterschiedlichen Kompetenzen.

Kreiseinteilung der Provinz Tirol bis 1808

Kreise	Fläche QMeilen	Bevölkerung landesfürstliche Gerichte	Patrimonial- Gerichte
Unterinntal	68,76	54 698	51 104
Oberinntal	106,84	25 992	69 996
Pustertal	94,75	49 392	46 829
An der Etsch	60,72	24 819	70 571
Trient	78,06	92 422	47 634
Rovereto	34,39	36 738	48 698

Diese Kreise der Provinz Tirol wurden wie auch in Bayern mit Verordnung vom 21. Juni 1808 durch eine vereinfachte Einteilung in *Innkreis, Etschkreis und Eisackkreis* ersetzt. Diese Maßnahme berücksichtigte allerdings nicht gewachsene Strukturen und Traditionen; sie war unhistorisch und unklug. Sie beendete die bisherige Tiroler Behördenstruktur. Das bisherige Generallandeskommissariat mit der Etatskuratel wurde aufgelöst. Die drei neuen *Generalkreiskommissariate* mit den ihnen untergeordneten Landgerichten, sowie die neuen Kreisfinanzdirektionen, denen die Rentämter unterstanden, waren nun den jeweiligen Ministerien in München untergeordnet – insgesamt ein dreistufiger Behördenaufbau!

Neue Kreise

Der *Innkreis* mit Sitz in Innsbruck wurde gebildet aus den Land-gerichten Kufstein, Rattenberg, Schwaz, Innsbruck, Reutte (ohne Vils), Telfs, Landeck und Fürstenburg. Zu Kufstein war das ehemalige bayerische Gericht Auerburg (heute Oberaudorf) dazu geschlagen worden. Der Innkreis reichte mit dem Gericht Fürstenburg über den Reschenpass in den Vinschgau hinein. Zum Generalkreiskommissar des Innkreises wurde am 30. August 1808 *Maximilian Graf von Lodron* ernannt. Als solcher wird er im April 1809 von den Österreichern gefangen genommen und deportiert. Nach seiner Rückkehr wird er Generalkommissar des Regenkreises. Sein Nachfolger in Innsbruck wurde 1810 *Maximilian Graf von Lerchenfeld-Aham*.

Der *Eisackkreis* wurde aus den Landgerichten Meran, Bozen, Klausen, Brixen, Bruneck, Sillian und Lienz gebildet. Kreishauptstadt und Sitz des Kommissars war Brixen. Erster bayerischer Generalkreiskommissar im *Eisackkreis* wurde im September 1808 *Freiherr Johann Georg von Aretin*. Im April 1809 wurde er deportiert und lebte nach seiner Rückkehr als Privatmann.

Der *Etschkreis* mit Sitz in Trient erhielt die 14 welschtiroler Landgerichte. Das bisherige Landgericht Trient, das die so genannte Innere und Äußere Prätur umfasste, war schon 1807 wegen seiner Größe und Einwohnerzahl in drei Gerichte, Trient, Vezzano und Civezzano, aufgeteilt worden. Kreishauptstadt und Sitz des Kommissars war Trient. Als Generalkreiskommissar setzte die bayerische Regierung 1808 einen Tiroler ein, den 1765 in Primör geborenen *Johann Graf von Welsberg*. Dieser war bereits seit 1803, also seit dem Ende des Hochstifts Trient, Kreishauptmann und Landgerichtspräsident in Trient. Er war die Verkörperung eines aufgeklärten liberalen Beamten nach dem Geschmack Montgelas'. Die bayerischen Reformen hielt er für eine gelungene Fortsetzung der Reformen Kaiser Josephs II. Als eifriger Diener der Bayern und aufgeklärter Beamter machte er sich bei den Welschtirolern unbeliebt.

Durch die großflächigen Landgerichtssprengel im gebirgigen Tirol war für die Untertanen der Weg zu ihrer Obrigkeit sehr erschwert. Der Generalkreiskommissar des Innkreises, Graf von Lodron, klagte: *Ein Richter ... der von seinen Untergebenen eine, zwey und mehrere Tagereisen entfernt, im Winter zwey und drey Monate lang ganz abgeschnitten oder mit Geschäften so überhäuft ist, dass er keinem die erforderliche Zeit widmen kann, ist so viel als kein Richter.*[40]

Die spätere Teilung Tirols durch den Pariser Vertrag vom 28. Febr.1810 und die nachfolgenden Abmachungen führte zu einer neuen Kreiseinteilung. Bayern hatte Salzburg, Berchtesgaden, das Innviertel und Teile des Hausruckviertels von Österreich sowie Bayreuth und Regensburg erhalten, den Etschkreis und Teile des Eisackkreises jedoch an Italien verloren. Die Neuordnung wurde am 23. September 1810[41] bekannt gemacht. Die bei Bayern verbliebenen Teile Tirols bildeten nun den Innkreis mit der Hauptstadt Innsbruck. Die Landgerichte im restlichen Teil Tirols wurden durch die ehemals salzburgischen Landgerichte vermehrt und hier die bayerische Rentamtsverfassung eingeführt. Neu entstanden die Rentämter Kirchberg und Fügen.

In Finanzangelegenheiten fungierte als zentrale Stelle für Tirol seit 26. Juni 1806 das Generallandeskommissariat und seine „Provinz-Etats-Curatel", die von Gabriel Ferdinand von Widder verwaltet wurde. Die Behandlung der Finanzgeschäfte erforderte eine eigene Abteilung. Nach der Bildung der drei Kreise entwickelten sich aus diesen drei „Finanzlandesdirektionen".

Die Neuorganisation der Behörden, die Errichtung der drei Kreise ab 1808 und der damit Hand in Hand gehende Ausbau des staatlichen Beamtenapparats verschlangen erhebliche Mittel. Die Personalausstattung war in allen drei Kreisen im Wesentlichen identisch: Das Generalkreiskommissariat war mit 6 bis 7 Beamten und Kanzleipersonal besetzt, die Finanzdirektion in ähnlicher Zahl. Der Aufwand für Besoldungen erhöhte sich auf insgesamt 121 000 Gulden. Diese Summe ging teilweise zu Lasten der Untertanen.

Das Generallandeskommissariat war auch zuständig für die Tilgung der beträchtlichen Schulden. Tirol war mit 14 Millionen Gulden das Land, das von allen Neuerwerbungen Bayern die meisten Schulden einbrachte. Nur Nürnberg, das 1806 zu Bayern kam, lag in der Pro-Kopf-Verschuldung höher als Tirol. Im Juni 1807 wurde eine eigene Tiroler „Schulden-Tilgungs-Kommission" mit Graf Arco als Vorsitzendem gegründet. 1811 übernahm diese Aufgabe eine zentrale Schuldentilgungskommission.

Typisch für die bayerische Verwaltungsreform in Tirol waren die Aufarbeitung und Tilgung der Verwaltungsrückstände durch eine für alle drei Kreise gemeinsame Kommission, der *Spezialkommission der Retardaten* bei der Finanzdirektion des Innkreises.

Von großer Bedeutung war die finanzielle Behandlung der geistlichen und kommunalen Stiftungen. Hier sind die bayerischen Reformer, die für den Finanzbedarf des Staats den Gedanken der zentralen Abschöpfung aller Stiftungsgewinne verfolgten, in Tirol wie auch im übrigen (katholischen) Bayern, wo es sehr reiche Stiftungen gab, weit über das Ziel hinausgeschossen. Seit 1. Oktober 1808 wirkte beim Generalkommissariat des Innkreises eine eigene *Stiftungs-Organisierungs-Kommission*, die für Inn-, Eisack- und Etschkreis zuständig war. Wie viele der bayerischen Einrichtungen wurde auch diese zentrale Stiftungsadministration im Juni 1814 von den Österreichern übernommen.

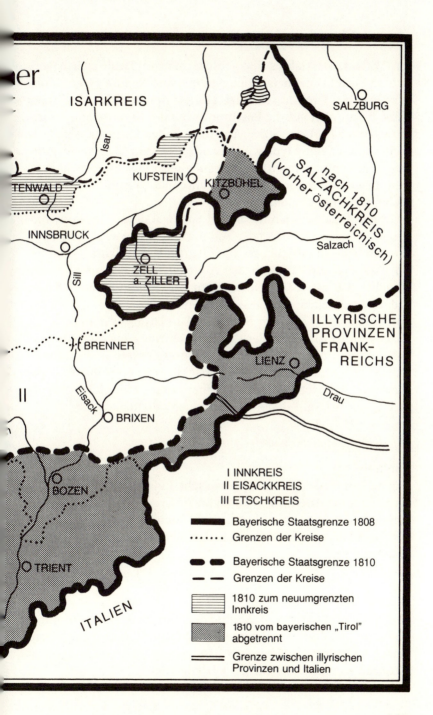

Die Reform der Landgerichte

Im Verlaufe des Jahres 1806 führte man in Tirol nach bayerischem Vorbild eine neue *Landgerichts- und Rentamtsverfassung* ein. Das für Tirol einschlägige Hofreskript vom 21. November 1806 beruft sich auf die Bestimmungen der bayerischen Verordnung vom 24. März 1802.[42] Aus finanziellen Gründen gestaltete man diese ersten bayerischen Landgerichte in Tirol recht groß, war aber bemüht, ihren Umfang möglichst gleichförmig anzulegen. Insgesamt 24 an der Zahl, stellten sie räumlich grundsätzlich neue Einheiten dar.

In der Regel wurden die neuen Sprengel durch Zusammenlegung vormaliger kleiner oder Teilung übergroßer alter Gerichte – sowohl landesfürstlicher als auch Patrimonialgerichte – gebildet, so dass sich ein Großteil der Außengrenzen der neuen Landgerichte mit alten Gerichtsgrenzen deckte. Grundsätzlich war jedoch vorgesehen, von dieser Anlehnung abzugehen, wo dies erforderlich war. Ganz im Sinn der Aufklärung war man somit in Bayern hinsichtlich der Gerichtsgrenzen – ebenso wie zwei Jahrzehnte früher in Österreich Kaiser Joseph II. in seinem „Pfarreinrichtungsgeschäft" – entschlossen, eine durch keine Tradition belastete, einzig von Überlegungen aktueller Zweckmäßigkeit bestimmte neue Ordnung zu schaffen.

Landgerichtseinteilung am 1. April 1809

Innkreis
Polizeikommissariat und Stadtgericht Innsbruck • Landgericht Kufstein (mit Auerburg) • Landgericht Kitzbühel • Rattenberg • Landgericht Schwaz • Landgericht Innsbruck • Landgericht Reutte • Landgericht Telfs • Landgericht Landeck • Landgericht Fürstenburg
Einwohner: 202 751   Gesamtfläche: 451,2 km^2

Eisackkreis
Polizeikommissariat und Stadtgericht Brixen • Polizeikommissariat und Stadtgericht Bozen • Landgericht Meran • Landgericht Bozen • Landgericht Klausen • Landgericht Brixen • Landgericht Bruneck • Landgericht Sillian • Landgericht Lienz
Einwohner: 191 611   Gesamtfläche: 396,16 km^2

Etschkreis (Welschtirol)
Polizeikommissariat und Stadtgericht Trient • Polizeikommissariat und Stadtgericht Rovereto • Landgericht Cles • Landgericht Maló • Landgericht Mezzolombardo • Landgericht Vezzano • Landgericht Civezzano • Landgericht Pergine • Landgericht Levico • Landgericht Cavalese • Landgericht Rovereto • Landgericht Riva • Landgericht Stenico • Landgericht Tione • Landgericht Condino
Einwohner: 226 492   Gesamtfläche: 288 km²

Bei der Neuorganisation der Landgerichte in Tirol richtete man aus finanziellen Gründen drei Klassen ein. Auch die Personalausstattung der 24 Landgerichte und 22 Rentämter wurde neu organisiert. Nur die Landgerichte erster Klasse erhielten eine volle Ausstattung. Ihnen war die Strafgerichtsbarkeit übertragen. Abgeschafft wurde endgültig die „kollegiale Beratung". Die Landgerichte 2. Klasse waren personell eingeschränkt, während die Landgerichte 3. Klasse weder einen Aktuar noch einen Adjunkten hatten. Hier musste der Landrichter mit Hilfe eines Schreibers alles allein machen. So sollte die Behörde möglichst nahe an den Untertanen sein. Diese Tiroler Maßnahme hat sich so bewährt, dass sie später auch im bayerischen Stammland eingeführt wurde. Insgesamt umfasste der Innkreis Ende 1810 32 Landgerichte der verschiedenen Klassen.

Ein juristisch gebildeter Landrichter war im Landgericht für Justiz und Verwaltung, im Rentamt waren ein oder zwei Beamte für die Einnahme und Verrechnung der Steuern zuständig. Beide Ämter waren rein landesherrlich.

Justiz, Polizeiwesen, Verwaltung, Kirchen- und Gemeindeaufsicht, Schulwesen, Straßen, Brücken und Wasserbauten sowie das, was in etwa unserer heutigen Grundbuchführung entspricht, waren Ressort der Landgerichte. Steuereintreibung und -verrechnung, das Finanzwesen, die Forstkontrolle, Unterhalt der Straßen- und Wasserbauten, sowie die Wahrnehmung öffentlich-rechtlicher Aufgaben dort, wo das Herrscherhaus grundherrlichen Besitz hatte, waren Aufgaben der Rentämter.

Mit der neuen Landgerichtsverfassung regelte man auch die Gemeindeorganisation neu – nach bayerischem Vorbild in zentralistischem Sinn. Die Gemeinden wurden unter die Kuratel des Staates gestellt, verloren ihre Selbstverwaltung und waren nicht mehr als unterste Instanz im Behördenaufbau. Das Tiroler Mandat vom 19. Mai 1784, dass in jedem Dorf zwei Führer oder Obleute gewählt werden sollten, wurde dergestalt abgewandelt, dass den Gemeinden nur mehr das Vorschlagsrecht blieb, die Einsetzung jedoch den Landrichtern übertragen wurde. Auch wurde die Zusammenlegung kleinerer Dorfgemeinden verfügt, sowie die Aufgaben der Dorfführer und ihr Verhältnis zu den Landgerichten eingehend festgelegt. Damit war die moderne politische Gemeinde entstanden, freilich zunächst ohne Selbstverwaltungsrecht.

Die adeligen Patrimonialgerichte in Tirol und ihre Beseitigung

Im Unterschied zu Altbayern waren in Tirol nur wenige Gerichte in landesherrlicher Hand. Viele ursprünglich landesfürstliche Gerichte waren im Laufe der Zeit verpachtet oder verpfändet oder gar als Eigen an Adelige oder Körperschaften ausgegeben worden. Ein weiterer Teil der Gerichte war von jeher Besitz von Adeligen oder von geistlichen Institutionen.

Zahlenmäßig überwogen in Tirol gegenüber den landesfürstlichen Gerichten bei weitem die Gerichte in den Händen des Adels, die sog. Patrimonialgerichte. Damit waren auch die Bewohner in adelige und in landesfürstliche Gerichtsuntertanen geteilt. Im früheren Oberinnkreis z. B. mit einer Gesamtbevölkerung von 95 988 unterstanden den landesfürstlichen Gerichten lediglich 25 992, dagegen den Patrimonialgerichten 69 996 Personen. Durch die Übernahme der Gerichte der Hochstifte Brixen und Trient in landesherrliche Regie und durch die Säkularisation der Klöster 1807 verbesserte sich der Anteil des Landesherrn. Für die bayerischen Beamten in Tirol war die fast völlige Abwesenheit des Landesherrn bei der Gerichtspflege oder der Steuereinhebung vor Ort ungewohnt. Manche Gerichte waren sogar an Untertanen verpfändet, ein Vorgang, der in Bayern undenkbar und auf Grund der Landesfreiheiterklärungen (seit 1508) rechtlich auch nicht möglich gewesen wäre.

Die Verwaltung und Gerichtsbarkeit in den Patrimonialgerichten war weniger dramatisch als es auf den ersten Blick scheint, da die Inhaber der Gerichtsbarkeit durch entsprechende Bestimmungen schon aus der Zeit von Maria Theresia und Joseph II. verpflichtet waren, rechtskundige Richter und Verwaltungsbeamte anzustellen. Außerdem waren die Kontrolle durch die Kreisämter sowie der Rechtszug zu den Obergerichten gewährleistet. Auch die von allen Gerichten anzuwendenden österreichischen Gesetzbücher boten eine gewisse Rechtssicherheit. Trotzdem gerieten diese Tiroler Gerichtsverhältnisse als erste in das Visier der bayerischen Regierung unter Montgelas, der seit 1802 in Bayern nicht nur alle adeligen Beamtenprivilegien beseitigte, sondern das Land mit einer gleichmäßigen Gerichts- und Verwaltungsorganisation überzog.

Eine bayerische Verordnung vom 6. Juni 1807[43] bestimmte, dass jegliche Patrimonialgerichtsbarkeit nur mehr durch staatlich geprüfte und vereidigte Richter ausgeübt werden dürfe, es sei denn, die Patrimonialherren unterzögen sich selbst der vorgeschriebenen Prüfung und Vereidigung. Die Verordnung vom 6. Juni wurde am 23. Juli 1807[44] auf Tirol ausgedehnt.

Im Jahre 1808 häuften sich im Zuge der adelsfeindlichen Politik der Regierung die Verfügungen, die auf eine Einengung der Patrimonialgerichtsbarkeit hinausliefen. Bedeutend wurde vor allem das *„Organische Edikt über die Patrimonialgerichtsbarkeit"* vom 8. September 1808.[45] Es reduzierte die Zahl der Patrimonialgerichte durch unerfüllbare Bedingungen oder entzog ihnen einen großen Teil ihrer bisherigen Befugnisse. Die Mindestzahl der Gerichtsuntertanen wurde auf 50 Familien festgelegt. Da sich innerhalb des Gerichtsbezirks keine einzige der landesfürstlichen Gerichtsbarkeit unterworfene Familie befinden durfte, begann nun ein Feilschen und Tauschen um Gerichtsuntertanen, das viele adelige Gerichtsinhaber aufgeben ließ. Das Ankaufen fremder Gerichtsuntertanen von benachbarten Adeligen war im Übrigen nicht gerade ein würdiges Schauspiel. Die adelsfeindliche Politik des Jahres 1808 wurde in Bayern auf Veranlassung des Königs spätestens mit der Verfassung 1818 wieder revidiert oder reduziert. In Tirol hat die österreichische Regierung dagegen nach 1814 die von der bayerischen Regierung geleistete „Schmutzarbeit" im Wesentlichen belassen.

Zuständig waren die Patrimonialgerichte vor allem für die nichtstreitige Gerichtsbarkeit und für standesamtliche Tätigkeiten, die wegen der damit verbundenen Urkundenerrichtungen viel Geld brachten. Aufwendiger waren Vormundschaftsangelegenheiten. Im Strafrecht verblieb den Patrimonialgerichten die Ahndung geringfügiger Polizeiübertretungen. Verbrecher mussten sofort an das Landgericht übergeben werden. Die gesamte streitige Gerichtsbarkeit und die Ahndung aller schwereren Vergehen waren nach dem 8. September 1808 Aufgabe der königlichen Landgerichte.

Wegen des im April 1809 ausbrechenden Volksaufstands konnten die Anordnungen dieses Edikts nur noch zum Teil umgesetzt werden, doch gingen die bayerischen Behörden, soweit möglich, nach der Beendigung des Aufstands mit doppelter Schärfe gegen die adeligen Gerichtsinhaber vor, da diese sich (wohl auch wegen des Edikts) oft an die Spitze des Aufstands gestellt hatten. Dies diente der bayerischen Regierung zum willkommenen Vorwand, alle Patrimonialgerichte in Tirol auszuschalten: Mit Erlass vom 14. November 1809 für den Inn- und Eisackkreis wurde die adelige Gerichts- und Polizeiverwaltung generell suspendiert. Alle übrigen Geschäfte wurden im Innkreis am 1. Dezember 1809, im Eisackkreis am 1. Januar 1810 an die königlichen Landgerichte übertragen.

Die bayerische Behördenreform in Tirol – eine Erfolgsgeschichte?

Die bayerische Behörden- und Gerichtsorganisation war trotz aller Hektik bei der Durchführung und trotz vieler Missgriffe der Beamten ein großer Fortschritt für Tirol. Die Bayern führten das aus, was Kaiser Joseph II. begonnen hatte aber nicht vollenden konnte. Als die Österreicher Tirol 1814 wieder übernahmen, konnten sie auf den bayerischen Behördenreformen aufbauen:

> „Unglaublich viel haben die bayerischen Behörden in der kurzen Zeit ihrer Herrschaft in Tirol geleistet. Die innere Struktur und die äußere Sprengeleinteilung der Justiz-, politischen und Finanz-Verwaltung wurden von Grund auf geändert. Manches davon war zu abrupt, hart und folgenschwer, ungewohnt für das Land und seine Bewohner, öfter allerdings durch die Person der betreffenden Beamten als infolge der Einrichtung als solcher. Viel Unwillen, ja Verbitterung und Hass, haben die Neuerer und Neuerungen hervorgerufen. Wo sie aber Anerkennung verdient hätten, konnte solche nicht aufkommen,

da ihnen und dem Lande die Voraussetzung hiefür, der Friede, fehlte. Bezüglich der administrativen Neuerungen wurde freilich damals wie wohl auch später bei der Beurteilung zu wenig bedacht, dass auch in Österreich ähnliche Kräfte am Werke waren, die den bereits seit Jahrzehnten in Gang befindlichen inneren Umbau des Staates zweifellos auch in Tirol vorangetrieben hätten, wenn auch sicherlich kaum in solcher Weise und Geschwindigkeit ... Manches hier Vorgefundene oder Erprobte wirkte auf das Stammland zurück – auf Bayern und auf Österreich. Als Tirol 1813/1814 wieder zu diesem kam, war es, freilich weithin zu seinem Leidwesen, anderen Kronländern weit voraus."[46]

Die Maßnahmen der bayerischen Regierung in Tirol waren die gleichen wie im übrigen Bayern. Sie waren keineswegs Sonderformen für Tirol, um es etwa niederzudrücken, wie der spätere Aufstand vermuten lässt. Aber gerade in Tirol wirkten sich dieselben Reformen anders aus als in den anderen bayerischen Landesteilen. Wobei es vielfach die Beamten – bayerische wie tirolische – nicht verstanden, einzelne Maßnahmen einsichtig zu machen.

Finanzpolitische und wirtschaftliche Maßnahmen der bayerischen Regierung

Einer der wenigen Punkte, wo man sich in Tirol von der bayerischen Herrschaft greifbare Vorteile erhoffte, waren Handel und Wirtschaft. Schon bisher musste ein Großteil des benötigten Getreides für viel Geld aus Bayern importiert werden. Nun konnte man hoffen, dass sich durch die Schaffung eines einheitlichen Wirtschaftsraums die Importe verbilligen und die Exporte von Wein und Vieh aus Tirol nach Bayern erleichtern würden. Auch erwartete man eine Belebung des Transithandels, von dem ja ein beträchtlicher Teil der Tiroler Bevölkerung lebte. Diese Hoffnungen erfüllten sich jedoch nur zum Teil. Das lag nicht an Bayern, das noch 1808 alle Binnenzölle beseitigt und einen landwirtschaftlichen Verein zur Verbesserung der Agrarproduktion gegründet hatte. Bayern versuchte sogar, durch Verträge mit dem benachbarten Königreich Italien den Handel zu fördern. Dieser Versuch scheiterte am Widerspruch Napoleons. So fielen die Märkte im Süden aus und die Kontinentalsperre tat ein Übriges, um den Handel zu lähmen. Transit- und Exporthandel brachen schließlich völlig zusammen. Der Viehexport nach Bayern war zum Schutz der bayrischen Viehzucht gestoppt worden. Diese Situation und die Schließung der Grenzen nach Österreich und Italien aus politischen Gründen betrafen vor allem die Wirte, Viehhändler und Spediteure.

Die erste einschneidende wirtschaftliche Maßnahme der bayerischen Regierung in Tirol war die Durchführung einer *Währungsreform*. Tirol war das einzige an Bayern gekommene Gebiet, wo sie notwendig war. Durch Verordnung vom 26. Juni 1806 wurde das minderwertige österreichische Papiergeld, die sogenannten Bancozettel, die zu einer gigantischen Inflation geführt hatten, abgeschafft und nach niedrigem Kurswert gegen bayerisches Silbergeld umgetauscht. Kredite, die man seit 1797 in österreichischem Papiergeld aufgenommen hatte, mussten nun in voller Höhe zurückgezahlt werden. Das war für Viele, vor allem wenn sie von Stiftungen und geistlichen Institutionen (die nun in staatlicher Hand waren) problemlos und vielfach zu leichtfertig Geld aufgenommen hatten, eine schwere Belastung. Besonders die Bauern, die als Untertanen der Hochstifte und Klöster großzügig Kredite bekommen hatten, sahen sich nun einem bayerischem Rentamt gegenüber, das ohne Rücksicht auf persönliche Belange den Kredit zurückforderte.

Der Wert der von der Schwazer Kreditkasse als Staatsbank seit 1769 herausgegebenen Anleihen wurde bis zu 50% des Nennwerts herabgesetzt und damit die Gläubiger, darunter auch viele wohltätige Stiftungen sowie Pensionsempfänger und Rentner, empfindlich getroffen.

Andererseits verteuerte man die Kredite. Das galt vor allem bei Stiftungskapitalien, die man nun, wie schon in Bayern, unter eine staatliche Aufsicht stellte. Nachdem den Kirchpröpsten die Verwaltung des Kirchenvermögens entzogen und Staatsbeamten übertragen worden war, war es nun weitaus schwieriger und vor allem teurer, aus dem Stiftungs- und Kirchenvermögen einen Kredit zu bekommen. Zinsen für Darlehen jeglicher Art wurden nun generell angehoben. Zwar war mit Patent vom 30. September 1807 eine strenge Trennung von Stiftungsgeldern und Staatsgeldern angeordnet, aber sie stand, wie in Bayern, weitgehend auf dem Papier, da die Überschüsse der zentralisierten Stiftungsverwaltung letztlich dem Staate zugute kamen, da er selbst Kredite bei der zentralen Stiftungsverwaltung aufnahm.

> **Bekanntmachung.**
>
> Der Werth der Wiener Bancozettel hat, bis auf weiters, seine vorige Bestimmung für gegenwärtige Woche beybehalten, nach welchen hundert Gulden Wiener-Währung in Bancozetteln drey und sechzig Gulden sechs und dreyßig Kreuzer Reichs-Währung gelten, ein Gulden-Zettel mit sieben und dreyßig Kreuzer Reichs-Währung bezahlt wird.
> Innsbruck den 7. July 1806.
>
> Königl. bairisches General-Landes-Commissariat in Tyrol.
>
> Carl Graf von Arco.

Die Bevölkerung war auch besorgt, dass durch die Schmälerung der geistlichen Stiftungen, etwa der Mess-Stiftungen, das Seelenheil der Stifterfamilien gefährdet sei. Gerade diese Stiftungen sollten ja die „armen Seelen aus dem Fegfeuer holen", ein Anliegen, das den gläubigen Menschen dieser Zeit besonders am Herzen lag. Diese Sorge um das Seelenheil wurde durch die antikirchlichen Maßnahmen der bayerischen Regierung verstärkt.

Leidtragende der Finanzmaßnahmen war vor allem die ländliche Bevölkerung, d. h. der zum Teil verschuldete Bauernstand. Sie schürten die Unzufriedenheit der Landbevölkerung. Die österreichische Propaganda hat noch 1809 behauptet, durch die Währungsmaßnahmen der Bayern sei über die Hälfte des Vermögens der Tiroler vernichtet worden. Richtigerweise dürfte der Verlust nicht mehr als 5 Millionen Gulden betragen haben, was angesichts einer von Bayern übernommenen Schuldenlast von 14 Millionen vertretbar war. Obwohl die Maßnahme dringend notwendig war, sahen die Einzelnen nur den augenblicklichen Verlust. Wie richtig jedoch die Entscheidung der bayerischen

Regierung war, demonstrierten die Tiroler selbst 1809, als sie beim Einmarsch der Österreicher darum baten, vom österreichischen Papiergeld verschont zu werden.

Es kam jedoch nicht zur erhofften Belebung der Wirtschaft. Durch die neuen Grenzziehungen und den Abbau der Zölle und Mauten hatten sich zwar für Tirol die Märkte Bayerns geöffnet, die traditionellen österreichischen Märkte waren ihm nun aber verschlossen. Darunter litten z. B. die Nordtiroler Baumwollstofferzeugung und die Stubaier Eisenindustrie. Vor allem war der Transitverkehr, von dem Tirol immer gelebt hatte, stark beeinträchtigt. Durch die gegen England verhängte Kontinentalsperre kam er fast zum Erliegen. Der Niedergang der einst so bedeutenden Sreleschen Leinwand- und Baumwollfabrik in Imst mit zahlreichen Beschäftigten hat sicher dazu beigetragen, dass die Oberinntaler mit besonderem Eifer am Aufstand von 1809 beteiligt waren.

Auch der traditionelle Tiroler Hausierhandel, der nun versuchte, im Königreich Bayern neue Märkte zu erschließen, wurde unterbunden. Da viele nachgeborene Bauernsöhne aus den abgelegenen Tälern des Landes gerade im Hausierhandel ihr Geld machten, trafen die Beschränkungen nicht nur sie, sondern auch die Tiroler Wirtschaft hart. Dass die Reglementierung der Hausierer, des mobilsten Teils der Tiroler Bevölkerung mit europaweiten Kontakten, das Unruhepotential wachsen ließ, sollte sich im Aufstand von 1809 als besonders verhängnisvoll erweisen. Die unverhältnismäßig große Zahl der Tiroler Hausierer im Vergleich zur Bevölkerung erklärt auch, die 1703 schon einmal beobachtete europaweite Popularisierung der Tiroler Vorgänge. Sie waren es, die 1809 den Mythos Andreas Hofers über die Grenzen trugen.

Die *Hausiererverordnung* der bayerischen Regierung für Tirol vom 27. Oktober 1807[47] bestimmte u. a., dass ohne Hausierpatent in Tirol das Hausieren verboten sein sollte, weil *durch den freien Warenverkauf, welcher von Haus zu Haus geschiehet, das Gedeihen des Kommerzes und Handlungswesens gehemmet, vieles Geld aus dem Lande geschleppet, unerfahrene Menschen, von dem listigen und schmeichelhaften Zureden der Hausierer gereizt, ihr Geld unnütz verschwenden, öfters Schulden machen und manchmal ganze Haushaltungen zu Grunde richten.* Die

Hausierpatente, die je nach gehandelter Ware bis drei Gulden an Konzessionsgebühr kosteten, sollten nur ein Jahr gelten. Es war auf die moralischen und sonstigen Eigenschaften der Antragsteller und auf die Nützlichkeit und Notwendigkeit der Waren zu achten.

Von der 1808 beschlossenen Steuerreform machte man für Tirol zahlreiche Ausnahmen, da hier bereits durch die Maßnahmen Kaiser Josephs II. die Grundsteuer die maßgebende Steuer war. Daher wurde Tirol nicht in das sogenannte Allgemeine Steuerprovisorium vom 13. Mai 1808[48] einbezogen. Vielmehr wurde die existierende Tiroler Rustikal- und Dominikalsteuer erhöht und eine besondere Schuldentilgungssteuer erhoben. Die Dominikalsteuer betraf den Ertrag der Grundgefälle von abhängigem Besitz bei den Grundherren. Diese waren vor allem Adelige, aber auch Kirchen oder Stiftungen, die von ihren Grunduntertanen Grundzinsen, Zehnten oder Scharwerksgeld erhielten.

Neu eingeführt wurde mit Verordnung vom 16. August 1808 im Zusammenhang mit den Zollreformen eine *Zugviehsteuer*, die es in Altbayern schon seit 1765 anstelle der beseitigten Mittelmaut- und Wegzollgebühren gab. Sie betrug etwa 1,25 % vom Wert des Zugtiers. Da die Einnahmen aus dieser Steuer der Verbesserung des Verkehrsnetzes dienen sollten und in Tirol in der Regel die Gemeinden für den Unterhalt ihrer Straßen und Wege aufkommen mussten, mutmaßten die Bauern, dass die Einnahmen aus der Zugviehsteuer vor allem dem Ausbau der Chausseen in Bayern nützen. Die eingezogenen Steuern wurden jetzt nicht mehr wie früher direkt in Tirol verrechnet und ausgegeben, sondern über eine Zentraloberkasse in München verteilt. So argwöhnten nun die Tiroler (wie im Übrigen auch die Steuerzahler in Altbayern), die von ihnen bezahlte Steuer würde anderen Landesteilen zugute kommen.

Doch war Tirol für Bayern eher ein Zuschussbetrieb.

Umso mehr trafen alle Maßnahmen, die dazu dienen sollten, die ungeheuren Tiroler Schulden zurückzuzahlen, auf Unverständnis, obwohl die Gläubiger nicht zuletzt auch in Tirol saßen. So wurde die Einführung einer in Bayern seit dem 17. Jahrhundert üblichen Stempeltaxe (Stempelpapier) zur Schuldentilgung als Zumutung empfunden, da man sich in Österreich schon einmal von einer Steuer dieser Art losgekauft hatte.

123

Gesundheitspolitik

Große Verdienste erwarb sich die bayerische Verwaltung im Bereich der Gesundheitspolitik, obwohl gerade hier die Abneigung der Bevölkerung gegen Neuerungen groß und vor allem emotional gesteuert war. Bekanntestes und oft zitiertes Beispiel ist der Widerstand der Tiroler gegen die Pockenschutzimpfung. Gerade sie war für die bayerische Obrigkeit eine zentrale agenda, ihre Durchführung wurde mit aller Energie, großer Schnelligkeit und vor allem mit großem Propagandaaufwand betrieben. Für kein anderes Vorhaben wurden so viele Aufrufe und Verordnungen erlassen wie für diese „Herzensangelegenheit" des bayerischen Monarchen. Die Pocken, eine der fürchterlichsten Menschheitsplagen, forderte noch um 1800 in Europa 400 000 und in Deutschland 70 000 Tote, davon allein 7500 in Kurbayern. 90% der Opfer waren Kinder. Als der englische Arzt Edward Jenner 1798 ein sicheres und ungefährliches Verfahren der Vakzination erfunden hatte, begann man in Bayern umgehend mit der freiwilligen Einimpfung. Die Eltern wurden unaufhörlich aufgefordert, die „ihrer Zärtlichkeit und sorgevollen Liebe anvertrauten Sprösslinge" impfen zu lassen. Regelmäßig wurden Ärzte, Hebammen, Polizeibehörden, Lehrer und Pfarrer daran erinnert, die Bevölkerung aufzuklären und, wie es in einer kurbayerischen Verordnung von 1801 heißt, „zum allgemeinen Besten des Vaterlandes mit vereinten Kräften und wahrem patriotischen Eifer Hand an dieses große Werk zu legen".
Man setzte früh auf die Veröffentlichung von nachahmenswerten Beispielen. So wird die an der Grenze zu Tirol bei Wildbad Kreuth gelegene Siedlung Glashütte, *welche Gegend mit Recht das baierische Sibirien genannt werden kann*, lobend erwähnt, weil deren Bewohner alle ihre Kinder haben impfen lassen, obwohl sie von Natur aus *rohe und ungebildete Menschen sind, deren Verstand eingeschränkt ist*.[49] Auch der König ging mit gutem Beispiel voran, wie im Regierungsblatt von 1806 verkündet: *Seine Königliche Majestät haben durch die Einimpfung zweyer Prinzessinnen selbst das ausgezeichnetste Beyspiel gegeben.*
In Tirol stießen diese Impfaktionen auf keine Gegenliebe. Sowohl die Geistlichen als auch die vielen Bader, denen die medizinische Versorgung anvertraut war, warnten die Bevölke-

rung vor der Pockenschutzimpfung. Bei den Tirolern galt sie nur als eine der vielen verdächtigen Neuerungen der Bayern. Wie sehr hier emotionale Vorurteile eine Rolle spielten, zeigt das Gerücht, die Bayern wollten den Tirolern unter dem Deckmantel der Pockenschutzimpfung das Luthertum einimpfen. In einem emotional gehaltenen Aufruf an die „Eltern zur Beförderung der Pockenschutzimpfung" vom 15. Oktober 1806 versuchte das Innsbrucker Generalkommissariat die Tiroler Untertanen zu gewinnen.

Da sich gerade in Tirol auf freiwilliger Ebene keine Ergebnisse erzielen ließen und nach Meinung der Regierung die meisten Eltern *aus Vorurtheil oder Indolenz* die Impfung ihrer Kinder verweigerten, wurde am 26. August 1807 in Bayern als dem ersten Land der Welt die Impfpflicht gesetzlich verankert.[50] Alle Kinder mussten in Zukunft vor Vollendung des 3. Lebensjahres geimpft sein. Bei Einschulung, Aufnahme einer Lehre, Meisterprüfung und Eheschließung musste der Impfschein vorgelegt werden. Bei Nichtbeachtung wurden Strafen verhängt. Ab 1810 waren die Pocken in Bayern und Tirol weitgehend ausgerottet, wohl einer der großartigsten Erfolge der bayerischen Medizinalreformen. Das wurde auch in Tirol anerkannt. Österreich beließ es in diesem Punkt bei den bayerischen Anordnungen.

Eine weitere für Tirol wichtige bayerische Medizinalreform war der Kampf gegen Kurpfuscher, unqualifizierte Bader und Wundärzte und deren Verdrängung durch das *Institut der Landärzte*. Schulen für Landärzte wurden im Königreich Bayern in München, Bamberg und Innsbruck durch Verordnung vom 29. Juni 1808[51] eingerichtet. Gedacht war an eine flächendeckende Versorgung der Bevölkerung zunächst durch Landärzte, dann durch akademische Ärzte. Den jahrhundertlang aufrecht erhaltenen Unterschied zwischen „echten" Ärzten, die nur für die Innere Medizin zuständig waren, und dem „niedrigen" chirurgischen Personal, den Wundärzten und Badern, wollte man aufheben. Die Durchführung dieser Medizinalreform, die in Europa ihresgleichen suchte, wurde gerade in Tirol durch die Kriegsereignisse stark behindert.

In Innsbruck wurde die Ausbildung der Landärzte bis 1814 mit nicht allzu großem Erfolg betrieben. Sie sollte *mit möglichst geringem Aufwand von Zeit und Mitteln aller Art eine beson-*

dere Klasse von Ärzten bilden, die von der Medizin, Chirurgie und Geburtshilfe ausschließlich nur dasjenige erlernet, was sich zunächst auf deren Anwendung am Krankenbette bezieht und zwar nur bei *gewöhnlich vorkommenden* Krankheiten.

Die Ausbildung selbst sollte unentgeltlich sein, wozu noch ein jährlicher Zuschuss von maximal 100 Gulden kam, den die Gemeinde, in welcher der künftige Landarzt nach dem Studium praktizieren werde, beitragen sollte. Die Landärzte unterstanden der Oberaufsicht der Landgerichtsärzte bzw. Stadtphysici. Ihnen selbst wurde die Aufsicht über die Wundärzte und Bader, *solange dergleichen noch vorhanden sind*, übertragen. Damit wurden die „niedrigen" Heilberufe stark eingeschränkt. Ab 1. Januar 1811 sollten frei werdende Badergerechtigkeiten nur mehr an Landärzte verkauft werden dürfen.

Das Land sollte nach einer Verordnung von 1809 in Distrikte zu jeweils etwa 3000 Seelen pro Landarzt eingeteilt werden, was einen Bedarf von insgesamt ca. 1200 Landärzten bedeutete. Absicht war, durch eine hinreichende Zahl von Landärzten die Wundärzte entweder zu verdrängen oder sie zu veranlassen, sich zu Landärzten auszubilden.

Da sich zu wenig Kandidaten für die Schule fanden, wurden 1812 die Aufnahmebedingungen drastisch reduziert und die späteren Arbeitsbedingungen detailliert geregelt. Die Landärzte hatten auch eine Fülle anderer Aufgaben zu bewältigen, etwa die Totenschau und gerichtliche Obduktionen; sie mussten auch genaue Geburts- und Sterbelisten führen und regelmäßig weiterleiten. Ihre „hoheitliche" Funktion war nicht unbedingt geeignet, das Vertrauen der Bevölkerung zu gewinnen. Das gelang gerade in Tirol nicht, wo sich die Leute lieber an ihre gewohnten Bader hielten, die auch billiger waren.

Insgesamt lässt sich sagen, dass gerade im medizinischen Bereich die bayerische Verwaltung Vorbildliches geleistet hat. Kaum ein Land Europas hat um diese Zeit ähnlich fortschrittliche Reformen durchgeführt und ähnlich viel Geld für eine ausreichende medizinische Versorgung ausgegeben. In Tirol ist von diesen Reformen bei der ländlichen Bevölkerung leider und gerade wegen der Kriegsereignisse von 1809 nicht viel angekommen. Mehr erfolgte im städtischen Bereich, besonders in den letzten Jahren der bayerischen Herrschaft, 1810–1814.

Königs- und Kronprinzenbesuche

König Max I. Joseph besuchte Tirol vor 1809 dreimal. Seine leutselige Art machte auf die Tiroler den besten Eindruck, konnte sie allerdings nicht von der Rechtmäßigkeit der bayerischen Besetzung überzeugen. Beliebter war in Tirol sein Sohn, Kronprinz Ludwig, dessen Zuneigung zu den Tirolern und dessen Abneigung gegen Napoleon und die Franzosen bekannt war.

Das erste Mal weilten König und Kronprinz in Tirol, als beide am 23./24. November 1807 auf der Durchreise nach Mailand in Innsbruck Halt machten. Der König blieb auch auf der Rückreise vom 6. bis zum 10. Januar 1808 in der Hauptstadt seines neu erworbenen Landes Tirol. Zu seinen Ehren fanden mehrere Veranstaltungen statt, etwa am 7. Januar ein Ball mit der Vorführung von Tiroler Volkstänzen. Bei seiner Verabschiedung am 10. Januar soll der König gesagt haben „Ich bin ganz Tiroler", was die zahlreichen Anwesenden sehr beeindruckt hätte.

Kronprinz Ludwig nahm gerne jede Gelegenheit zu öffentlichen Auftritten in Tirol wahr. Am 28. Mai 1808 legte er den Grundstein zum neuen Mautamt am Rennweg. Als späterer Generalgouverneur für den Inn- und Salzachkreis war Ludwig noch mehrmals in Tirol.

Bayerns Kronprinz Ludwig

*Staatsminister Maximilian Joseph (Graf) von Montgelas,
„Dirigent" der bayerischen Tirol-Politik*

6. Kapitel

Bayern und die Verfassung Tirols

Das erste Jahr der bayerischen Herrschaft in Tirol brachte gleichzeitig in Deutschland staatsrechtliche Umwälzungen von säkularer Bedeutung. Das Alte Reich, das mit der Kaiserkrönung Otto I. des Großen 962 seinen glanzvollen Anfang genommen hatte, sollte ruhmlos zu Ende gehen. Schon im Frieden von Preßburg war deutlich geworden, dass sich die meisten deutschen Staaten bereits vom Reich verabschiedet hatten. Im Text des Vertrags ist nirgends mehr von einem Deutschen oder Hl. Römischen Reich die Rede. Bayern war daran nicht unschuldig, auch wenn man gerne Österreich oder Preußen für das Ende des Reichs verantwortlich machte. Typisch ist insoweit der Entwurf einer Deklaration, die Ende September 1805 der bayerische Gesandte in Österreich, Gravenreuth, verfasste und die wohl als Aufklärung für die Untertanen gedacht war. Gravenreuth hielt das Reich, das gar nicht mehr beim Namen genannt wird, bereits durch die Schuld Österreichs für aufgelöst: *„Wehe und Verderben denen, die mit Verachtung des heiligen Rechtes der Völker es gewagt haben, den hochbeschworenen kaiserlichen Wahlvertrag zu verletzen und den Bund der Deutschen zu vernichten. Ihnen ist von nun an die Ehre fremd, Deutsche zu heißen ..."*[52]

Der entscheidende Schritt zum endgültigen Untergang des Alten Reichs war die Gründung des Rheinbundes unter Führung Napoleons am 12. Juli 1806 in Paris. Alle bisherigen Reichsgesetze wurden für null und nichtig erklärt, lediglich der Reichdeputationshauptschluss wurde teilweise noch aufrechterhalten. Die Trennung vom Reich musste dem Reichstag zu Regensburg bis zum 1. August 1806 angezeigt werden, was die Rheinbundstaaten auch taten. Entschuldigend wiesen die kleineren Staaten darauf hin, dass eine Trennung vom Reich schon von Seiten Preußens 1795 durch die damalige Neutralitätserklärung erfolgt sei. Ein gemeinschaftliches Vaterland und ein gemeinsames Reichsinteresse gäbe es durch diesen preußischen Verrat von

1795 nicht mehr, Begriffe wie „Reichskrieg" und „Reichsfrieden" seien bedeutungslos geworden. Wenn sich also nun die Mitglieder des Rheinbundes selbständig machen würden, so auch das Argument Bayerns, dann würde man nur dem Beispiel der mächtigen Staaten Österreich und Preußen folgen.

Diese Absage an das Reich war rechtlich fragwürdig, da das Reich prinzipiell ein ewiges und unauflösliches Gebilde darstellte; dies hatte der Westfälische Frieden bestätigt. Die Rheinbundstaaten versuchten die Auflösung in ihrer Argumentation durch eine juristische Figur zu rechtfertigen, die sogenannte *clausula rebus sic stantibus,* die es erlaubt, einen nicht kündbaren Vertrag zu kündigen, wenn sich die objektiven Voraussetzungen, unter denen er entstanden ist, entscheidend geändert haben. Wie die Rheinbundstaaten betrieb auch Bayern die Auflösung des Reichs aktiv. Eine gleichzeitige französische Erklärung zum Reichsaustritt trifft die Wirklichkeit präziser. Sie besagt, dass das Reich bereits durch den Preßburger Frieden aufgelöst worden sei, verschweigt jedoch, dass er auf Diktat Frankreichs zustande gekommen war.

Napoleon forderte nun den Kaiser ultimativ auf, bis zum 10. August 1806 die Kaiserkrone niederzulegen. Kaiser Franz II. reagierte mit einer Erklärung vom 6. August, in der er die Würde des Reichs für erloschen und die Reichsmitglieder ihrer Pflichten ledig erklärte. Was ihm blieb, war die österreichische Kaiserwürde, die er schon 1804 als Franz I. angenommen hatte.

Mit dem Ende des Reichs wurde das Königreich Bayern erstmals in seiner Geschichte ein souveräner Staat, sieht man von den vertraglichen Bindungen in der Rheinbundakte ab. Alle Lehensverhältnisse zum Reich waren erloschen und damit auch die Schutzfunktion des Kaisers für die Untertanen in Bayern und nun auch in Tirol. Das betraf vor allem die Landstände in den bayerischen Landesteilen, die sich bisher bei Streitigkeiten mit ihrem Landesherrn an den Kaiser wenden konnten. Nun stand ihre Existenz zur Disposition.

Die Tiroler Landstände

Wenn man von einer „Verfassung" Tirols in der Zeit des Preßburger Friedens spricht, so sind damit nicht eine oder mehrere Urkunden oder Freibriefe gemeint, auf die sich die einzelnen Stände des Landes – die Prälaten, der Adel, die Städte und die Gerichte – berufen konnten, sondern die tatsächlichen durch Herkommen geschaffenen Gegebenheiten der Führung des Landes und Mitregierung der Stände.[53] Hierin zeigte das Land Tirol eine Besonderheit, dass im Unterschied zu Bayern sein Staatsverständnis mit ihrer Verfassung nicht auf einer angestammten Dynastie, sondern auf seiner Verfassung mit ihrer Beteiligung der Gerichte, also auch der bäuerlichen Bevölkerung: Die Landstände in Tirol setzten sich zusammen aus den Städten und Märkten, dem Adel und den Prälaten; die Besonderheit Tirols war die Vertretung auch der Landgerichte (i. S. von Verwaltungseinheiten), d. h. der Gesamtheit ihrer Gemeinden.

Auch wenn man schon im Freiheitsbrief von 1342 Hinweise auf eine bäuerliche Vertretung erblicken will, geht die Einrichtung einer Vertretung des Bauernstandes wohl erst auf das 15. Jahrhundert zurück: Ihr Begründer war im 15. Jahrhundert Herzog Friedrich IV. (1406–1439), der „Friedel mit der leeren Tasche", den nach dem Abfall des Adels und der Geistlichkeit alleine die Bauern der Gerichte und die Städte unterstützten. Diese Treue der „minderen zwei Stände" wurde noch Ende des 18. Jahrhunderts dem Adel und der Geistlichkeit vorgehalten, als es innerhalb der Landschaft darum ging, den zögerlichen Adel zur Bezahlung seines Anteils an den Kriegskosten zu bewegen.[54]

Juristische Grundlage für die Vertretung des Bauernstandes in der Landstandschaft war seine Befreiung von der Grunduntertänigkeit. Diese wurde vor allem von den Habsburger Landesherren energisch betrieben, indem sie Freistift oder Leibrecht generell in Erbrecht umwandelten und dabei auch die Leibeigenschaft beseitigten. Damit genossen die Grundholden der Landesfürsten im Unterschied zu den Grundholden der Adeligen und der Geistlichen eine Unabhängigkeit, die mit der freier Bauern vergleichbar war. Sie konnten nicht mehr abgestiftet werden und zahlten vergleichsweise geringe Abgaben. Die Verwaltung der Gemeinden lag in der Hand der Grunduntertanen selbst. Sie wählten auch die Vertreter für den Landtag, wobei man in der Regel auf die „beweglichen" Teile der jeweiligen Gemeinde, die Kleinhändler, Marktbürger, Gemeindeschreiber oder Advokaten zurückgriff.

Um vieles schlechter war die Situation der Grunduntertanen im Hochstift Trient. Sie waren dem Freistiftsrecht unterworfen, die Selbstverwaltung der Gemeinden war stark eingeschränkt. Daher waren Untertanen aus den Trienter aber auch den Brixener Gerichten im Landtag nicht vertreten. Der vierte Stand war also keineswegs aus dem „ganzen" Land Tirol vertreten. Die Vertretung der Gerichte in der Landstandschaft war eine europäische Besonderheit, die den Tirolern auch durchaus bewusst war.

Zunächst waren in der Landstandschaft nur die wichtigsten Städte vertreten. Die Märkte gehörten zum vierten Stand und waren bei den Gerichten repräsentiert. In Bayern waren fast alle Märkte landtagsfähig und saßen gleichberechtigt mit den Städten in der 3. „Kurie". In Tirol erweiterte erst Kaiser Leopold II. die Tiroler Städtekurie: Landtagsfähig waren nun zwölf Städte und vier Märkte.

Die Versammlung aller Landtagsmitglieder, ein sogenannter „offener Landtag" bzw. Voll-Landtag, konnte nur vom Landesherrn einberufen werden. Daneben gab es große und kleine Ausschüsse und seit dem 18. Jahrhundert als feste Einrichtung die sogenannten „permanenten Aktivitäten", bestehend aus vier Personen jeder Kurie. Unter Maria Theresia und Kaiser Joseph II., die eine Abschaffung der landständischen Mitbestimmung anstrebten, wurden grundsätzlich keine großen Landtage abgehalten.

Unter Kaiser Leopold II. kam es dann 1790 erstmals wieder nach 70 Jahren zur Einberufung eines großen Landtags mit rund 500 Teilnehmern; weitere Versammlungen folgten 1796 und zuletzt im Januar 1801. Dann kam es zu einer akuten Krise, da der Kaiser bei den Verhandlungen des Landtags allzu viel Ähnlichkeiten mit der französischen Nationalversammlung festzustellen glaubte. Weitere Landtage wurden nicht mehr einberufen. Der Kaiser wollte nur noch mit einem engeren Ausschuss arbeiten. Auf diese Weise glaubte man auch, das dringend benötigte Geld für die Kriegsführung leichter beschaffen zu können. Es ging dabei vor allem um die Bezahlung der immensen Schulden, die Österreich bis zum Jahre 1801 angehäuft hatte. Die bäuerlichen Stände verwiesen jedoch auf das Landlibell von 1511, das festlegte, dass Tirol nur die „Zuzüge", also die Kriegskosten des ersten Monats, zu bezahlen habe, alles andere sei Sache des Landesherrn. Diese Weigerung der Tiroler Stände, die Kriegskosten zu bezahlen, erklärt die immense Schuldenlast von 14 Millionen Gulden, die Tirol beim Übergang an Bayern hatte.

Seit dem Ende des 18. Jahrhunderts zahlten die Tiroler Stände zwar auch in Friedenszeiten als Beitrag zu den Kriegs- und Militärkosten ein pauschales jährliches „Schutzgeld" von 70 000 Gulden. Sie ließen sich aber bestätigen, dass sie dazu nach der Landesverfassung nicht verpflichtet waren. Das Sagen hatte bis in die bayerische Zeit in der Landschaft ein fünfköpfiges Vollziehungsdirektorat unter einem Oberdirektor. Von den fünf Mitgliedern war einer aus dem Bauernstand. Die Benachteiligung des Bauernstandes bei der Steuerfestsetzung und bei der Landesverteidigung führte 1801 zu einem handfesten Streit: Im Kriegsfall hatten die Tiroler Landstände nach der Zuzugsordnung insgesamt 5000 Kriegsknechte zu stellen, davon 3200 die Städte und Gerichte, 1800 der Adel und die Prälaten. Dabei kamen die Städte und Gerichte mit ihren 3200 Mann meistens als erste zum Einsatz, wie ein Vertreter des Bauernstands beklagte, *damit der immatrikulierte Adel und Prälatenstand indessen Zeit gewinnt, das seinerseits schuldige Kontingent der übrigen 1800 Mann zu stellen oder auch gar zu Hause zu behalten, wie man es während dem ganzen verwichenen Kriege immer so anzugehen wusste. Wo waren denn damals die 15jährigen Herrn Junker von unserm Ritter- und Herrenstand ...*[55]

Nach 1805 konnten sich die Tiroler Landstände angesichts ihrer bisher geringeren Steuerverpflichtungen nur schwer mit den Steuern anfreunden, die von den Bayern erhoben wurden. Noch mussten sie prinzipiell um Bewilligung der Steuern gefragt werden, obwohl das Ende der ständischen Steuerbewilligung schon in Sicht war. Traditionell war Tirol ein Land, wo mit Steuern nicht viel zu holen war. Deswegen hatte Kaiser Joseph II. auch die Erhebung der Grundsteuer für Tirol mehr oder weniger suspendiert. In Bayern war man der Meinung, dass es die Gerechtigkeit erfordere, einheitliche Steuern einzuführen. Angesichts der dürftigen Ressourcen des Landes waren freilich zusätzliche finanzielle Belastungen Tirols, wie sie die Kriegsereignisse schon vor der bayerischen Besatzung mit sich gebracht hatten, doppelt schmerzhaft. Die bayerische Regierung wollte das Land zumindest für die im Lande stationierten Truppen zahlen lassen, darüber hinaus war Tirol mit der ungeheuren Schuldenlast von 14 Millionen Gulden an Bayern gekommen. 1806 einigten sich die Stände und die bayerische Regierung auf eine Kopfsteuer, die besonders verhasst war.

Die Aufhebung der Landschaftskassen

Das Bündnis mit Frankreich hatte Bayern in den Jahren 1805 und 1806 wegen seiner militärischen Verpflichtungen und der Schulden der übernommenen Gebiete sehr viel Geld gekostet. Der König und seine Minister hatten mit einer Gesamtschuldenlast von über 80 Millionen Gulden und daher mit dem drohenden Staatsbankrott zu kämpfen.

In einer Sitzung des Staatsrats vom 8. Juni 1807 unterrichtete Finanzminister Freiherr Wilhelm von Hompesch das Kabinett und den König über die verzweifelte finanzielle Situation des Landes.[56] Er schlug eine Steuerreform vor, die Abschaffung aller Steuerprivilegien und Neubewertung der Grundstücke, die Aufhebung aller landschaftlichen Kassen, die Erhebung aller Staatseinnahmen nur durch königliche Beamte, eine Vereinigung aller Kassen unter der Oberaufsicht des Finanzministeriums, die Errichtung von Provinzialschuldentilgungskommissionen und einer Zentralschuldentilgungskommission.

Montgelas gab zu bedenken, dass die Änderung bei der Erhebung der öffentlichen „Gefälle" und die Aufhebung aller landschaftlichen Kassen zwar zweckmäßig und gerecht seien und den Grundsätzen einer guten Staatsadministration entsprechen würden, doch sei zu erwarten, *dass solch großes Aufsehen und manche von dem Egoismus geleiteten Widersprüche herbeiführen würden. Man könne das zwar aussitzen, da aber die Landschaft durch diese Maßregeln für ihre Existenz besorgt werde, so glaube er, dass gegenwärtig schon der Zeitpunkt gekommen wo Seine königliche Majestät die Frage zu entscheiden geruhen möchten, ob künftig noch eine Landesrepräsentation bestehen solle oder nicht?*

Da der König, so meinte Montgelas weiter, gegenwärtig unbeschränkter Souverän des Königreichs Bayern sei, könne er jederzeit alle bestehenden Ständevertretungen aufheben. Auch würde, wenn ein weiser Regent wie der König oder sein Sohn die Regierung führe, die Verfassung besser ohne Repräsentation auskommen. Die sei aber für die Zukunft nicht immer garantiert. Da nun das gegenwärtige Königreich aus mehreren Provinzen zusammengefügt sei, *worunter besonders die Provinz Tyroll eine vorzügliche Aufmerksamkeit wegen der Schlußfolge, die vielleicht aus dem Preßburger Frieden auf die Garantie ihrer Verfassung gezogen werden könne und wegen der Einmischung, die das Haus Österreich noch immer in den Tyrollischen Angelegenheiten spüren läßt, verdient.*

Auf Grund dieser Bemerkung von Montgelas billigte der König, *dass eine Repräsentation des Landes auch für die Zukunft – aber nur eine vereint für das ganze Königreich – doch nach anderen festzusetzenden Grundsätzen und ohne Einmischung in die Erhebung der Steuer (oder anderen Gefällen) und Verwaltung ihrer bisherigen Cassen bestehen solle ...* Montgelas erhielt den Auftrag, mit den anderen Ministern eine entsprechende Verfassung zu entwerfen und dem König vorzulegen. Umgehend wurde eine „Verordnung über die Gleichheit der Abgaben, Steuerrektifikation und Aufhebung der besonderen landschaftlichen Kassen"[57] festgelegt, die man auf den 8. Juni datierte und die deutlich die Handschrift Utzschneiders trägt. Sie verkündet erstmals in der bayerischen Geschichte das Prinzip der Steuergleichheit und klingt in ihren Einleitungssätzen höchst revolutionär: *Was den Grundsatz der allgemeinen Teilnahme an den Staatslasten betrifft, so ist derselbe so gerecht, so sehr in dem Wesen des Staatsverbands gegründet, fließt so evident aus der Verbindlichkeit eines jeden Staatsbürgers, die ihm der gemeinschaftliche Genuß seiner persönlichen Sicherheit und des öffentlichen Schutzes seines Eigentums mit den übrigen Staatsbürgern auferlegt ... Wir verordnen demnach und wollen, dass in Zukunft jedes Grundvermögen, ohne Unterschied, es mag bisher befreit gewesen sein oder nicht und zu unsern eigenen Domänen oder zu jedem anderen Eigentume gehören, seinen verhältnismäßigen Anteil an der Grundvermögenssteuer tragen soll ...*

Die Steuerrektifikation wurde mit einer Verordnung vom 27. Januar 1808 in die Wege geleitet. Alle diese Beschlüsse betrafen – wie Tirol – auch die übrigen bayerischen Landesteile.

Die Aufhebung der Landstände

Nachdem schon mit der Verordnung vom 8. Juni 1807 die Landschaftskassen aufgehoben worden waren, zog man nun im Frühjahr 1808 den Schlussstrich mit der Aufhebung der Landstände, bzw. dessen, was von ihnen noch übrig geblieben war, durch die *Konstitution vom 1. Mai 1808*[58] und das Aufhebungsedikt vom gleichen Tag.[59] Die entscheidenden Passagen der Konstitution lauteten: *Alle besonderen Verfassungen, Privilegien, Erbämter und landschaftlichen Korporationen der einzelnen Provinzen sind aufgehoben. Das ganze Königreich wird durch eine Nationalrepräsentation vertreten ...* Parallel dazu erging eine Verordnung über die Auflösung der landschaftlichen Korporationen[60], die am 16. Mai den im Landhaus versammelten Ständevertretern und dem Landeshauptmann vom Generallandeskommissar verlesen wurde.

Wir Maximilian Joseph
von Gottes Gnaden König von Baiern
haben für zweckmäßig gefunden, Unserem Reiche eine neue, allgemein gleiche Konstitution zu geben, und statt der bisher nur in einigen Provinzen bestandenen besonderen landschaftlichen Verfassungen eine allgemeine Repräsentation einzuführen.
Als Folge dieses Beschlusses werden alle bisherigen landschaftlichen Korporationen aufgehoben, und werden hierdurch als aufgehoben erklärt.
In weiterer Folge desselben wird die bisherige Versammlung der landschaftlichen Deputierten hiermit gänzlich aufgelöset, und diese aller ihrer von der ehemaligen Landschaft überkommenen Funktionen entlediget.
Da aber die gedachten Deputierten, so wie ihre Komittenten[61] in der Eigenschaft als begüterte Eigenthümer in Unserm Reiche auch an der neuen Repräsentation einen eben so ehrenvollen Antheil zu nehmen befugt sind, so vertrauen Wir auf dieselbe, dass sie auch fernerhin die nämliche ausgezeichnete Treue und Anhänglichkeit an ihren König und ihr Vaterland bethätigen werden, welche ihre Vorfahren seit Jahrhunderten und sie selbst Unseren Regierungs-Vorfahren und Uns bewiesen haben.
Indem Wir diesen Unsern allerhöchsten Entschluß durch das Regierungsblatt zur allgemeinen Kenntniß bringen, den landschaftlichen Deputierten aber

> durch Unsere General-Landes-Kommissäre insbesondere eröffnen lassen, fügen Wir den Befehl bei, gedachten General-Landes-Kommissären alle landschaftlichen Archive, Registraturen und Gebäude auf der Stelle zu übergeben, und das Protokoll über den Akten des Vollzugs mit zu unterzeichnen.

In Tirol ging damit eine vierhundertjährige Tradition zu Ende. Auch die in Bozen ansässige sogenannte „Südliche Aktivität" wurde ausdrücklich aufgelöst. Die Archive und Registraturen wurden versiegelt. Die Angestellten der Landschaft wurden in bayerische Dienste übernommen. Mit Bescheid vom 4. August 1808 pensionierte man alle Mitglieder der „Aktivitäten". Die höchste Pension erhielt Landeshauptmann Paris Graf von Wolkenstein mit 4836 Gulden.

Zentraler Beweggrund für die Abschaffung der Landstände, die nach Ansicht eines Montgelas wegen ihrer Nörgelei und ihres zusätzlichen Verwaltungsapparates die zügige Steuereinziehung nur behinderten, war die beabsichtigte Erhöhung der Staatseinnahmen aus der Grundsteuer, der damals wichtigsten Steuer. In Zukunft sollten Steuern nur noch durch eine eigene Behörde vereinnahmt werden, die von der sonstigen Verwaltung getrennt wurde. Dies geschah vor allem durch die Errichtung von Kreisfinanzdirektionen am 8. August 1808. Die zukünftigen Steuern sollten nach der fast revolutionären Aussage der Konstitution vom 1. Mai 1808 nach einem gleichen System im ganzen Königreich erhoben werden, wobei der Adel alle Privilegien verlor: Er wurde nun mit „den übrigen Staatsbürgern ganz gleich behandelt". Zur Beruhigung der misstrauischen Untertanen legte man in der Konstitution fest, dass die Grundsteuer den fünften Teil der Einkünfte nicht übersteigen dürfe. Montgelas und seine Mitarbeiter, vor allem der bis 1809 regierende Finanzminister Hompesch, verfolgten das Prinzip der staatlichen Einnahmeerhöhung durch Steuergerechtigkeit.

Von großer Bedeutung war es auch, dass man 1808 begann, die Zollverwaltung zu zentralisieren und Binnenzölle und sonstige verkehrsbehindernde Abgaben mit ihren zahlreichen Maut- und Zollstationen, sowie Wege- und Brückengeldeinnahmestellen aufzuheben. Zollstationen wurden nun an die Landesgrenze verlegt, wo sie bis vor kurzem geblieben sind. Von diesen Maßnahmen profitierte besonders Tirol.

Bayern und der Tiroler Adel

Im Unterschied zu Altbayern spielte der Adel in der Grafschaft Tirol eine nicht unbedeutende politische Rolle. Er machte fast 0,5 % der Bevölkerung aus, in Altbayern waren das etwa 0,03 %. Freilich bestand der Tiroler Adel in der Regel aus Klein- oder Beamtenadel ohne bedeutenden Grundbesitz. Lediglich im Trientiner Gebiet und um Bozen saßen wirtschaftlich einflussreiche Adelsfamilien mit größeren Gütern.

Die Mitbestimmung des Adels innerhalb der Tiroler Landstände richtete sich nach der Eintragung in die Adelsmatrikel, die unabhängig vom jeweiligen Grundbesitz erfolgte. Die Abschaffung dieser Adelmatrikel[62] wurde 1801 von den Vertretern der Gerichte gefordert: *Was ist eine so beschaffene Matrikel anders, als eine von dem schwindsüchtigen Hochmut mit der verdorbendsten Oligarchie erzeugte Mißgeburt, die demnach den Bürger- und Bauernstand nur über die Achsel ansehen und höchstens noch als Geschwistrige von einer standeswidrigen schlechtern Mutter gelten lassen will? Wie konnte man doch eine Matrikel dieser Art so lange dulden, die gleichsam einen Staat im Staate bildet, bei Aufnahme der übrigen Stände überall mitstimmt, über Gesuche um ihre Mitgenossenschaft aber sich die Aufnahme ausschließlich allein anmaßet und sich sogar von den übrigen Ständen die Taxen zahlen lässt ... ja sich gleichsam für die politische Kadettenakademie von Tirol angesehen wissen will, aus der alle landschaftlichen Bedienstungen besetzt werden sollten ... was ist wohl dem Landesfürsten und dem Lande mit manchem Patrizier geholfen, der sein Prädikat im Monde und hienieden sonst nichts hat, als – Schulden.*[63]

Eine solch kritische Haltung deckte sich mit der Adelspolitik eines Montgelas, der in der Konstitution vom 1. Mai 1808 festlegte, dass der Adel keine weiteren Vorrechte mehr habe als diejenigen, die sich aus seinem Grundbesitz und seiner Steuerleistung ergeben würden. Im Hinblick auf die Staatslasten wurde er den übrigen Staatsbürgern gleichgestellt. Auch wurde nun ein „ausschließliches Recht" des Adels auf „Staatsämter, Staatswürden, Staatspfründen" verneint. Zur näheren Durchführung und Ergänzung dieser programmatischen Leitsätze erging am 28. Juli 1808 ein *Edikt über den Adel im Königreich Bayern*.[64] Im

Mittelpunkt standen Bestimmungen über die Errichtung einer Adelsmatrikel. Sämtliche Adelige des Königreichs mussten sich in eine besondere Matrikel eintragen und dabei innerhalb einer bestimmten Frist ihre Adelsberechtigung nachweisen, ihr Familienwappen angeben und sämtliche Familienmitglieder benennen. Wer die Eintragung versäumte, galt nicht mehr als adelig. Zuständig für die Führung der Adelsmatrikel war das Ministerium der Auswärtigen Angelegenheiten in München. Dort wurde am 1. November 1808 eine eigene Sektion gebildet, das sogenannte „Reichsheroldenamt", dem der praktische Vollzug des Adelsedikts oblag.

Im Unterschied zur Tiroler Adelsmatrikel, die eine rein ständische Einrichtung war, stellten die bayerischen Adelsmatrikel und das bayerische Reichsheroldenamt eine staatliche Einrichtung dar, die teilweise sehr kritisch mit den Anmeldungen umging. Viele Anmeldungen unterblieben. Das mit Abstand größte Kontingent aller Antragssteller aus den neuerworbenen Gebieten Bayerns kam aus Tirol.[65] Unter den landständischen gräflichen Geschlechtern, die sich eintragen ließen, finden sich u. a. die Enzensberg, Khuen von Belasi, Künigl zu Ehrenburg, Lodron-Laterano, Spaur, Tannenberg, Trapp, Welsberg, Wolkenstein ... Viele dieser Geschlechter waren teilweise auch in Bayern ansässig oder mit dem bayerischen Adel verwandt oder hatten auf bayerischen Bischofstühlen gesessen. Die bayerische Linie der Lodron war beispielsweise seit 1632 in Bayern ansässig und erlosch erst 1898. Auch der in Welschtirol lebende Adel, etwa die Grafen Capoloni, Maoscardini und d'Onigo, bemühten sich um die Eintragung. Sie führten ihren Schriftwechsel mit München in Italienisch. Auch diejenigen Familien, die außerhalb Tirols lebten, die aber dort Grundbesitz hatten, mussten sich eintragen, wie etwa die in Wien lebenden Fürsten Auersperg für ihre Herrschaften Steinach, Matrei am Brenner oder Sprechenstein bei Sterzing.

Die Tiroler Wehrverfassung

Die bis 1809 gültige Tiroler Wehrverfassung[70] beruhte auf dem sogenannten *Landlibell Kaiser Maximilians I.* vom Jahr 1511, wonach ein „Aufgebot" nur zur Verteidigung des Landes Tirol herangezogen werden dürfe. Ein Dienst außerhalb der Grenzen Tirols war ausgeschlossen. Je nach Bedarf wurde das sogenannte „Aufgebot", bzw. der „Zuzug" auf 5000, 10 000, 15 000 oder 20 000 Mann festgelegt. Von der Grundeinheit der 5000 Steuer- und Kriegsknechte mussten die Städte und Märkte sowie die Landgerichte 3200 Mann stellen, die restlichen 1800 hatten der Adel und die Prälaten aufzubringen. Tirol war in „Viertel" mit jeweils mehreren Gerichten eingeteilt, die jeweils einzeln zum Einsatz aufgerufen werden konnten. Bei einem plötzlichen Überfall waren alle wehrfähigen Personen der unmittelbar bedrohten Landgerichte und Städte, der sogenannte „Sturm", verpflichtet, sich auf das Signal der Sturmglocken hin zur Verteidigung einzufinden.

Dieses Landlibell bildete drei Jahrhunderte lang die Basis der Tiroler Wehrverfassung. Zur näheren Regelung der Musterungen, des Exerzierens und des Zuzugs wurden mehrere Ordnungen erlassen, etwa 1605 oder 1704. Für den „Zuzug", den man seit 1636 „Landmiliz" nannte, wurden Musterlisten (Rollen) der wehrfähigen Männer angelegt. Die dort verzeichneten zuzugspflichtigen Bürger und Bauern wurden von Fall zu Fall an Sonntagen zu Musterungen und Wehrübungen zusammengerufen. Daneben bestand immer noch der Sturm, seit 1704 der „Landsturm", als spontane Eingriffstruppe.

Daneben entwickelte sich in den Städten und Landgemeinden auf genossenschaftlicher Basis ein *reiches Schützenwesen.* Seit dem Mittelalter finden sich zunächst in den großen Städten, dann auch in den Märkten und Gerichten Gesellschaften der Armbrustschützen (Stachelschützen), später der Büchsen- oder der Feuerschützen, sowie der Scharf- und Scheibenschützen mit Schützenmeistern und eigenen Satzungen, mit eigenen Zielstätten, den Schützenhäusern vor den Stadtmauern. Seit der Mitte des 17. Jahrhunderts wurden sie von den Landesfürsten gezielt als Kampftruppe eingesetzt. Beim „Bayerischen Rummel" 1703 haben sich diese Schützengesellschaften besonders hervorgetan und wurden daher in der Wehrordnung von 1704 ausdrücklich gewürdigt. Nach dem polnischen Erbfolgekrieg 1733, wo die Schützen ebenfalls zum Einsatz kamen, erließ Kaiser Karl VI. 1738 eine Ordnung für die Tiroler Schießstände, bei der die besondere Bedeutung der Schützengesellschaften deutlich wird. 1741 wurden die Schar- und Scheibenschützen nach dem Vorbild der Landmiliz gemäß den vier Landesvierteln in vier Regimenter gegliedert. Da die Schützen genossenschaftlich organisiert waren, die Mitgliedschaft in den Kompanien auf Freiwilligkeit beruhte und die Offiziere frei gewählt wurden, waren die Schützen weit beliebter als die staatlich reglementierte Landmiliz. Jeder Tiroler, der sich einen Stutzen leisten konnte, versuchte Mitglied einer Schützengesellschaft zu werden.

Die Schützenkompanien bildeten den Kern der gesamten Miliz und wurden die eigentlichen Träger des Aufstands von 1809. Sie waren den regulären bayerischen Einheiten vor allem wegen ihrer Bewaffnung mit privaten Stutzen gefährlich. Diese gezogenen Gewehre waren zwar umständlich zu bedienen, übertrafen jedoch in der Hand eines geübten Schützen die Militärflinten an Treffgenauigkeit und vor allem an Reichweite. Die Schützenkompanien bestanden meist aus hervorragenden Schützen, wenn auch die Legenden, die sich um die Zielsicherheit der Tiroler Schützen ranken, vielfach übertrieben sind. Dreißig gefallene bayerische Offiziere in Tirol im Jahr 1809 waren sicher nicht alle Opfer von Scharfschützen, wiewohl sich diese ihre Ziele vor allem unter den Offizieren suchten.[71]

1809 stellte jede Gemeinde eine Schützenkompanie mit 100 Mann. Als Offiziere fungierten die Dorfhonoratioren (Wirt, Lehrer, Grundbesitzer, niederer Adel). Die Mitglieder der einzelnen Kompanien standen nicht das ganze Jahr im Einsatz, sondern wechselten sich ab. Auf diese Weise waren 1809 insgesamt an die 100 000 meist hochqualifizierte Tiroler Schützen am Aufstand beteiligt. Die bevölkerungsreicheren Städte stellten merkwürdigerweise keine großen Kontingente, da den meisten Bürgern die militärische Schulung fehlte und sie auch nicht in Schützenverbänden zusammengeschlossen waren. Im Unterschied zu Bayern hatte sich in Tirol die Schützentradition völlig aufs Land verlagert. Dies erklärt auch, warum Frauen, die im bäuerlichen Umfeld ein weit größeres Ansehen hatten, in die

Kämpfe von 1797 und 1809 stark eingebunden waren. Während heute bloß die Marketenderinnen bei den Schützen mitmarschieren, kümmerten sich 1809 die Frauen um die Truppenverpflegung, den Munitionsnachschub bis hin zum aufwendigen Nachladen der Stutzen. Oder sie kämpften selbst mit, wie das in zahlreichen Darstellungen zum Aufstand 1809 zu sehen ist, wobei die angebliche Grausamkeit der Tiroler Frauen in der bayerischen Propaganda hochgespielt wurde.

Österreichische Neuorganisationen und Konskriptionsversuche

Erste Eingriffe in die Verfassung der Landmiliz durch neue Wehrordnungen der österreichischen Landesregierung waren schon während der Franzosenkriege 1799, 1802, 1804 und 1805 erfolgt. Die Ausrückungszeit der Landmilizen wurde auf drei Monate festgelegt. Pflichtig war nun neben der steuerpflichtigen Bevölkerung auch die „hilfeleistende Klasse", also die Knechte und Dienstleute. Nun wurde die Exerzierpflicht verschärft, die Ausrüstung vereinheitlicht (Lange Armeegewehre) und hauptamtliche Milizoffiziere angestellt, deren Besoldung durch eine Häusersteuer gedeckt wurde. Nicht nur die neue finanzielle Belastung, sondern auch der Eifer der neuangestellten Milizoffiziere weckte wenig Begeisterung bei den Tirolern. Mit der Verordnung von 1805 wurde auch der Landsturm straffer organisiert. Die gesamte Bevölkerung vom 18. bis zum 60. Lebensjahr, soweit sie nicht schon der Landmiliz oder den Schützenkompanien eingegliedert war, sollte sich bei Alarm in Kompanien (Rotten oder Scharen) zu je 120 bis 160 Mann sammeln, selbst die Anführer wählen und sich mit allen Waffen, die zur Hand waren, ausrüsten. Der Landsturm durfte nur einige Tage (bis zum Einsatz der Landmiliz) unter Waffen stehen und nur Verpflegung, aber keinen Sold erhalten.

Als unter Maria Theresia ab 1745 der Versuch gemacht wurde, die Tiroler Wehrverfassung derjenigen der anderen Länder anzupassen, lehnten die Tiroler Landstände weitergehende Verpflichtungen energisch ab: Eine Wehrpflicht gelte für das Landesaufgebot nur im Kriegsfall, ein Militärdienst im Frieden sei dem armen Land Tirol, wo jeder Mann für die Feldarbeit gebraucht werde, nicht zumutbar. Darüber hinaus seien die Tiroler für das

Exerzieren völlig ungeeignet. Die Wiener Hofkammer vergrößerte daraufhin die Söldnertruppe des stehenden Tiroler Landregiments und wälzte die anfallenden Kosten auf die Landschaft ab.

Weniger nachgiebig war Kaiser Joseph II. Er schrieb 1786, ohne die Landstände zu fragen, eine Konskription aus und brachte damit Tirol an den Rand einer Revolution und in eine ähnliche Lage wie unter der späteren bayerischen Besatzung 1809. Zum Vollzug der Maßnahmen kam es dann nicht. Angesichts seiner außenpolitischen Engagements verzichtete der Kaiser auf innenpolitische Konfrontationen.

Die Besonderheit Tirols war, dass es als österreichisches Nebenland und dank seiner Hartnäckigkeit sein „altes Recht" von 1511 behaupten konnte, auch gegenüber vergleichsweise rücksichtslosen Landesherren wie Kaiser Joseph II.

Die bayerische Konskription von 1809

Die Bayern waren also gewarnt und haben sich daher gehütet, nach der Besetzung des Landes 1806 das bayerische Kantonsreglement vom 7. Januar 1805 in Tirol einzuführen. Zunächst versuchte man durch Armeebefehl vom 7. Mai 1807[72], ein Bataillon Jäger zu werben:

Es wird im Lande Tirol eine freie Werbung für ein Bataillon eröffnet, welches sich, ohne dem Beisatze des Namens des Kommandeurs, Tiroler-Jäger-Bataillon nennt. Dieses neue zu errichtende Bataillon besteht aus vier Kompagnien; zwei derselben, mit dem Stabe, bilden sich in Innsbruck, eine in Brixen und eine in Trient, von welchen Haupt-Stationen sodann auf den zweckdienlichsten Punkten Werb-Kommando aufgestellt werden. Das Tiroler Jäger-Bataillon entstehet aus National-Tirolern, durch freiwilliges Engagement auf sechs Jahre, gegen zwanzig Gulden Hand- und Anbring-Geld; genießt Gage und Brod, nebst den sonstigen Naturalien und Vortheilen, wie die übrige königliche Infanterie ... Die zugehende Mannschaft muss ledig, nicht unter 18 und nicht über 36 Jahre alt sein.

Die Maßnahme war nicht sehr erfolgreich. Zwar ließen sich 800 Mann werben und kassierten das Handgeld. Als aber das

Bataillon nach Augsburg marschierte, waren schon in Weilheim 300 Mann desertiert. Ohne Bedeutung war auch die Einrichtung von Bürgerwehren nach bayerischem Vorbild in Städten und Märkten, deren Präsenz eher einen symbolischen und kaum militärischen Charakter hatte.

Im Jahr 1809 wurde aber für die bayerische Regierung die Aushebung von Soldaten in Tirol zwingend notwendig. Napoleon hatte an seinen Verbündeten entsprechende Forderungen gestellt, insbesondere nachdem in Wien seit der zweiten Hälfte des Jahres 1808 die Kriegspartei am Hof die Oberhand gewann. Napoleon war überzeugt, dass ein neuer Waffengang mit Österreich bevorstand.

Im Königreich Bayern war die Wehrpflicht seit dem Kantonsreglement vom 7. Januar 1805 geltendes Recht. Es bestimmte das Rekrutierungssystem und verpflichtete jeden Bayern zum Dienst mit der Waffe. Stellvertretung und Loskauf waren grundsätzlich nicht erlaubt, doch gab es so zahlreiche Befreiungsmöglichkeiten (Adel, Patriziat, Geistlichkeit, Bürgertum, Intelligenz, Verwaltung, Handel und Gewerbe), dass von einer allgemeinen Wehrpflicht de facto nicht die Rede sein konnte. 1809 reduzierte man die Dienstzeit von 8 auf 6 Jahre. Das Eintrittsalter setzte man von 16 auf 19 Jahre herauf.

Die bayerische Konskription wurde von den Tirolern (wie drei Jahre vorher von den Bayern) nicht nur als ein empfindlicher Eingriff in die persönlich Freiheit, sondern auch als ein Bruch der Landesverfassung angesehen, die ja im Preßburger Frieden in Art. VIII gewährleistet war.

Am 2. Februar 1809 wurde den Tiroler Landgerichten die Aushebung von 1000 Soldaten mitgeteilt. Mit der Rekrutierung und der Verbringung der Tiroler Einheiten in Quartiere außerhalb Tirols hoffte die bayerische Regierung das Aufstandsrisiko zu vermindern. Das war nicht im Interesse Österreichs, das nun durch seine Agenten die wehrfähige Jugend Tirols zur Fahnenflucht ermunterte. Hier spielten vor allem Erzherzog Johann und sein Vertrauter für die tirolischen Angelegenheiten, der Tiroler Adelige, Historiker und Archivar Joseph Freiherr von Hormayr, die entscheidende Rolle, der antibayerische Propagandaschriften verfasste.

Die bayerischen Rekrutierungsversuche scheiterten auf der ganzen Linie und mussten gegen Ende März 1809 eingestellt werden, nachdem es in Axams am 13. und 14. März zu Kämpfen zwischen dem bayerischen Militär und der einheimischen Bevölkerung gekommen war. Dabei war es für diese vergleichsweise einfach, sich gegen die bayerischen Truppen durchzusetzen. In anderen Gerichten war ein militärischer Zwang von vorneherein sinnlos, weil sich fast alle der Einzuberufenden aus dem Staub gemacht hatten. Beispielsweise hatten sich aus den Dörfern des Landgerichts Innsbruck von 119 „Kandidaten" 116 in die Berge oder nach Österreich abgesetzt.

*Votivbild der Schützenkompanie von Söll
in der Wallfahrtskapelle Stampfanger; um 1800*

7. Kapitel

Bayern und das „Heilige Land Tirol"

In der Reformationszeit hat auch Tirol wie andere österreichische Länder erhebliche Krisen durchgemacht. Im Unterschied zum Herzogtum Bayern konnte in Tirol die Reformation in weiten Kreisen Fuß fassen. Die Lehren Luthers fanden besonders bei den Knappen in den Bergwerksorten, etwa Sterzing, Hall, Schwaz und Brixlegg ein offenes Ohr. Auch kam es in Tirol in den Krisenjahren um 1525 zu Bauernaufständen. Besonders stark war in Tirol auch die Wiedertäuferbewegung. Nach der gewaltsamen Unterdrückung von Luthertum und Wiedertäufertum durch Kaiser Ferdinand I. konnte dessen in Tirol regierender Sohn Erzherzog Ferdinand (1564–1595), der mit der Augsburger Patrizierin Philippine Welser verheiratet war, mit Hilfe der Jesuiten zur Rekatholisierung schreiten. Sein Hofprediger war der Jesuit Petrus Canisius, Verfasser des wichtigsten Katechismus der Gegenreformation. Er hat auch in Bayern gewirkt und sich dort um die Universität Ingolstadt große Verdienste erworben. In Ingolstadt haben bis zur Gründung der Universität Innsbruck, im Jahr 1669, sehr viele Tiroler Theologen studiert.

Die religiöse Erneuerung in der Gegenreformation zeigte sich in der Gründung neuer Klöster durch neue Orden; in Tirol und Bayern dominierten dabei die Kapuziner. Bezeichnend für die Intensivierung des Glaubens war vor allem die Zunahme der Wallfahrten. Sie waren immer grenzüberschreitend. So war die Wallfahrt zur Hl. Notburga in Eben am Achensee auch für bayerische Pilger von Bedeutung. Zum „heiligen Land Tirol" wurde das Land im Gebirge freilich erst im 18. Jahrhundert. Vor allem waren es die von den Jesuiten durchgeführten Volksmissionen – vielfach gegen den Widerstand des Pfarrklerus –, die zu einem tiefen sittlich-religiösen Wandel im Volk führten, wobei offenbar die weit verbreitete Unwissenheit in Glaubensfragen erst eindrucksvolle Bekehrungserlebnisse ermöglichte. Stark betont wurden die Marienverehrung und das Rosenkranzgebet. Die

Jesuiten setzten sich für die Marianischen Kongregationen, für Bruderschaften und vor allem für die „Herz-Jesu-Verehrung" ein. Obwohl der Orden 1773 aufgehoben wurde, prägte er durch seine Volksmissionen nachhaltig die Tiroler Mentalität. Ihre Auswirkungen bekamen noch die Franzosen und Bayern zu spüren. Als im Jahre 1796 im ersten Koalitionskrieg nach den Erfolgen Napoleons in Oberitalien eine französische Invasion drohte, erörterten die Tiroler Stände in Innsbruck Auswege aus der fast hoffnungslosen Situation. Am 1. Juni 1796 gelobten sie, im Falle der Rettung jährlich das Herz-Jesu-Fest feierlich zu begehen. Tatsächlich gelang es, in Spinges am 2. April 1797 die Franzosen unter heroischem Einsatz aller Bewohner zurückzutreiben.

Auf diesem Hintergrund lassen sich die Ereignisse während der bayerischen Besetzung, vor allem aber der stark religiös orientierte Widerstand der Tiroler verstehen. Vielfach wird bis heute die bayerische Kirchenpolitik in Tirol als Hauptursache für den Volksaufstand gesehen. Diese Sichtweise stützt sich nicht zuletzt auf die zahlreiche Beteiligung von Geistlichen. Der Kapuzinerpater Joachim Haspinger, der sogar als Truppenführer auftrat, ist allerdings eine Ausnahmeerscheinung. Berühmt ist der Bericht Marschall Lefebvres vom 12. August 1809, in dem er Napoleon als Entschuldigung für seine Niederlage die ungewohnte Rolle der Geistlichen und den Religionskriegscharakter des Aufstands schildert: *Es sei gesagt, dass ich meinen ersten Rückzug im Leben vor rasenden Bauern antreten musste ... Diese Wilden stiegen mit lautem Geschrei ins Inntal herunter, das Kruzifix an der Spitze, mit ihren Priestern, rasend wie Tiger.*

Eigentlich war das Vorgehen der bayerischen Behörden im Wesentlichen eine Fortsetzung der Kirchenpolitik Kaisers Josephs II., freilich mit schärferen Mitteln. Schon er hatte in seiner *Gottesdienstordnung* Prozessionen, Bittgänge, das Schmücken von Heiligenbildern, die zahlreichen Andachten und den übermäßigen Kerzengebrauch sowie das Wetterläuten verboten. Dass die Tiroler Beamten nach den ersten massiven Widerständen damals auf die Durchsetzung dieser Bestimmungen verzichteten, hat dann 20 Jahre später unter der bayerischen Herrschaft sicher den Widerstand der Tiroler Geistlichkeit und der Untertanen beflügelt. Man hatte erfahren, dass gewalttätiger Widerstand gegen Behördeneingriffe durchaus erfolgversprechend sein konnte.

Auch in anderen Bereichen hatte Kaiser Joseph II. der bayerischen Religionspolitik schon vorgegriffen. Durch eine sogenannte „Pfarr-Regulierung" sollte das Land mit „Seelsorgestationen" überzogen werden, von denen aus staatlich überwachte und in einem staatlichen Generalseminar ausgebildete Pfarrer den Geist der Aufklärung verbreiten sollten. Dabei war auch eine Mehrung der Pfarreien angedacht, da durch die Aufhebung der beschaulichen Orden, die ja nicht in der Schule oder Krankenpflege tätig waren, vor allem der Franziskaner, ein zusätzlicher Seelsorgebedarf entstanden war. Diese Klosteraufhebungen erregten die Bevölkerung. Noch größeren Widerstand setzte man dem von Joseph II. verkündeten Toleranzpatent entgegen. Während der Kaiser hoffte, dadurch Protestanten ins Land zu locken und die Wirtschaft zu fördern, befürchtete die Bevölkerung die Ausbreitung von ketzerischen Irrlehren. Die Geistlichen fürchteten um ihren Einfluss. Einer ähnlichen Situation sah sich die bayerische Regierung in den Jahren seit 1806 gegenüber, da man sie pauschal der Ketzerei verdächtigte.

Die meisten Maßnahmen der josephinischen Kirchenpolitik kamen in Tirol über ihre Anfänge nicht hinaus. So war auf kirchlichem Gebiet Handlungsbedarf, als die bayerische Verwaltung die Sache allzu energisch in die Hand nahm. Die österreichische Verwaltung hatte durch ihre heilsame Nachlässigkeit vieles gemildert und manches schleifen lassen, was jetzt die bayerische Verwaltung durchzusetzen bestrebt war. Die seit 1807 massiv betriebenen Verhaftungen und Deportierungen von Priestern, die Landesverweisung von Bischöfen und die Vertreibung der geliebten Bettelmönche ließen beim einfachen Volk die Vorstellung von einer neuen Christenverfolgung entstehen. Das Verbot von Kreuzwegen, Prozessionen, Wallfahrten, Wettersegen und Wetterläuten empfand man als unmittelbaren Angriff auf Eigentum und Gesundheit, da man sich den bösen Geistern schutzlos ausgesetzt fühlte.

Den pflichteifrigen Beamten und der Regierung in München muss man freilich zugute halten, dass sie nicht unbedingt eine gewalttätige Aufklärung dumpfer Seelen betreiben wollten. Ihr Kreuzzug gegen die vielen Feiertage und kirchlichen Bräuche war, wie schon bei Kaiser Joseph II., nicht zuletzt wirtschaftlich motiviert. Die bayerische Regierung betrachtete die vielen zeitraubenden Wallfahrten und die vielen sogenannten niederen Bauernfeiertage als Hemmfaktor für die wirtschaftliche Entwicklung und weniger als eine zu bekämpfende oder schädliche Ideologie. Mit den aufgehobenen Feiertagen ging es vor allem auch darum, die Arbeitskraft der Untertanen besser zu nutzen. Die Arbeitszeit sollte verlängert und so der Wohlstand gehoben werden, eine Argumentation, der viele Großbauern und Arbeitgeber zustimmten, nicht aber die Mehrheit der Bevölkerung.

Dass dabei die Geistlichen und vor allem die Bettelorden den meisten Widerstand leisten würden, war der bayerischen Regierung klar. Schon im April 1806 warnte Carl Graf Arco die Franziskaner und Kapuziner vor regierungsfeindlichen Äußerungen. Sie sollten darauf achten, *dass dem Volke die schuldige Achtung und Liebe für den König eingeflößt werde.*[66]

Seine ihm durch die Instruktion vom Januar 1806 auferlegte Zurückhaltung in Religionsangelegenheiten gab Arco in Übereinstimmung mit der Münchner Regierung Ende des Jahres 1806 auf. Eine erste Kostprobe des Kommenden war das sieben Tage vor Weihnachten, am 17. Dezember 1806, angeordnete Verbot der Christmette. Dabei störte die bayerische Regierung weniger der Gottesdienst als solcher, der auf den Morgen des Christtags verlegt wurde. Das Verbot der Christmette diente vielmehr dazu, *einer guten öffentlichen Ruhe und Ordnung wegen der ohnehin in diesem Lande Tirol so zahlreichen Nachtschwärmerei besonders in der Christnacht Einhalt zu gebieten, wo das Volk von allen Seiten in der Winternacht herbeischwärmt.*[67]

Nicht alle Pfarrer beachteten das Verbot. Sie wurden nach Meran vor den Generallandeskommissar Arco zitiert und für den Fall zukünftigen Ungehorsams mit der Absetzung bedroht. Im Laufe des Jahres 1807 folgten weitere Anordnungen: Das Kirchengebet für das bayerische Königspaar wurde im Wortlaut vorgeschrieben. Kirchenverschönerungen und alle Baumaßnahmen mussten in Zukunft genehmigt werden. Für das ewige Licht vor dem Sakramentsaltar stand nur mehr eine begrenzte Ölmenge zur Verfügung und die Vesper durfte nicht mehr mit Instrumentalmusik gehalten werden. Zu Ostern und Pfingsten mussten die Prediger von der tätigen Nächstenliebe sprechen und Predigten durften höchstens eine halbe Stunde dauern. Das Rosenkranzgebet wurde als öffentliche Andacht strikt verboten. Die Heiligen

Gräber mussten auf die Aufstellung des Sanktissimum am Seitenaltar beschränkt werden. Mit dem Verbot von Prozessionen und Wallfahrten verhindert man die oft einzigen Kommunikationsmöglichkeiten ganzer Talschaften.

Alle diese Maßnahmen wurden in Gottesdienstordnungen und zahlreichen Mandaten gesetzlich fixiert, die in der Regel auch für das übrige katholische Bayern galten. So war etwa die Ordnung über das Glockenläuten im Wesentlichen schon in Bayern 1800 erlassen worden und wurde dann durch Verordnung vom 14. Februar 1807 erweitert und auf die neuen Landesteile ausgedehnt.[68] Besonders empfindlich reagierte man in Tirol auf die einschlägige Bestimmung über das Läuten der Sterbeglocken: *Die Zügen-Glocke solle gar nicht mehr geläutet werden; die Sterbeglocke hingegen nur auf Begehren der Familie des Sterbenden und niemals länger als drei Minuten. Die Ortspolizei kann das Geläute für Sterbende oder Verstorbene – wenn sie es für schädlich hält, z. b. bei epidemischen Krankheiten – auf unbestimmte Zeiten ganz verbieten.* Unter der „Zügenglocke" verstand man das Läuten für einen Sterbenden, der in den „letzten Zügen" lag. Üblich in Tirol und Bayern war auch die nun abgeschaffte sogenannte *Himmelglocke*, die am Todestag zwischen 12 und 13 Uhr geläutet wurde. In abgelegenen Gegenden wurden solche Anordnungen nicht beachtet. In den Talgemeinden wurde die Obrigkeit eher auf den Ungehorsam der Bewohner aufmerksam, insbesondere bei Wallfahrten und Bittprozessionen.

Die Pfarrer waren im Unterschied zu ihren Gemeinden einsichtiger. Kaplan Josef Daney aus Schlanders schildert die Situation, in der sich ein großer Teil des Klerus damals befand:
Da wir sahen, dass die bayerische Gottesdienstordnung nichts Wesentliches an der Kirche änderte, ja manches zweckmäßiger machte, so befolgten wir sie genau. Aber wir machten uns beim Volk, welches so zäh an seinen Gebräuchen festhält, damit verdächtig, ja fast verächtlich. Wir bekamen Schimpf und Spott, als wir die Heiligen Gräber nicht errichteten und die Auferstehungsfeier auf den Ostersonntag verlegten. Man werfe uns nicht vor, wir hätten das Volk belehren sollen. Das wäre beim Gebirgsvolk ganz vergebens gewesen. Wir hatten schon genug zu tun, das Volk in Ruhe zu erhalten ... je mehr wir redeten, umsomehr verloren wir das Vertrauen. Durch solche Verbote werden

weder die Sitten auf dem Lande verbessert, noch werden die Finanzen für Staat und Kirche vermehrt. In München werden solche Gebräuche geduldet, wie es unsere Landsleute, die mit Obst dort handelten, selbst erzählten, nur in Tirol nicht: So räsonierte man auf allen Gassen. Selbst Gott Vater schien mit uns Priestern seinen Spaß zu treiben. Es gab selten schwerere Hochgewitter und richteten die Wildbäche solche Verwüstungen an wie gerade zu dieser Zeit, wo das Wetterläuten verboten war. Bei solchem Schaden wurde dann uns Priestern vom Bauern die Schuld gegeben, weil wir nicht läuten ließen. Vorurteile lassen sich nicht plötzlich vertilgen. Wenn man sich an den Gebräuchen des Volkes vergreift, so greift man ihm ins Auge.

Mehr Mühe als mit dem Pfarrklerus hatte die bayerische Regierung mit den oft sehr groben Bettelmönchen, vor allem den Kapuzinern. Diese waren in der Regel näher am Volk als die Pfarrer und teilten auch weitgehend dessen Einstellungen. Vielfach betreuten sie gerade die abgelegenen Dörfer. Darüber hinaus waren ihre Exorzismen und Segnungen beim einfachen Volk gefragt. Man holte sie in allen Problemfällen des Lebens. Es waren dann auch die Kapuziner, die, nicht zuletzt aus sehr eigennützigen Gründen, die Aufständischen ermunterten, ja zum Aufstand anstifteten. Die bayerische Regierung erkannte die Gefahr. Unter dem Vorwand der Aufwiegelung des Volkes wurde schon 1808 mit aller Schärfe gegen die Kapuziner vorgegangen. Nachdem ihre Aufhebung im Churer Sprengel beschlossen worden war, stürmte am 16. August 1808 Kreisdirektor Hofstetten mit einem bayerischen Bataillon unter Oberstleutnant Friedrich von Bernklaus mitten in der Nacht das Kapuzinerkloster Meran, lud alle Patres auf Wagen und ließ sie in andere Klöster bringen. Das übertriebene Vorgehen des eifrigen Hofstetten zeigt, welchen Respekt man von bayerischer Seite vor den Kapuzinern hatte. Dieser Überfall war eines der merkwürdigen Stückchen, die der am 10. Dezember 1807 zum „Spezialkommissar für geistliche Angelegenheiten über die Landgerichte Bozen, Meran, Fürstenberg, Klausen und Brixen" ernannte Hofstetten lieferte und die ihn zu einem der am meisten gehassten bayerischen Beamten in Tirol machten. Hofstetten soll angeblich mit dem Hut am Kopf und der Tabakpfeife im Mund in die Kirchen gegangen sein. Man sagte ihm nach, bei den Versteigerungen kirchlichen Geräts vorsätzlich die Kelche verunreinigt und den Juden Messgewänder umgehängt zu haben. Am 26. Dezember 1807 wollte er in Meran vormittags in einem Wirtshaus eine große Huldigungszeremonie der Pfarrgeistlichkeit veranstalten. Doch unterschrieben von den 23 zitierten Pfarrern nur zwei unter Zwang und Protest die von Hofstetten gewünschte Unterwürfigkeitserklärung an den bayerischen König. Der erboste Hofstetten schikanierte daraufhin die opponierenden Pfarrer mit Versetzungen oder Deportation.

Den Widerstand der Bischöfe von Brixen, Trient und Chur weckten jene Maßnahmen der bayerischen Regierung, die direkte finanzielle Auswirkungen hatten, indem sie nämlich die Verleihung der Pfründen und die Besetzung der Pfarrstellen an sich zog. Wesentlich kompromissloser als die vormalige österreichische Regierung bestand die bayerische in den säkularisierten Hochstiften Trient und Brixen auf dem Patronatsrecht an allen bisherigen hochstiftischen Benefizien. Den Bischöfen wurde nur noch eine unbedeutende Mitbestimmung eingeräumt.

Auch die Regelungen über die Ausbildung des Klerus, besonders die Bestimmung, dass nur zu den höheren Weihen zugelassen werde, wer an einer Staatsuniversität die Prüfungen abgelegt habe, stieß bei den Bischöfen auf scharfe Proteste. Sie wandten sich an den Papst, dessen Breve vom 1. August 1807 die entsprechenden bayerischen Verordnungen verwarf. Vorausgegangen waren, nicht zuletzt auf österreichische Intervention hin, gescheiterte Konkordatsverhandlungen zwischen dem Heiligen Stuhl und Bayern. Im Übrigen zog Österreich in den Tiroler Kirchenangelegenheiten im Hintergrund die Fäden, da man an einer Verschärfung des Kirchenkonflikts in Tirol sehr interessiert war.

Führer des bischöflichen Widerstands war der Churer Bischof Karl Rudolf Freiherr von Buol-Schauenstein (1794–1833), der wegen der kritischen politischen Lage Graubündens in Meran residierte, aber als „ausländischer" Bischof mehr Möglichkeiten zur Opposition als seine Kollegen in Brixen und Trient hatte. So entwickelte sich vor allem der Tiroler Anteil an der Diözese Chur zum Brennpunkt des Kirchenkonflikts.

Bischof Buol-Schauenstein war für den Spezialkommissar Hofstetten der böse Geist des gesamten Tiroler Kirchenwesens. Buol und sein Trienter Amtskollege wurden zur Klärung angeblicher Streitfragen nach Innsbruck geladen. Von dort wurden sie am

24. Oktober 1807 mit Eskorte ausgewiesen. Buol-Schauenstein wurde an die Graubündner Grenze gebracht und zog sich nach Chur zurück. Bischof Thun von Trient wurde ins Salzburgische abgeschoben. Der Brixener Bischof Graf Lodron war um diese Zeit krank und wurde in Ruhe gelassen. Die Ausweisungen erfolgten so blitzartig und lautlos, dass es zu keinen Unruhen kam. Während Bischof Thun durch Anerkennung des von Bayern ernannten Generalvikars Franz Graf Spaur ein Schisma verhinderte, ernannte Bischof Buol eigene Provikare und agitierte mit allen Mitteln von Graubünden aus gegen die bayerische Verwaltung. Diese reagierte mit der Verhaftung zahlreicher bischofstreuer Priester besonders im Umkreis von Meran und deren Deportierung. Damit verbunden war die Einsetzung zahlreicher aus Bayern berufener Priester, die im Volk als Ketzer galten.

Im September 1807 wurde mit der Aufhebung der sieben ständischen Klöster begonnen und damit der Prälatenstand der Tiroler Landschaft beseitigt, ein erster Eingriff in die garantierte Landesverfassung. Die Prälaten und die Konventualen wurden pensioniert, das Vermögen eingezogen. Mit dem Chorherrenstift St. Michael an der Etsch (Welschmichel, San Michele) machte man den Anfang, dann folgten die Prämonstratenser von Wilten (Wiltau), die Augustinerchorherren von Neustift, die Zisterzienser von Stams und Gries, sowie die Benediktiner von Marienberg und Georgenberg-Fiecht. Wie schon 1802/03 in Altbayern, wurden die Kunstschätze, Archive und Bibliotheken zerstreut. Die Bibliothek von Neustift wanderte beispielsweise in die Universität Innsbruck, von wo sie erst nach 1919 wieder zurückkam. Der berühmte Kirchenväteraltar des Michael Pacher wurde 1809 nach München gebracht, wo er heute in der Alten Pinakothek zu sehen ist. Für die Klosteruntertanen und die Armen waren diese Säkularisationen verhängnisvoll, da jetzt die Klöster als preiswerte Kreditgeber wie auch als Almosenspender ausfielen.

Am 20. November 1807 rechtfertigte der bayerische Generallandeskommissar Carl Graf Arco in einem öffentlichen Aufruf die kirchlichen Maßnahmen der bayerischen Regierung. Er ging dabei besonders auf die von den bayerischen Stellen veranlasste Absetzung von Pfarrern ein. Die Pfarrer seien nicht nur Seelsorger, sondern auch Lehrer und Ratgeber des Volkes. Daher könne es dem Landesherrn nicht gleichgültig sein, ob diese Pfarrer würdig oder unwürdig seien. Der Verkauf der Klostergüter, den man als „Kirchenraub" denunziere, sei falsch dargestellt, vielmehr werde der Erlös dieser Verkäufe Kirchen, Schulanstalten und Seelsorgern zur Verfügung gestellt. Zu diesem Zweck sei zu allen Zeiten Säkularisation von Kirchengütern erlaubt gewesen.

Eine gewisse Bereinigung der kirchlichen Verhältnisse wurde durch ein päpstliches Breve vom 7. September 1808 an den Bischof von Brixen erreicht, durch das der Tiroler Anteil des Churer Bistums zum Bistum Brixen geschlagen wurde. Der Papst wagte es nun nicht mehr, den Forderungen Napoleons und seiner bayerischen Bundesgenossen zu widersprechen. Damit war zwar die von Bayern gewünschte Übereinstimmung von Landes- und Diözesangrenzen erreicht, aber die besonders im Vinschgau und im Burggrafenamt herrschende latente Unzufriedenheit mit den kirchlichen Verhältnissen hielt an. Der Bischof von Brixen musste sich nun sagen lassen, dass er seinen Kollegen in Trient und Chur in den Rücken gefallen war.

Bis zuletzt erkannte die bayerische Regierung nicht, dass ihre Eingriffe in religiöse Formen, die gerade in Tirol das tägliche Leben aller Untertanen entscheidend prägten, weit schwerwiegender und folgenreicher waren als alle anderen bayerischen Reformen. Noch 14 Tage vor Beginn des Aufstandes, am 24. März 1809, setzte man das wichtigste kirchliche Gesetz in Tirol in Kraft, das Edikt über die Rechtsverhältnisse der Einwohner des Königreichs. Dieses umfassende Toleranzedikt stellte jedem Staatsbürger die Wahl der Religion frei. Eine solche gesetzlich festgelegte Religionsfreiheit wurde in Tirol als Kriegserklärung an die katholische Kirche verstanden oder zumindest als Missionierungsversuch. Dieses Missverständnis wurde nicht zuletzt durch die rigorose Art der bayerischen Beamten verursacht, die Maßnahmen, die im katholischen Altbayern weitgehend akzeptiert wurden, in Tirol mit einer Art Besatzerarroganz vollzogen. Kein Wunder, dass Leute vom Schlag eines Hofstetten als protestantische Ketzer verdächtigt wurden.

So ist es sicher nicht allzu abwegig, wenn Hormayr im Rückblick meinte: *Nichts aber machte die neue Ordnung der Dinge ... dem Landvolke verhasster, nichts zog mehr zu Österreich hin und veranlasste geheime Verständnisse und rachedürstende Anschläge, als die Neuerungen in Kirchensachen ...*[69]

*Tiroler Landesschützenfahne Bezirk Jochberg;
Seidendamast, Silberfäden 136x146 cm.
Sie wurde am 18. Juli 1809 beim Dorf Spatzenhausen, Landgericht
Weilheim, von Rittmeister August Graf von Lerchenfeld-Brennberg
vom 1. Dragoner-Regiment erobert.*

8. Kapitel

Die Tiroler Erhebung

Unter den Habsburgern war Tirol weitgehend eigenständig, teilweise sogar privilegiert. Die Wiener Regierung hat wenig Abgaben verlangt, sich wenig in die inneren Verhältnisse eingemischt, das System der Landesverteidigung belassen, die Landstände respektiert, was ihr nicht nur die Sympathie des Adels, der Prälaten, der Handelsherren, sondern auch des selbstbewussten Bauernstandes sicherte. Das alles erklärt die Anhänglichkeit der Tiroler an das Haus Österreich, die auch während der bayerischen Herrschaft anhielt. Seit dem Frieden von Preßburg trachtete die Wiener Regierung ihrerseits nach Revanche, nach Rückeroberung Tirols.

Die Kontakte Tirols zu Wien waren seit 1805 nie abgerissen. Fast unbehindert reisten Beauftragte, Kuriere und Spione hin und her. Die Thurn-und Taxis-Post ließ bayerische Briefe öffnen und stellte sie dem Kaiserhof in Abschrift zur Verfügung. Dort vertrat vor allem *Erzherzog Johann (1782–1859)*, der jüngste Bruder von Kaiser Franz, die Tiroler Sache. Die Preisgabe Tirols und sein Verlust im Frieden von Preßburg waren für ihn eine schwere Bürde. Er kultivierte seine Liebe zu Tirol durch den Bau eines Hauses im Tiroler Stil bei Schönbrunn und durch enge Verbindungen mit den nach Wien pilgernden unzufriedenen Tirolern, darunter auch viele der späteren Führer, wie Andreas Hofer.

Gründe für den Aufstand

Schließlich waren es „ungeliebte" Maßnahmen der Münchner Regierung und auch ein vielfach landfremdes und unkluges Verhalten der bayerischen Beamten, die Unmut und Widerstand gerade beim Vierten Stand, den Bauern, kleinen Handwerkern, Tagelöhnern ... provozierten. So hat die bayerische Verwaltung Fehler gemacht, die vermeidbar gewesen wären. Sie vermochte nicht, vielfach auch bedingt durch die Kriegsverhältnisse, das Land zu integrieren, in Tirol eine gewisse Zufriedenheit mit der bayerischen Präsenz zu erzeugen. Man gewann nicht die Herzen, erzeugte unnötigerweise den Eindruck, man wolle dem Land den Glauben, das Geld und die Freiheit wegnehmen. Die Sympathie verspielte man durch die formale Strenge der Verwaltung, durch die kirchlichen Maßnahmen, durch die Finanzmaßnahmen und durch die Maßnahmen im Rahmen der Konskription.

Völlig unnötig, wenigstens in den ersten drei Jahren, war es beispielsweise, dass Bayern in Tirol, ähnlich wie in den seit 1803 zu Bayern gekommenen Gebieten in Franken und Schwaben, versuchte, alle Erinnerungen an historische Entwicklungen auszulöschen. Zu den zahlreichen Fehlgriffen der bayerischen Regierung in diesem Bereich gehörte etwa die 1808 erfolgte Anordnung, Schloss Tirol auf Abbruch zu versteigern. Dass es erhalten blieb, ist dem Zufall zu verdanken. Auch der Name Tirol und alle Bezeichnungen, Symbole und Wappen, die auf das ehemalige österreichische Erbland und die historischen Beziehungen zum Kaiserhaus und zu Österreich hindeuteten, versuchte man zu tilgen. Selbstverständlich musste auch der rote Tiroler Adler durch die weiß-blaue Staatssymbolik mit den Rauten und dem Herzschild, mit Königskrone, Schwert und Szepter ersetzt werden.

Größere Unzufriedenheit riefen indes Maßnahmen hervor, die den einzelnen Untertan unmittelbar betrafen, nämlich der Griff ins Vermögen, in die Freiheit der Wehrverfassung und in die Religionsausübung.

Der finanzielle Druck der bayrischen Obrigkeit auf das steuerlich von Österreich immer begünstigte Tirol wurde bei den nicht gerade begüterten und von Haus aus sparsamen Tirolern besonders stark als Eingriff in die Freiheitsrechte des Landes empfunden. Sehr bald stellte sich das übliche Unbehagen eines jeden Steuerpflichtigen ein, der meint, sein wertvolles Geld werde für Dritte oder für sonstige unnütze Zwecke außerhalb Tirols verschwendet. Die Mehrzahl der Tiroler *begriff nicht, daß Baiern unmöglich mit denselben Steuern sich begnügen konnte wie Österreich und fand die Erhöhung und Vermehrung der Abgaben um so beschwerlicher, je geringer die Einnahmen infolge des Verfalles von Handel und Verkehr geworden waren. Sie* schrieb beides der Regierung allein zur Last und bedachte nicht, daß diese sie zugleich der großen Last der Landesverteidigung entbunden ... Ebenso übersahen die meisten Tiroler, daß manche Auflagen wohl dem Namen nach, nicht aber in der Tat neu waren.[73]

Weit mehr als die finanziellen Belastungen scheinen die kirchlichen Reformen der bayerischen Verwaltung die Bereitschaft zum Aufstand gesteigert zu haben. Dieser Befund wird nicht nur durch die entsprechenden Äußerungen der Anführer und die aktive Beteiligung der Geistlichen am Aufstand bestätigt, sondern auch durch die weitere Geschichte Tirols im 19. Jahrhundert. So zeigt uns etwa ein Blick auf den seit 1861/67 in Wien tagenden Reichsrat, dem ersten Gesamtparlament der österreichischen Monarchie, dass die Tiroler Abgeordneten dort wegen ihrer fast revolutionären katholischen Opposition gefürchtet waren.

Als dritte entscheidende Komponente für die Unzufriedenheit der Tiroler mit der bayerischen Verwaltung wird die Konskription, also die Durchführung der Wehrpflicht genannt.

Durch dieselbe wie durch die Aufhebung der altehrwürdigen Landesdefension sah der Tiroler die bisher genossene Freiheit bedroht und wehrlos sich der Willkür der Herren überantwortet ... Man wird es wahrlich den kühnen Söhnen der Berge Tirols nicht verargen können, daß sie eine so heillose Scheu vor dem Gamaschendienst und den Stockprügeln damaliger Zeit besaßen und der verachteten und schließlich auch gehaßten bayerischen Regierung Dienst nicht leisten wollten, die sie der geliebten österreichischen beharrlich versagt hatten ... die Conscription hat die Unzufriedenheit erst recht verallgemeinert und gerade unter die streitbarste und unternehmendste Klasse der Bevölkerung gebracht, die am wenigsten durch Rücksichten gebunden war. Sie lieferte auch der Agitation und absichtlichen Aufregung das beste Material.[74]

„Signale"

Die durch die bayerische Verwaltung verursachte Unzufriedenheit hätte aber wohl nicht gereicht, in Tirol einen Aufstand zu provozieren. Es war der von langer Hand vorbereitete Waffengang Österreichs gegen Napoleon, der den Ausschlag gab. Zu den Vorbereitungen dieses Waffenganges kann man auch im weitesten Sinne die österreichischen Aktivitäten Richtung Tirol rechnen.

Österreich profitierte von den vielen Wirten, Spediteuren, Hausierern und Viehhändlern, die innerhalb und außerhalb des besetzten Landes über ein effektives Nachrichtensystem verfügten, und war so über die Vorgänge in Tirol weit besser informiert als die bayerische Regierung in München. Auch die Besetzung der bayerischen Verwaltung mit zahlreichen Tiroler Beamten, die vorher in österreichischen Diensten gestanden waren, trug dazu bei, dass keine Maßnahme der Bayern in Wien unbekannt blieb, während sie selbst weitgehend ahnungslos waren über die Verbindungen der Tiroler mit Österreich bzw. mit Wien. Nur so war es möglich, dass der *„Sandwirt" Andreas Hofer* aus dem Passeiertal mit einer Gruppe Gleichgesinnter im Winter 1809 nach Wien reisen konnte, um mit Erzherzog Johann und dessen Berater, dem Tiroler Historiker *Joseph Freiherr von Hormayr* (1781–1848), einen Volkskrieg zu planen. Zwar war man am konservativen Wiener Hof vom Plan einer von den Bauern getragenen Revolte nicht begeistert, da man eine Volksbewaffnung immer als Gefahr ansah, doch ließ man schließlich den Erzherzog gewähren oder besser, man kümmerte sich nicht mehr darum.

So wurde der spätere Aufstand von langer Hand vorbereitet. Vorausgehen sollte ihm der – widerrechtliche – Einmarsch der Österreicher, deren reguläre Truppen den Aufstand unterstützen sollten. Neben Hofer und Hormayr sind als führende Akteure noch der aus Schlanders stammende *Martin Teimer*, Tabakverleger in Klagenfurt, zu nennen, der besonders im Oberinntal aktiv war, und *Josef Speckbacher* aus Rinn, der im Unterinntal tätig wurde. Ein dichtes Netz an Kontakten wurde über Tirol gelegt, wobei man strikt nur mündliche Vereinbarungen traf.

Wie wenig weit im Grunde das Ohr der Obrigkeit reichte, zeigt die Tatsache, dass man in vielen Orten ganz offen vom Einmarsch der Österreicher und vom Aufstand sprach. Auch wurden die Anzeichen der Erhebung von der bayerischen Verwaltung lange nicht ernst genommen oder falsch interpretiert, obwohl genug Berichte, vor allem auch von den gut funktionierenden französischen Nachrichtendiensten vorlagen.[75] So musste auffallen, dass überall die Wirte Verpflegungsdepots anlegten.

Falsch ist aber auch die Meinung, die Bayern wären vom Aufstand völlig überrumpelt worden. Die Legende von der Verschwörung eines ganzen Volkes, das bis zuletzt seine Absichten verbergen konnte, ist Teil des Mythos vom Tiroler Volksaufstand geworden. Richtig ist aber sicher, dass man in München die Gefahr kleingeredet hatte. Noch im Februar 1809 betonte General Wrede gegenüber dem französischen Gesandten Louis G. Otto, dass ein Aufstand in Tirol innerhalb weniger Tage niedergeschlagen werden könne. Montgelas war da weit weniger optimistisch.

Während des ganzen Monats März versuchte man, die Franzosen zu überzeugen, die bayerischen Truppen in Tirol, etwa 3400 Mann, zu verstärken, auch im Hinblick auf einen möglichen österreichischen Einmarsch. Erst im April rückten 5000 französische Soldaten der Italienarmee aus dem Süden an. Es war zu spät. Die Bereitschaft der Franzosen, den Bayern in dem losbrechenden Aufstand zu helfen, war minimal: Als sie erfuhren, dass die bayrische Militärmacht in Tirol zusammengebrochen war, gaben sie sofort auf und kehrten um.

Die erste Befreiung Tirols im April 1809

Bayern hatte im April 1809 in Tirol etwa 3400 Mann unter dem Befehl des 68-jährigen Generals Georg August Freiherr v. Kinkel († 1827) stehen. Der als wenig befähigt bekannte Kinkel war von der Münchner Regierung nach Tirol abkommandiert, da man meinte, er könne dort kein Unheil anrichten. Dem entscheidungsschwachen General wurde der tüchtige, aber allzu draufgängerische Oberst Karl von Ditfurth († 1809) zur Seite gestellt, dessen Kompetenzen jedoch nicht genau beschrieben waren. Obwohl Kinkel mit dem bevorstehenden Einmarsch der Österreicher rechnete, traf er kaum Vorbereitungen und blickte wie gelähmt auf die sich anbahnenden Ereignisse. Den Abzug aus Tirol hatte ihm Napoleon verweigert, weil er der fälschlichen Meinung war, die bayerische Besatzung könne die Brennerstraße sichern. Die bayerische Garnison war jedoch auf mehrere Stützpunkte verteilt. So konnte es geschehen, dass sie innerhalb von vier Tagen vom Tiroler Landsturm überwältigt wurde.

Der Einmarsch der österreichischen Truppen mit etwa 10 000 Mann in Tirol erfolgte am 9. April 1809[76]. Es handelte sich um Teile der österreichischen Italienarmee, die Erzherzog Johann unterstand. Ihr Kommandeur war Feldmarschalleutnant Johann Gabriel Marquis Chasteler de Courcelles, ein Mann von hervorragenden militärischen Eigenschaften, mit ausgezeichneten Landeskenntnissen und großer Beliebtheit bei der Tiroler Bevölkerung. Doch diese sollte nicht lange währen. Chasteler hatte den Befehl, durch das Pustertal nach Brixen zu marschieren, den Brenner zu besetzen und die Verbindung mit der österreichischen Donauarmee zu suchen. Auch sollte er die Operationen der österreichischen Truppen in Italien gegen Vizekönig Eugène Beauharnais unterstützen. Der Einmarsch geschah ohne vorherige Kriegserklärung und wurde daher von bayerischer Seite wie der am 10. April erfolgte Einmarsch Erzherzog Karls in Bayern über den Inn zwischen Schärding und Braunau als völkerrechtswidrig betrachtet. Die Österreicher gaben gegenüber Bayern vor, nach Tirol als „Befreier" zu kommen, was nach ihrer Meinung eine Kriegserklärung überflüssig mache.

Wichtig war für sie der Überraschungseffekt, der sich aber angesichts der notorischen Langsamkeit der österreichischen

Truppenbewegungen nicht einstellte. Als Chastelers Vorhut nach Lienz kam, wurde sie begeistert empfangen. Am folgenden Tag strömten immer mehr Bauern herbei, um beim weiteren Vormarsch dabei zu sein. Hier stellten sich schon die ersten Komplikationen ein, da die regulären Truppen nicht wussten, wie sie die Bauernhaufen integrieren sollten. Chasteler gelang schließlich die Aufstellung zweier mit Stutzen bewaffneten Kompanien, denen er Offiziere der Armee zuordnete.

Der bayerische Oberleutnant Weller, dem die Grenzverteidigung und der militärische Befehl im Pustertal oblagen, zog sich beim Einmarsch der Österreicher sofort in das westliche Pustertal zurück. Um das Nachrücken der feindlichen Truppen zu erschweren, wollte er am 10. April die Brücke bei Lorenzen zerstören. Dazu kam es aber nicht, denn die Bayern wurden jetzt zum ersten Mal mit einer Kriegsführung konfrontiert, der sie nicht gewachsen waren: In einer überraschenden Attacke wurden sie von herbeistürmenden Bauern überrumpelt und am Abbruch der Brücke gehindert. 12 Mann und ein Leutnant gerieten in Gefangenschaft, der Rest der flüchtenden Kompanie wurde bis Mühlbach beschossen.

Ähnliches mussten auch andere bayerische Besatzungstruppen erleben, denn überall im Lande brach ab dem 11. April der Aufstand los[77]. Der Tiroler Landsturm war so erfolgreich, dass die Bayern schon geschlagen waren, bevor Chastelers Truppen überhaupt eingreifen konnten. Er habe den Vormarsch absichtlich verzögert, um den Bauern die „Schmutzarbeit" machen zu lassen, diese Behauptung entspricht nicht den Tatsachen. Selbst Chasteler konnte nicht ahnen, wie erfolgreich sich der bäuerliche Landsturm gegen die bayerischen Truppen schlagen würde. Auch waren seine täglichen Marschleistungen – 20 km am 9. April, 30 km am 10. April und 65 km am 11./12. April – für österreichische Verhältnisse außerordentlich (die Truppen Erzherzog Karls schafften gerade mal 12 km am Tag!), weil er seine Mission möglichst schnell hinter sich bringen wollte.

Der bayerische Kommandant von Brixen sah sich durch das Vorrücken der Österreicher und das Schicksal seiner Pustertaler Besatzung genötigt, nach Norden abzurücken, um sich mit Kinkel in Innsbruck zu vereinen. Auch er wollte den Vormarsch des Gegners durch den Abbruch einer Brücke, nämlich der Ladritscher Brücke bei der heutigen Franzensfeste aufhalten. Und wieder gelang es den Bauern, die Brücke zu verteidigen, zumal die Bayern nicht einmal von den am 11. April vorbeiziehenden Truppen der französischen Italienarmee unter General Bisson unterstützt wurden. In der Nacht auf den 12. April zogen sie in Richtung Sterzing ab. Angesichts dieses bayerischen Misserfolgs machte eine zweite französische Kolonne, die gerade in Brixen angekommen war, kehrt, zurück nach Bozen.

Die Kommunikation unter den Aufständischen klappte weit besser als die zwischen den bayerischen und den französischen Truppen untereinander. Dies zeigen die Gefechte bei Sterzing, wo zwei bayerische Kompanien unter Major Speicher lagen. Andreas Hofer, der hier zum ersten Mal als Kommandant auftrat, gab den Befehl, die in Sterzing liegenden bayerischen Truppen gefangen zu nehmen und dann sich den vom Pustertal kommenden Österreichern anzuschließen. Im Morgengrauen des 11. April drangen die mit Stutzen und Knüppeln bewaffneten Passeier in Sterzing ein. Nach kurzem, erbittertem Straßenkampf entwich Speicher mit seinen 400 Mann gegen Süden, stellte seine Soldaten im Sterzinger Moos im Karree auf und ließ seine Geschütze Richtung Stadt feuern. Nun lieferten die Tiroler einen perfekten Guerilla-Coup unter Einsatz der Zivilbevölkerung: Den Bayern näherten sich drei von Mägden gezogene hochbeladene Heuwagen, auf denen Scharfschützen versteckt lagen. Mit dieser List wurde die Geschützmannschaft ausgeschaltet, während unter dauerndem Sturmgeläut herbeistürmende Bauern Speichers Karree bedrängten. Selbst verwundet, musste er kapitulieren. Die Franzosen unter General Bisson waren bereits in unmittelbarer Nähe gewesen, marschierten jedoch an Sterzing vorbei Richtung Innsbruck. Bisson wollte keine Verzögerung, er hatte vor allem den Auftrag, die Verbindung zu den französischen Truppen an der Donau herzustellen.

Kampf um Innsbruck

Brennpunkt der Aufstände am 11. und 12. April war Innsbruck. Dort hoffte die bayerische Besatzung auf das baldige Eintreffen der Franzosen. Dadurch wähnte man sich einigermaßen sicher und wagte am 10. April eine Strafexpedition hinauf nach Axams, wo man bei dem Versuch, Rekruten auszuheben im März so blamabel gescheitert war. Jetzt zeigte sich, wie schnell und wirkungsvoll die Tiroler Dorfgemeinschaften reagierten und wie gut sie vernetzt waren. Schon beim Anmarsch der Bayern konnte der Axamer Dorfwirt Georg Bucher fast hundert Männer um sich sammeln, denen es auch gelang, den Bayern den Zugang zum Dorfe zu verwehren. Nach kurzem Schusswechsel zogen diese sich zurück. Bucher und seine Leute eilten nun von Ort zu Ort – ins Sellraintal, ins Stubaital, in die Dörfer westlich und östlich von Innsbruck –, um Kampfwillige aufzurufen, sich in den waldigen Höhen zwischen Bergisel und Gallwiese zu sammeln. Die Schnelligkeit und der Erfolg eines solchen Aufgebots waren für die bayerischen Befehlshaber unvorstellbar. Gerade diese Form der militärischen Organisation im Gebirge ist eine Erklärung für die damalige Überlegenheit der Einheimischen.

Am Morgen des 11. April wurden vier Kompanien unter Oberst Ditfurth gegen das westliche Mittelgebirge und zwei Kompanien unter Major Zoller im Inntal in Richtung Zirl in Marsch gesetzt. Man ging davon aus, dass der Widerstand regional auf die Axamer Gegend beschränkt und dort zu bekämpfen sei. Umso größer war das Erschrecken der bayerischen Truppen, als sie den ganzen Waldrücken vom Bergisel westwärts mit einer gewaltigen Übermacht von Schützen besetzt sahen. Bei allen Bewegungen wurden die Bayern von den gut gedeckten Bauern unter Feuer genommen.

Auch der Vormarsch der bayerischen Einheiten nach Zirl wurde zum Fiasko. Kooperator Andreas Ennemoser hatte mit 40 Mann die Innbrücke bei Zirl abgerissen, um zu verhindern, dass Zoller vom Westen her Ditfurth zu Hilfe kommen konnte. Sodann verschanzte er sich am Steilhang südlich des Inns. Während die bayerischen Kompanien über den Fluss schossen oder in den Zirler Gasthäusern pausierten, organisierte Ennemoser im Oberinntal bis Telfs 600 Mann. Die überraschten Bayern zogen sich nach kurzem Feuerwechsel nach Innsbruck zurück. Bestärkt durch diesen leichten Erfolg beschlossen die Oberinntaler, nach Innsbruck zu ziehen, ein Beispiel dafür, wie durch die gute Organisation des Widerstands und durch die lasche bayerische Kriegsführung der Wille zum Aufstand erst angefacht wurde.

In Innsbruck sahen sich die zurückgekehrten Truppen Ditfurths in der Nacht zum 12. April völlig umzingelt. General Kinkel wollte nicht wahrhaben, dass er von einem Bauernheer eingeschlossen war. Statt schleunigst abzuziehen, wollte er die Stadt verteidigen. Montgelas hat in seinen „Denkwürdigkeiten" dieses Verhalten scharf kritisiert:

Unsere in Innsbruck konzentrierten Truppen, welche sich dort auf die ungünstigste Weise in eine Stadt zusammengedrängt fanden, die von allen Seiten von Höhen beherrscht wird, in deren Besitz der Feind gelangt war, hätten vielleicht gerettet werden können, wenn man nach Rattenberg zurückwich und sich dort zu befestigen suchte. Ich kenne die Gründe nicht, welche damals verhinderten, dass dieses später wiederholt mit bestem Erfolg beobachtete Verfahren eingeschlagen wurde. Man schob in jener Zeit die Schuld daran auf die Unschlüssigkeit des Generals und das Ungestüm Ditfurths, eines zwar tapferen, tätigen und begabten Offiziers, welcher aber etwas zur Selbstüberschätzung neigte, auch noch nie in einer so schwierigen Lage sich befunden hatte. Sicher ist, dass auf keine Weise ein verderblicherer Plan hätte befolgt werden können, als wirklich geschah.

Die Nacht zum 12. April 1809 muss für die bayerischen Truppen gespenstisch gewesen sein. Ein Kranz von Wachtfeuern auf den Höhen rund um Innsbruck demonstrierte die Anwesenheit eines zahlenmäßig weit überlegenen Bauernheeres. Sehr bedrückt waren die Bewohner der Stadt, da die Verteidigungsvorbereitungen unzureichend waren. Die Beamten- und Universitätsstadt Innsbruck galt bei der Landbevölkerung als bayernfreundlich. Nun fürchtete man deren Rache. Das Einvernehmen zwischen Stadt und Landbevölkerung war seit Jahrzehnten, vor allem seit der Französischen Revolution gestört. Die Anliegen der ländlichen Bevölkerung unterschieden sich gravierend von denen eines mit der Aufklärung kokettierenden Bürgertums. Bezeichnenderweise verzichtete Andreas Hofer gerade in Innsbruck auf Werbung für seinen Landsturm. Die Angst vor dem kommenden Tag ergriff also nicht nur die bayerischen Soldaten, sondern auch die Innsbrucker. Angesichts der Übermacht des aufmarschierten Landsturms verfasste Appellationsrat Dipauli ein Schreiben, in dem er Verhandlungen vorschlug, ohne jedoch zu wissen, an wen er das Schreiben richten solle. Es gab keinen Anführer.

*Die Aufständischen erobern die Innbrücke
und stürmen in die Stadt Innsbruck (Ausschnitt);
Darstellung von Placidus Altmutter als Augenzeuge*

Auch hatten die Bauern keine Beschwerden zu verhandeln, es ging nicht um Einzelheiten, es ging um generellen Widerstand gegen die Besatzer.

Die 6000 Bauern um Innsbruck, eine *ungeheure Menge rasender Menschen*, griffen um 5 Uhr morgens an.[78] Nach einer Stunde Kampf wichen die vor der Stadt positionierten Bayern zurück. Nur wenige konnten in die Stadt entkommen. Vergebens versuchte Oberstleutnant Sbansky, mit einer Kompanie Hilfe zu bringen. Auch seine Soldaten gingen den Weg in die Gefangenschaft, er selbst kam ums Leben. Allein diese Aktion machte Kinkel klar, dass er auf verlorenem Posten stand. Er gab nun den dringlichen Bitten des Stadtrats nach, mit den Bauern in Unterhandlungen zu treten. Eine eilig zusammengestellte Deputation sollte die Aufständischen gegen Gewährung freien Abzugs für Militär und Beamtenschaft zur Einstellung der Kampfhandlungen bewegen und so die befürchtete Erstürmung und Plünderung der Stadt verhüten. Doch es war zu spät. Längst hatte man auf der Höttinger Seite die Kompanien Zollers, die sich schon in Zirl nicht gerade als Elitetruppen erwiesen hatten, besiegte. Auch war es Schützen aus Telfs unter Anführung des Metzgers Klaus gelungen, die Geschützmannschaft auf der umkämpften Innbrücke zu überwinden. Darauf stürmten die Scharen von der Höttinger Seite in die Stadt. Nun gab es nichts mehr zu verhandeln. General Kinkel zog sich in das Gebäude der Hauptwache zurück, an seiner Stelle kommandierte Oberst Ditfurth seine Mannschaft. Die Entscheidung fiel aber im Süden, von wo die Bauern ungehindert in die Stadt eindrangen und auf die Bayern schossen. Besonders zielte man auf Ditfurth, der, bereits mehrfach verwundet, vom Pferd aus seine Kommandos gab. Als er tödlich getroffen vom Pferd sank, gaben sich die bayerischen Truppen gefangen. 120 Dragoner flüchteten nach Hall und gerieten dort in die Gefangenschaft von Leuten des Josef Speckbacher. Um 10 Uhr vormittags war der Kampf um Innsbruck beendet. Kinkel und seine Offiziere mussten auf der Hauptwache den Bauern ihre Säbel übergeben. Die Bauern feierten, bald füllte sich die Stadt mit vielen Neugierigen, die zu plündern begannen. Erst durch das Eintreffen Martin Teimers und seiner Oberinntaler Kompanien trat Ruhe ein. In einer geliehenen österreichischen Offiziersuniform konnte Teimer das Oberkommando an sich ziehen. Der in der Hofburg residierende Generalkommissar des Innkreises Graf Maximilian Lodron war von den Ereignissen völlig überrascht worden. Die Bauern kamen nun auch in die Hofburg, wo sie Lodron bewirten musste. Dabei wurden große Teile des Hausrats und viele Bücher des Grafen gestohlen. Als ein Dieb die Galauniform des Generalkommissars davontragen wollte, wurde er im letzten Augenblick daran gehindert.

In der Nacht zum 13. April war das für den Kriegsschauplatz an der Donau bestimmte französische Korps unter General Bisson mit etwa 2000 Mann gegen Innsbruck vorgerückt. Die Geschehnisse des vorhergehenden Tages, das Gespräch mit dem gefangenen und geschundenen Kinkel und die zahlreichen Lagerfeuer der Bauern auf den Höhen schockten ihn derart, dass er bedingungslos kapitulierte.

Auch in Hall konnte sich die bayerische Garnison nicht halten. Josef Speckbacher, der nach dem Hof seiner Frau „der Mann von Rinn" genannt wurde, hatte am 11. April seine Leute auf den Höhen des Paschbergs östlich der Sill aufgestellt. Da sich hier kein bayerischer Soldat sehen ließ, beschloss er, die Haller Garnison anzugreifen. Zunächst überrumpelte er in der Nacht zum 12. April die 80 Mann zählende Besatzung im Kloster Volders und am Morgen die Haller Garnison. Die Bürgerschaft hatte sich neutral verhalten.

Auch Bozen fiel in die Hand der Bauern. Diese nutzten jetzt die Gelegenheit, den verhassten Bürgern ihre Macht zu demonstrieren. Die Stadt verlor ihre alte Merkantilverfassung, bei der vor allem die Handelsherren etwas zu sagen hatten. Die 2300 Franzosen unter General Lemoine, die vor Brixen kehrt gemacht hatten, machten keine Anstalten, in Bozen einzugreifen, sondern marschierten noch am 13. April Richtung Trient.

Am 13. April hatten sich bereits alle bayerischen Truppen in Tirol bis auf die Besatzung der Festung Kufstein ergeben. Innerhalb von vier Tagen hatte Bayern 500 Tote und Verwundete zu beklagen, 2 Generäle, 17 Stabsoffiziere, 113 Unteroffiziere, insgesamt 3860 Bayern und 2050 Franzosen waren in Gefangenschaft geraten, 6 Geschütze, dazu Munition, Pferde und Verpflegung waren erbeutet worden.

Die ohne Hilfe der österreichischen Armee erfolgte Vertreibung der Bayern und Franzosen allein durch die Tiroler Landesverteidiger wurde von Kaiser Franz I. durch das *Schärdinger Manifest vom 18. April* sanktioniert. Dieses Schriftstück, das gedruckt wurde und damit weite Verbreitung fand, behauptet fälschlich, den Tirolern mit einer ganzen österreichischen Armee zu Hilfe gekommen zu sein. Der Hinweis auf eine Vereinigung Tirols mit Österreich war zu dieser Zeit verfrüht und weckte falsche Hoffnungen.

> Meine lieben und getreuen Tyroler!
> Unter den Opfern, welche die widrigen Ereignisse im Jahre 1805 Mir abgenöthiget haben, war, wie Ich es laut verkündiget habe, und Ihr es ohnehin schon wißt, jenes, Mich von Euch zu trennen, Meinem Herzen das empfindlichste, denn stätts habe Ich an Euch gute, biedere, meinem Hause innigst ergebene Kinder, so wie Ihr an Mir einen Euch liebenden, um Euer Wohl wünschenden Vater erkannt. Durch den Drang der Umstände zu der Trennung bemüssiget, war ich noch in dem letzten Augenblicke bedacht, Euch einen Beweis Meiner Zuneigung und Fürsorge dadurch zu geben, dass Ich die Aufrechthaltung Eurer Verfassung zu einer wesentlichen Bedingniß der Abtrettung machte, und es verursachte Mir ein schmerzliches Gefühl, Euch durch offenbare Verletzungen dieser feyerlich zugesicherten Bedingniß auch noch der Vortheile, die Ich Euch dadurch zuwenden wollte, beraubt zu sehen. Allein bey Meinem entschiedenen Hange, den Mir von der Vorsicht anvertrauten Völkern so lange als möglich die Segnungen des Friedens zu erhalten, konnte Ich damals über Euer Schicksal nur in Meinem Innern trauern. Durch endlose Anmaßungen des Urhebers unserer Trennung neuerdings in die Nothwendigkeit gesetzt, das Schwerdt zu ergreifen, war es Mein erster Gedanke, die Kriegs-Operationen so einzuleiten, dass Ich wieder Euer Vater, Ihr Meine Kinder werdet. Eine Armee war zu Eurer Befreyung in Bewegung gesetzt. Aber ehe sie noch Unsere gemeinschaftlichen Feinde erreichen konnte, um den entscheidenden Schlag auszuführen, habt Ihr tapfere Männer es gethan und Mir so wie der ganzen Welt dadurch den kräftigsten Beweis gegeben, was Ihr zu unternehmen bereit seyd, um wieder ein Theil jener Monarchie zu werden, in welcher Ihr Jahrhunderte hindurch vergnügt und glücklich waret. Ich bin durchdrungen von Euren Anstrengungen, Ich kenne Euren Werth. Gerne komme Ich also Eueren Wünschen entgegen, Euch stäts unter die besten, getreuesten Bewohner des Oesterreichischen Staates zu zählen, Alles anzuwenden, damit Euch das harte Loos, Meinem Herzen entrissen zu werden nie wieder treffe, wird Mein sorgfältigstes Bestreben seyn. Millionen, die lange Eure Brüder waren, und sich freuen werden, es nun wieder zu seyn, drücken das Siegel auf dieses Bestreben. Ich zähle auf Euch, Ihr könnt auf Mich zählen, und mit göttlichem Beystande soll Oesterreich und Tyrol immer so vereiniget bleiben, wie es eine lange Reihe von Jahren hindurch vereiniget war.
> Schärding den 18. April 1809. Franz.

General Chasteler, der am 15. April in Innsbruck eingerückt war, übernahm nun die oberste Regierungsgewalt. Er versuchte die Lage zu stabilisieren. Die bayerischen Beamten wurden mit den Offizieren und den Schützenhauptleuten zu einem Festessen geladen, bei dem sie sich viele unerfreuliche Dinge anhören mussten. Das große Wort führte der von Erzherzog Johann zum Zivilintendanten ernannte Joseph Freiherr v. Hormayr, der jetzt an der Seite Chastelers seinen ersten großen Auftritt in Tirol hatte. Hormayr, ein geborener Innsbrucker, war seit 1808 Direktor des Geheimen Haus-, Hofs- und Staatsarchivs. Als Berater in allen Tiroler Fragen hatte er sich besonders bei Erzherzog Johann unentbehrlich gemacht und war von diesem mit weit reichenden Vollmachten nach Tirol geschickt worden. Als Jurist hatte Hormayr natürlich Bedenken gegen die Art, wie Tirol befreit worden war, nachdem das Land 1806 von Österreich vertraglich abgetreten worden war und die Tiroler durch Huldigung auch bayerische Untertanen waren. Er entwarf daher für Erzherzog Johann ein „Besitzergreifungspatent" und Flugschriften, die eine „Wiederherstellung der Landesverfassung" proklamierten. Hormayr wollte dem Volksaufstand einen rechtlichen Anstrich geben und den Tirolern, die immerhin ihren Eid auf das Königreich Bayern geleistet hatten, die Gewissheit geben, dass sie nun wieder österreichische Untertanen waren und daher nur Notwehr geleistet hätten. Zu diesem propagandistischen Rückgriff auf alte Verhältnisse gehörte auch die auf Vorschlag Hormayrs erfolgte Anordnung Chastelers, nach dem Muster des alten Defensionswesens ständische „Schutzdeputationen" einzurichten. Hormayr wollte damit bewusst auf die Aufhebung der ständischen Verfassung durch die Bayern im Jahre 1808 hinweisen, auch wenn an eine Wiederherstellung des alten Systems nicht gedacht werden konnte. Die Kluft zwischen den Bauernführern einerseits und dem Adel und den Städten andererseits war in Tirol jetzt noch tiefer geworden.

Hormayrs Rechtfertigung für den Aufstand

In zahlreichen Äußerungen haben Hormayr und mit ihm die österreichische Propaganda den Einmarsch österreichischer Truppen in Tirol sowie den Aufstand von 1809 damit rechtfertigt, dass die Gesetzgebung und die Maßnahmen der Bayern in Tirol, insbesondere der Erlass der Konstitution vom 1. Mai 1808, einen Bruch des Preßburger Friedens darstellten. Bayern habe sich nämlich im Artikel VIII des Vertrages verpflichtet, die Verfassung von Tirol nicht anzutasten. Bei der Abfassung dieses Artikels des Preßburger Friedens will Hormayr nach eigenen Aussagen eine entscheidende Rolle gespielt haben. Nach seiner Darstellung[79] hätte der französische Staatsrat Labenardiere die von Hormayr erarbeitete Fassung verworfen, in der detailliert eine Sicherung der Rechte der österreichischen Beamten und Pensionisten in Tirol und Vorarlberg vorgesehen war. Doch hätte er, Hormayr, dann doch die Endklausel in der Fassung durchgesetzt: „Tirol und Vorarlberg werden nur abgetreten mit jenen Titeln und Rechten und in derselben Weise wie unter Österreich besessen und nicht anders". Von Fürst Liechtenstein darauf angesprochen, warum er auf dem „und nicht anders" so beharren würde, habe er, Hormayr geantwortet: „Euer Durchlaucht, beim nächsten Kriegsausbruch müssen uns die Fremden diese drei Wörtchen teuer bezahlen!"

Österreich benutzte für seinen Einmarsch in Tirol im April 1809 und seine entsprechenden Aufrufe an die Tiroler Bevölkerung den Vertragsbruch Bayerns als Rechtfertigung, auch um Tirol zurückzuverlangen. Historiker haben sich mit der Frage befasst, ob es sich dabei um ein berechtigtes oder nur ein vorgeschobenes Argument handelte. Hormayr stellte Bayerns Bruch des Preßburger Friedens als den Hauptgrund für den Tiroler Aufstand hin und überschätzte dabei den Eindruck dieser Argumentation bei den Tirolern selbst und die Wirkung des Schärdinger Aufrufs vom 18. April 1809[80].

Man weiß inzwischen, dass der angebliche Bruch des Artikels VIII des Preßburger Vertrags durch Bayern, etwa durch die Einführung der bayerischen Konstitution vom 1. Mai 1808 in Tirol (Aufhebung der Stände), keine Rolle für die Kriegsvorbereitungen Österreichs oder gar für den Aufstand gespielt hatte.

Die Landesverfassung und die Rolle der Landstände waren für die Tiroler Bauern, die eigentlichen Träger des Aufstands, weitgehend irrelevant. Ohnehin sahen sie sich trotz hoher Leistung bei der Landesverteidigung und bei der Steuer gegenüber dem Adel und den Prälaten benachteiligt. Schon einmal hatten sich die Bauern beschwert, die Abwehrkämpfe gegen die Franzosen 1796 weitgehend alleine bestritten und finanziert zu haben.

Die Modalitäten der Einberufung des Landtags waren schon seit Jahrzehnten strittig. Die Aufhebung der landständischen Klöster durch die bayerischen Behörden war durch die Beschlüsse des Reichsdeputationshauptschlusses „gedeckt". Einen Bruch der Landesverfassung bzw. des Preßburger Friedens konnten daher die entsprechenden Maßnahmen der bayerischen Regierung nicht darstellen.

An einem Punkt trafen die Vorwürfe die bayerische Regierung allerdings an einem empfindlichen Nerv: Die neuen Herrschafts-Verhältnisse hatten zahlreiche Beamte der Tiroler Landschaft und manche gut besoldete Mitglieder der Landstände, vorwiegend Adelige, arbeitslos gemacht. In diesem Bereich hatte sich die bayerische Regierung ein bedeutendes Potential an Gegnern geschaffen. Der entscheidende Widerstand im Jahre 1809 kam jedoch nicht von den bürgerlichen und adeligen Vertretern der Landschaft, sondern aus bäuerlichen Kreisen.

Joseph Freiherr von Hormayr

Die österreichische Interims-Regierung

In Innsbruck versuchten Chasteler und Hormayr im April und Mai 1809, die Bevölkerung gegen die Bayern aufzuhetzen. Offensichtlich wollten beide die ihnen unheimlichen Kräfte des Landsturms, die ihnen gerade demonstriert worden waren, in andere Richtung lenken. Chasteler rief nun die Gerichte im Oberinntal auf, zusammen mit 800 Mann regulärer Truppen unter dem Freiherrn von Taxis Streifzüge nach Bayern zu unternehmen, um dort Kontribution einzutreiben. Für die Bauern war dies ein offizieller Freibrief, nach Belieben zu brennen und zu plündern, eine Aufforderung, die auch nach damaligen Maßstäben nicht nur völkerrechtswidrig, sondern kriminell war. Dieser Aufruf war einer der Gründe, warum Napoleon Chasteler später in die Acht erklärte und seine standrechtliche Erschießung anordnete. Die Stimmung gegen Bayern wurde vom österreichischen Militär noch mit einigen Propagandalügen aufgeheizt, weil man nach dem Muster von 1805 die Landesverteidigung neu organisieren wollte und außerdem für die eigene Truppe neue Leute brauchte. Die mangelnde Bezahlung hatte die Reihen des österreichischen Militärs stark gelichtet. Der in Diensten Österreichs mit großem Pomp und in österreichischer Uniform herumreisende Teimer schwatzte seinen Zuhörern auf, die Bayern hätten die Absicht gehabt, in allen Orten die Kirchen bis auf eine zu schließen, alle Beichtstühle bis auf einen zu verbrennen, alle Altäre bis auf einen abzutragen und alle Kelche bis auf einen zu konfiszieren. Dies würde sich, so erklärte Teimer, aus den erbeuteten Papieren ergeben.

Teimer organisierte auch Anfang Mai die Ausfälle nach Bayern. Mit 800 Mann rückte er nach Schongau, Oberdorf, Kaufbeuren und Kempten vor. Am 13. Mai zog er sogar bis Memmingen, wobei er damit rechnete, dass den Tirolern in den schwäbischen Gebieten, auf dem Land, am wenigsten Widerstand entgegenschlagen würde. Den Tirolern machte es geradezu Vergnügen, das städtische Bürgertum in Angst und Schrecken zu versetzen. Inzwischen hatten sich auch die Vorarlberger den Tirolern angeschlossen und beteiligten sich an den Streifzügen Richtung Schwaben und südliches Oberbayern. Dort traten ihnen zunächst nur unzureichende kleinere bayerische und französische

Verbände entgegen. So sah sich die bayerische Regierung gezwungen, zur Grenzverteidigung ein Gebirgsschützen- und ein Jägerkorps aufzustellen, die schließlich unter dem Kommando des Grafen Maximilian von Arco die beachtliche Stärke von insgesamt 7000 Mann erreichen sollten, sich aber erst bei den erneuten Vorstößen der Tiroler Ende Juli bewähren konnten. Die Streifzüge der Tiroler nach Bayern waren keine Erfindung Chastelers, sondern haben historische Wurzeln. Verwiesen sei nur auf das Jahr 1703. Auch 1805 hatte es Einfälle nach Bayern gegeben, so dass damals schon Kurfürst Max IV. Joseph die Aufstellung eines bayerischen Gebirgsschützenkorps anordnete. Dazu kam es dann wegen der Waffenhilfe für Napoleon und dem Einrücken der Bayern in Tirol nicht mehr.

Während sich Ende April 1809 Chasteler um die Landesdefension und die Einfälle in Bayern kümmerte, ging Hormayr ohne Auftrag aus Wien mit Verhaftung und Deportation gegen bayerische Beamte vor, wobei er auch viele persönliche Rechnungen beglich. Der Generalkommissar des Innkreises Graf Lodron wurde am 18. April in Innsbruck unter Hausarrest gestellt. Den Innsbrucker Kanzleidirektor Mieg, die rechte Hand Lodrons und für die Tiroler die Verkörperung des böswilligen bayerischen Beamten, ließ Hormayr am 18. April von Innsbruck nach Klagenfurt deportieren. Mieg kehrte nicht mehr nach Tirol zurück, sondern machte Karriere in Bayern, wo er 1832 kurzzeitig Finanzminister war. Hormayr, später in bayerischen Diensten, hat hier von dem überaus gebildeten Mieg einen positiven Eindruck gewonnen und seinen Tod 1842 sogar als deutschen Nationalverlust bezeichnet.

Besonders rigoros ging Hormayr gegen den Generalkommissar des Etschkreises, Johann Graf Welsberg, vor, den er schon aus Adelsrivalität nicht leiden konnte, da Welsberg im Unterschied zu Hormayr von altem Tiroler Adel und sehr vermögend war. Hormayr genoss es, Welsberg in Trient zu demütigen. Triumphierend berichtete Hormayr nach Wien, Welsberg sei vor Hormayrs Anschuldigungen zusammengebrochen und habe sich angeboten, wichtige Geheimnisse des Feindes zu verraten. Welsberg wurde aus seiner Residenz, dem Schloss Buonconsiglio in Trient, unter starker Bewachung nach Bozen, Klagenfurt und schließlich nach Fünfkirchen in Ungarn gebracht. Am 17. August wurde Welsberg freigelassen und nach Passau gebracht. Auch der Generalkommissar des Eisackkreises, Georg Freiherr von Aretin, wurde von Hormayr nach Ungarn deportiert.

Eine besondere fast mittelalterlich anmutende Behandlung dachte sich Hormayr für den Kreisdirektor des Eisackkreises und Sonderbeauftragten für das Kirchenwesen, Johann Theodor von Hofstetten, aus. Er ließ Hofstetten in Brixen an den Pranger stellen, das Urteil an die Brust geheftet und durch die Bischofsstadt führen. Als „gefährlichsten Feind der Tiroler" wurde er nach Klagenfurt gebracht, wo er dann wie sein Vorgesetzter Aretin nach Ungarn deportiert werden sollte, was aber Erzherzog Johann unterband.

Hormayr rechtfertigte seine Maßnahmen und Propagandalügen mit der Notwendigkeit, die Empörung des Volkes zu perpetuieren: *Der Landmann darf kaum wieder zu sich selbst kommen, der Moment des Ausnüchterns, des Erwachens aus seiner Exaltation, des ihm von vielen Emissärs unaufhörlich eingeflüsterten Reflektierens über das, was er getan hat, was ihm bevorsteht, ob es besser sei umzukehren oder vorzugehen, für wahr! dieses wäre ein schrecklicher, der guten Sache verderblicher Moment!*

Das Bollwerk Kufstein

Mit dem erfolgreichen Ende des Tiroler Aufstands am 13. April waren keineswegs alle in Tirol befindlichen feindlichen Truppen vertrieben, vielmehr hielten sich in Kufstein und um Trient noch bayerische bzw. französische Truppen auf. In Kufstein musste der bayerische Major Maximilian Thomas von Aicher am 24. April zwar die Stadt preisgeben, die Festung blieb aber in bayerischer Hand. Bemerkenswert ist der Briefwechsel, den Aicher mit seinen Belagerern unter Feldmarschalleutnant Chasteler führte.[81] Dabei sieht man, zu welchen Übertreibungen auch bei der Bewertung der eigenen Lage, Chasteler neigte. Am 19. April wurde Aicher ein Schreiben Chastelers ausgehändigt:

Herr Kommandant!
Ganz Tirol ist dermalen unter dem Schutze Seiner Majestät des Kaisers ... der Herr Generalleutnant von Kinkel samt allen in Tirol befindlich gewesenen bayerischen Truppen, 4600 Mann an

der Zahl, sind entweder tot oder gefangen. Der französische General Bison mit 4500 Mann seiner Truppen hat ebenfalls das Gewehr strecken müssen. Seine Kaiserliche Hoheit der Erzherzog Karl mit 150 000 Mann ist in Bayern eingedrungen und ist schon weit über dessen Hauptstadt vorgerückt. Jeder Widerstand in einem so kleinen Schlosse wie Kufstein ist ohne Zweck ...

Kommandant Aicher lehnte die Übergabe ab und brachte zum Ausdruck, was er vom Tiroler Landsturm hielt: *Was wollen aber auch meineidige Rebellen, die die Festung überall und gleichsam als Vorposten umgeben, gegen eine tapfere Garnison, die gegen Treulosigkeit am meisten erbittert ist? Auf Ehren, Herr Feldmarschall-Leutnant, durch diese kann nicht anderes bezweckt werden, als dass die benachbarten Dörfer und das arme Städtchen selbst ein Raub der Flammen werden müssen.*

Am 25. April erhielt Aicher von Chasteler ein Schreiben, das hinsichtlich der Lagebeurteilung weit von der Wirklichkeit entfernt war:

Die beiden kaiserlichen Prinzen und Heerführer Erzherzog Karl und Johann haben sowohl in Deutschland als in Italien das Schicksal des gegenwärtigen Feldzuges durch ihre Fortschritte entschieden. – Die Festung Kufstein hat daher weder einen ferneren Grund sich zu halten noch weitere Mittel dazu. Beschossen und eingesehen von allen Seiten, eingeschlossen von einer doppelt so starken regulären Truppe und von 400 mutigen, mit allen Mordinstrumenten bewaffneten Landleuten, welche von mir den Sturm wohl zehnmal verlangt haben, trage ich Ihnen zum letztenmal den Schutz regulärer Truppen an, den sich Ihre in Tirol von allen seinen Bergbewohnern vernichtete Armee umsonst gewunschen hat ...

Auch diese Aufforderung zur Kapitulation wies Aicher zurück.

Am 12. Mai endete durch das Vorrücken der Division Deroy die Belagerung Kufsteins. Nachdem Deroy gegen die Übermacht der Aufständischen Tirol wieder räumen musste, begann die zweite Einschließung Kufsteins, wenn auch weniger gefährlich als die erste, da die Belagerungstruppen zum Großteil aus 1300 Bauern unter der Führung Speckbachers bestanden. Die überlieferten Geschichten von den Heldentaten Speckbachers, der angeblich die Festung persönlich ausgekundschaftet haben soll, gehören ins Reich der Legende. Eine an der Belagerung beteiligte österreichische Kompanie unter Hauptmann Graf d'Esquille, die sich bei Speckbachers Leuten ziemlich unwohl fühlte, fasste nach vergeblichen Übergabeaufforderungen den Plan, durch Brandlegung in der Stadt die Übergabe zu erzwingen. Der Besatzung gelang es jedoch, das Feuer von den Festungsanlagen fernzuhalten. Nachdem 18 Häusern in Flammen aufgegangen waren, war es für die Österreicher schwer, die Schuld an dem Fiasko den Bayern zuzuschreiben.

Am 5. Juli konnte die Festung kurzzeitig durch Einheiten der an der Grenze stehenden Division Deroy entsetzt und versorgt werden. Als nach dem Waffenstillstand von Znaim vom 11. Juli die österreichischen Truppen Tirol verlassen mussten und Napoleon eine neue, freilich auch nur wenig dauerhafte Besetzung Tirols anordnete, endete am 27. Juli die zweite Einschließung der Festung. Doch nach der Niederlage Marschall Lefebvres am 13. August 2009 am Bergisel und seinem Rückzug aus Tirol wurde Kufstein wieder eingeschlossen. Der Festungsbesatzung gelang es immer wieder, sich aus der Umgebung zu versorgen. Die bäuerlichen Belagerer, merkwürdigerweise Oberinntaler, wagten nur einmal, in der Nacht vom 10. auf den 11. Oktober, einen Sturm auf den Brückenkopf der Festung, wurden aber blutig zurückgeworfen. Die dritte und letzte Einschließung Kufsteins endete mit dem Erscheinen der Division Deroy am 18. Oktober 1809 vor Kufstein.

Mehr Erfolg war Chasteler in Südtirol gegen die Truppen des Vizekönigs Eugène Beauharnais beschieden. Im Verein mit dem Landsturm des Passeiertals, des Burggrafenamtes, des unteren Vinschgaus und des Fleimstales griff er am 23. April an und konnte am Abend Trient besetzen. Am nächsten Tag kam es bei Volano zu einem verlustreichen Gefecht, in dessen Folge die Franzosen südwärts abgezogen. Der militärische Erfolg der Österreicher war im Norden wie im Süden Tirols nur von kurzer Dauer, da die schweren Niederlagen Erzherzog Karls und seiner Hauptarmee gegen Napoleon in der Schlacht von Eggmühl Ende April die Österreicher zum Rückzug zwangen.

Die Rückeroberung Tirols

Napoleon wollte nach den Erfolgen, die er Ende April in Bayern gegen Erzherzog Karl erzielt hatte, die Tiroler Angelegenheit bereinigt wissen und zwar noch vor dem geplanten entscheidenden Vorstoß Richtung Wien. Anfang Mai erhielt daher *Marschall Lefebvre* den Befehl, mit dem VII. Armeekorps, das aus drei bayerischen Divisionen bestand und seit dem 29. April Salzburg besetzt hatte, in Tirol einzumarschieren. Die 1. bayerische Division *Kronprinz* sollte den Einfall der Truppen decken, die 3. Division unter General Deroy sollte über Traunstein und Kufstein, die 2. unter General Wrede über Reichenhall und den Pass Strub vorrücken. Hormayr ahnte die Gefahr und die Rache der Bayern und setzte sich schleunigst in die Schweiz ab. Chasteler, der Südtirol den Franzosen überlassen hatte, wartete mit seinen Truppen in Innsbruck.

Die beiden bayerischen Divisionen, die nach Tirol unter dem Oberkommando Marschall Lefebvres, Herzogs von Danzig, vorstießen, wurden von zwei erfahrenen Generälen befehligt, dem schon genannten *General Deroy*, und *General Carl Philipp Freiherr (spät. Fürst) von Wrede*.

Der Einmarsch der Division Wrede in Tirol erfolgte mit großem Elan. Am 10. und 11. Mai werden die ersten Angriffe der bayerischen Truppen gemeldet. Trotz der Hilfe Tiroler Schützenkompanien waren die Österreicher dem unerwartet heftigen Ansturm nicht gewachsen. Am Abend des 11. Mai wurde der Pass Strub von den bayerischen Truppen im Sturm genommen, ein Erfolg, der in der bayerischen Kriegsgeschichte besondere Aufmerksamkeit fand. In dem 1852 herausgegebenen Werk „Der bayerische Soldat im Feld" wird der Kampf der bayerischen Truppen gegen die „Rebellen" und „Insurgenten" am Pass Strub besonders gewürdigt. Die österreichischen Truppen wurden laufend durch den Landsturm verstärkt. Dies machte allerdings die Operationen der Österreicher nicht einfacher.

Der erbitterte Widerstand der Tiroler und ihre Kampfweise waren für die bayerischen Truppen eine ungewohnte Konfrontation. Zornig waren sie auch gegen „Rebellen" und „Insurgenten" kämpfen zu müssen, die die bayerischen Besatzungstruppen vor drei Wochen zur Kapitulation gezwungen hatten.

Feldmarschall Carl Philipp Fürst von Wrede

General Bernhard Erasmus Graf von Deroy

Pass Strub–Tiroler Feste, anno 1809

Wrede sah sich daher am 12. Mai nach dem Gefecht am Pass Strub in einem Tagesbefehl veranlasst, seine Soldaten zu warnen:
Ich habe heute und gestern, an den Tagen, wo ich über so manche tapfere Tat der Division zufrieden zu sein Ursache hatte, Grausamkeiten, Mordtaten, Plünderungen, Mordbrennereien sehen müssen, die das Innerste meiner Seele angriffen und mir jeden frohen Augenblick, den ich bisher über die Taten der Division hatte, verbittern. Wahr ist es Soldaten! Wir haben heute und gestern gegen rebellische, durch das Haus Österreich und dessen kraftlose Versprechungen irre geführte Untertanen unseres allergeliebten Königs gekämpft, aber wer hat Euch das Recht eingeräumt, selbst die Unbewaffneten zu morden, die Häuser und Hütten zu plündern und Feuer in Häusern und Dörfern anzulegen, Soldaten! Ich frage Euch, wie tief sind heute und gestern Euere Gefühle von Menschlichkeit gesunken!

Inzwischen zog Chasteler mit 3000 Mann von Innsbruck Richtung Kufstein und schwenkte dann bei Wörgl vom Inntal nach Süden Richtung Söll, wo er sich den vom Strubpass kommenden bayerischen Truppen der 3. Division General Wredes stellte. Chasteler hatte wie am 12. und 13. April den Landsturm in voller Stärke erwartet. Das Aufgebot war jedoch nicht erschienen. Chasteler sah sich bald gegenüber den unablässig angreifenden bayerischen Truppen in die Defensive gedrängt und zog sich nach Wörgl zurück. Im Operationsjournal der österreichischen Truppen heißt es:[82] *Nun wäre der Moment des Eingreifens des Tiroler Landsturmes gekommen gewesen und hätte vielleicht den Ausschlag gegeben. Zum Unglück aber hatte sich ein großer Teil desselben, der an den vorherigen Tagen so tapfer gefochten hatte, nach Hause verlaufen, andere Teile wurden durch die brennenden Häuser abgeschreckt. Statt Tausende fanden sich nur Hunderte ein.*

Jetzt zeigte sich eine für die Kriegführung verhängnisvolle Neigung des Landsturms: Er war zwar schnell aufgeboten, kehrte aber nach kurzer Zeit ebenso schnell nach Hause zurück. Für blitzschnelle Erfolge war er gut zu haben, für eine langdauernde Kriegführung nicht. Das hing mit der Logistik des Landsturms zusammen, der kaum Verpflegung für mehrere Tage mit sich führte. Darüber hinaus war man immer darauf bedacht, möglichst schnell auf den heimischen Hof zurückzukehren. Vom gesamten Landsturm fanden sich in Wörgl lediglich 300 Mann unter dem Standschützenmajor Straub ein, deren Auftritt für Chasteler keine Hilfe war: *Bei den Haufen des Kronenwirts aber war Disziplinlosigkeit eingerissen. Sie hatten keinen Anführer, zerstreuten sich auf den südlichen Berghängen und feuerten von dort aus allzu großer Entfernung wirkungslos auf die Bayern in der Ebene von Wörgl.*

Die Bayern machten bei eigenen Verlusten von nicht ganz 200 Toten und Verwundeten 3000 Gefangene und erbeuteten 9 Geschütze. Chasteler flüchtete völlig kopflos auf einem schnellen Pferd Richtung Innsbruck. In Rattenberg öffnete ihm die Wache das Tor und schloss es sofort. Wrede verfolgte Chasteler bis vor die verschlossenen Tore Rattenbergs, über denen seit einem Monat wieder der österreichische Doppeladler prangte. Wrede war drüber so erbost, dass er die Stadt beschießen lassen wollte. Da ließ der Bürgermeister die Tore öffnen und dem inzwischen eingetroffenen Marschall Lefebvre die Schlüssel der Stadt durch eine hübsche Rattenbergerin übergeben. Die Stadt wurde geschont. Am 14. Mai vereinigten sich in Rattenberg die Division Wrede mit der von Kufstein vorrückenden Division Deroy, die am 12. Mai die Festung Kufstein befreit hatte, die seit einem Monat von der bayerischen Besatzung gehalten worden war. Von Rattenberg brach General Lefebvre am 15. Mai auf, fand die Brücke über den Zillerbach abgebrochen und die Berge und Schluchten der Gegend mit Tirolern besetzt. Ein blutiges Gefecht entwickelte sich – verlustreich für beide Seiten. Speckbacher und seine Leute zogen sich nach Schwaz zurück.

Hier kam es zum Häuserkampf. Ein bayerischer Soldat berichtet: *Ich sah Knaben von 12–14 Jahren, welche mit Pistolen auf uns schossen, ich bemerkte Männer und Weiber auf den Dächern, welche Ziegel und Steine auf uns herabschleuderten.* Das bayerische Leibregiment konnte Schwaz erst nach viermaligem Sturm nehmen. Die Häuser wurden geplündert, Zivilisten ermordet. Wrede und seine Soldaten waren durch den erbitterten Widerstand der Zillertaler an der Zillerbrücke so gereizt, dass sie nun keinen Pardon walten ließen. Angeblich hat General Wrede schon beim Kampf um die Zillerbrücke Rebellen, die ihm in die Hände fielen, aufhängen lassen.[83] Dass Schwaz in Flammen aufging, lastete die österreichische und antifranzösische Propaganda den Bayern an. 420 Häuser verbrannten. Die Einwohnerzahl sank von 5200 auf 3000. Der Brand von Schwaz erregte in ganz Europa Aufsehen und wurde vor allem von der englischen Propaganda ausgeschlachtet.

Die gegenseitigen Exzesse häuften sich in der Folgezeit. Die als heimtückisch empfundene Kriegführung der Österreicher, vor allem der „Insurgenten", verführte die bayerischen Soldaten zu gewalttätigen Ausschreitungen. Sie wussten nicht mehr zwischen Zivilbevölkerung und „Rebellen" zu unterscheiden, da selbst Kinder und Frauen zu den Waffen griffen. Überall erlebten sie den Spott der Bevölkerung. Das Schimpfwort „Boafak" (Saubayer) war da noch das harmloseste. In seinen Erinnerungen berichtet der bayerische Soldat Deifl von einem Lied, das die Tiroler zu singen pflegten: *Der boarische Kini, der Hungerleider, der Kirchenausrauber, der Vakentreiber* ...

Nach der Niederlage von Wörgl und dem Brand von Schwaz wandte sich der Zorn der Tiroler nicht nur gegen die Bayern, sondern vor allem gegen die Österreicher und ihren Befehlshaber Chasteler, der sich nach Innsbruck und dann weiter Richtung Brenner zurückgezogen hatte. Der inzwischen einberufene Landsturm sah den Rückzug der Österreicher als Verrat und Flucht. Es kam zu Tätlichkeiten gegenüber den österreichischen Truppen. Eine Ordnung in die aufgebrachten Menschenmassen zu bringen, war für Chasteler unmöglich. In den Dörfern östlich von Innsbruck hatten sich Tausende zusammengerottet, allein in Volders fanden sich 8000 Männer des Landsturms ein. Doch es war zu spät. Der geschlagene Chasteler sah keine Möglichkeiten, mit dem Landsturm die Bayern nochmals anzugreifen.

Er dürfte daher nicht ganz unglücklich gewesen sein, als er wenig später von Erzherzog Johann den Befehl erhielt aus Tirol abzurücken. Napoleon hatte am 12. Mai Wien eingenommen, die Italienarmee des Erzherzogs wurde nun an der Donau gebraucht. Der Abmarsch der österreichischen Truppen wurde vom Landsturm vielfach mit Gewalt behindert. Was mit Tirol geschehen sollte, wusste auch Erzherzog Johann nicht so genau. Wie sehr es ihm an der nötigen militärischen Klarheit fehlte, wird im Schlusssatz des Schreibens, das Chasteler am 18. Mai in Sterzing erhielt, offenkundig: *Ich überlasse es Ihrer Einsicht, ob es nicht vorteilhafter wäre, so schleunigst als möglich mit den gesamten Truppen sich an mich anzuschließen ... Überhaupt überlasse ich die Ergreifung dieses Entschlusses Ihrer Einsicht.*

Der Rückzug Chastelers und das Ausbleiben der versprochenen Hilfe der etwa 8000 Mann starken österreichischen Division Feldmarschalls Jellacics, steigerten die Empörung der Tiroler auf den Wiener Hof. Auch verdächtigte man die Innsbrucker, es mit den Bayern zu halten. Man wusste eben nichts von der Entwicklung auf dem innerösterreichischen Kriegsschauplatz. Dort brauchte Erzherzog Johann jeden Mann, er hatte Tirol bereits aufgegeben.

Am 19. Mai konnten die Divisionen Wrede und Deroy kampflos in Innsbruck einrücken, nachdem man den Österreichern einen allgemeinen Waffenstillstand angeboten hatte. Die Insurgenten jedoch wollten weiterkämpfen und so zerschlugen sich die Verhandlungen. Wrede hörte die von Chasteler beauftragten Unterhändler Major Teimer und Major Veyder gar nicht mehr an, sondern las ihnen den Tagesbefehl Napoleons vor: *Ein gewisser Chasteler, angeblich General in österreichischen Diensten, ist im Betretungsfalle als Räuberanführer, als Urheber der an den gefangenen Franzosen und Bayern verübten Mordtaten und als Anstifter des Tiroler Aufstandes in die Acht erklärt, vor ein Kriegsgericht zu stellen und binnen 24 Stunden zu erschießen.*

Nun kam Andreas Hofers große Stunde. Dieser hatte auf die Nachricht vom Vormarsch der Bayern im Unterinntal und den Gerüchten um einen bevorstehenden Abzug der Österreicher hin den Landsturm vom Passeier aufgerufen, sich in Sterzing zu sammeln. Am 19. Mai in Mühlbach und am 20. Mai in Bruneck verhandelte Hofer mit Chasteler und konnte ihn schließlich zum Verbleiben überreden. Doch schon am Tag darauf änderte Chasteler angesichts der Achterklärung Napoleons seine Meinung und gab den Befehl, alle in Tirol befindlichen Truppen in Lienz zu sammeln und von dort aus dem Land zu marschieren. Den am Brenner stehenden General Buol erreichte der Befehl zum Abmarsch nicht, da er abgefangen wurde. So mussten seine Truppen mehr oder weniger freiwillig an den folgenden Kämpfen am Bergisel teilnehmen.

Andreas Hofer; Heliogravüre

*Im Gasthaus „Schupfen" kurz vor Schönberg war
Andreas Hofers Hauptquartier während der Bergiselschlachten.*

Die Treffen am Bergisel und die zweite Befreiung Tirols

Obwohl sich hinter dem Brenner der Landsturm in bisher unerreichter Stärke sammelte und Andreas Hofer überall durch Laufzettel zusätzliche Leute aufbot, verließen schon am 22. Mai Lefebvre und Wrede mit ihren Truppen Tirol. Sie folgten damit einem Befehl Napoleons, durch einen Angriff auf die Steiermark die in Wien stehende Grande Armee zu entlasten. Napoleon hatte bei Aspern am 21. und 22. Mai einen unerwarteten Rückschlag erlitten. In Tirol blieb nur die Division Deroy zurück, die Napoleon als Besatzungstruppe für ausreichend hielt.

Der Abmarsch der beiden anderen Divisionen beflügelte die Leute um Andreas Hofer. Er versuchte nun, General Buol und seine Truppen zu einem gemeinsamen Angriff auf den Feind im Inntal und in Innsbruck zu bewegen. Buol gab dem Drängen Hofers nach. Als Tag des Angriffs wurde der 25. Mai bestimmt. Schauplatz sollte der Bergisel sein, nach der damaligen Bezeichnung der Höhenzug westlich der Sill bis hin zum Geroldsbach.

Um den 23. Mai bemerkte Deroy die Gefahr, die ihm aus dem Süden drohte. Er setzte seine Truppe, 3853 Mann Infanterie, 408 Reiter sowie zwölf Geschütze, in Alarmbereitschaft. Am 25. Mai gab er zwei starken Aufklärungsabteilungen den Befehl, zu beiden Seiten der Sill vorzugehen und sich vor dem Brenner in Matrei zu vereinigen. Sie marschierten in der Frühe los und trafen schon in den ersten Nachmittagsstunden auf die von Hofer aufgebotenen Landsturmeinheiten, die sich ebenfalls in Matrei sammelten. Die überraschten Bayern zogen sich auf Schloss Ambras zurück, wo sie sich festsetzen konnten.

Andreas Hofer hatte jetzt die besten Schützenkompanien des Landes zur Verfügung, insgesamt etwa 6400 Mann, 48 Kompanien aus dem Süden Tirols, vor allem aus der Gegend um Bozen und dem Burggrafenamt, und 14 Kompanien aus Nordtirol. Hofers Schlachtplan war einfach: Man solle auf die Bayern losschlagen, wo man sie treffe, sie den Berg hinuntertreiben, selbst aber niemals die Bergstellungen verlassen.

Die Kämpfe begannen an den Abhängen der Berge um Innsbruck, welche von den Schützen besetzt waren. Die abwärts kämpfenden Tiroler wurden zunächst von den bayerischen Vorposten aufgehalten. Doch schließlich mussten die Bayern der

Übermacht der Tiroler weichen und setzten sich am Fuß der Höhen fest, wo sie sich in den dortigen Häusern verschanzten und sich mit Hilfe ihrer in den Wiltener Feldern stationierten Artillerie halten konnten. Deroy wollte den Hauptangriff gegen den Bergisel führen. Zweimal versuchte er anzustürmen. Vergebens. Gegen 19 Uhr beendete starker Regen überall die Gefechte.

Während Deroy einigermaßen zufrieden mit den Ergebnissen dieses Tages war, zeigten sich die Tiroler vom Ausgang der ersten Bergiselschlacht so enttäuscht, dass sich viele Kompanien aus ihren erkämpften Positionen zurückzogen oder ganz nach Hause gingen. Sehr enttäuscht war man, dass die Oberinntaler nicht erschienen waren. Für Hofer war es nun entscheidend, den einmal angefachten Kampfgeist am Leben zu halten:

Liebe Brüder Oberinntaler! Für Gott, den Kaiser und das teure Vaterland! Morgen in der Früh ist der letzte Angriff. Wir wollen die Bayern mit Hilfe der göttlichen Mutter fangen oder erschlagen und haben uns zum liebsten Herzen Jesu verlobt. Kommt uns zu Hilf, wollt ihr aber gescheiter sein als die göttliche Vorsehung, so werden wir es auch ohne euch richten! Andreas Hofer, Oberkommandant.

Tatsächlich kehrten nach seinen verzweifelten Aufrufen die meisten Landsturmleute und Schützen zurück. Der neue Angriff wurde auf den 29. Mai festgesetzt. Noch einmal verlobte man sich dem Herzen Jesu.

Erstaunlicherweise waren am 29. Mai doppelt so viele Kämpfer versammelt, nämlich 61 Südtiroler und 35 Nordtiroler Kompanien mit rund 13 620 Mann. Dazu kamen 1270 Mann Infanterie, 87 Reiter und sechs Geschütze mit Bedienungsmannschaft der regulären österreichischen Truppen. Deroy verfügte dem gegenüber nur über 5240 Mann und 18 Geschütze. Er ahnte nicht, dass sich der Gegner entscheidend verstärkt hatte. Der lag im Süden der Stadt und auf den südlichen Höhen. Die Kämpfe begannen wie am 25. Mai um die Brücken von Volders und Hall, die wegen eines möglichen Flankenangriffs der Bayern von strategischer Bedeutung waren. Als die Bayern schließlich ans nördliche Ufer zurückwichen, zerstörten sie selbst die Brücke von Hall.

Harte Kämpfe wurden auch um das Dorf Amras geführt, das die Tiroler besetzt hatten. Die Kämpfe östlich der Sillschlucht wurden – und das sollte sich in allen Bergiselschlachten wiederholen – völlig isoliert vom Zentrum geführt. Die Tiroler versuchten zwar durch das Hinunterstürmen in die Ebene Richtung Sillbrücke Kontakt mit dem Zentrum aufzunehmen, mussten aber bei Kloster Wilten vor dem starken bayerischen Feuer zurückweichen. Am linken Flügel der Tiroler und Österreicher gelang es dank der tollkühnen Attacken Haspingers die Bayern von den Höhen abzudrängen.

Im Zentrum des Getümmels war der Anteil der regulären Truppen der Österreicher beachtlich. Gegen Mittag hatten sie das Bergiselplateau erreicht und ihre Artillerie in Stellung gebracht. Als nach langem unentschiedenem Kampf dem General Deroy gemeldet wurde, dass die Oberinntaler im Anmarsch wären und Graf Arco die Scharnitzer Pässe hatte räumen müssen, befürchtete er eine Umklammerung von Norden bzw. eine Sperrung des Rückwegs nach Bayern. Deroy warf nun alles in den Kampf. Der Hauptangriff wurde von den Bayern unter General Siebein gegen den Bergisel geführt. Siebein war einer der besten und tapfersten bayerischen Generäle. Er starb drei Jahre später zusammen mit Deroy an den tödlichen Verwundungen in der Schlacht von Polozk am 18. August 1812. Der bayerische Angriff auf den Bergisel scheiterte. Nun hofften die Österreicher, Deroy angesichts der drohenden Umzingelung zu einer Kapitulation zu bewegen. Deroy lehnte ab. Da nun keiner der Gegner seine Stellung verließ, war man am Abend des 29. Mai auch nicht weiter als am Morgen. Deroy wollte den Fehler Kinkels nicht wiederholen, die Rückzugslinie über Scharnitz war unterbrochen, auch waren Munition und Verpflegung knapp geworden. Die Soldaten murrten: Sie wollten gern gegen ihresgleichen kämpfen, aber gegen diese Bauern, *die sie nie sähen, bevor sie nicht verwundet wären, sei keine Ehre zu holen.*

Noch in der Nacht verließ daher Deroy Innsbruck und erreichte am 2. Juni bayerischen Boden. Innsbruck war zum zweiten Mal befreit worden, und zwar ohne dass diese Aktion im Kalkül der österreichischen Heeresleitung vorgesehen war.

An diesem denkwürdigen 29. Mai wurde ein eigenartiges Schriftstück verfasst, das für die Geschichte des Tiroler Aufstands nicht ohne Bedeutung sein sollte, die sogenannte *Wolkersdorfer Proklamation* des Kaisers:

> Nach bedeutenden Unglücksfällen, und nachdem der Feind selbst die Hauptstadt der Monarchie eingenommen hat, ist es Meiner Armee gelungen, die Französische Hauptarmee unter Napoleons eigener Anführung im Marchfelde am 21. und wiederholt am 22. May zu schlagen, und nach einer großen Niederlage über die Donau zurückzuwerfen. Die Armee und die Völker Oesterreichs sind von höherem Enthusiasmus als je beseelt; alles berechtiget zu großen Erwartungen. Im Vertrauen auf Gott und Meine gerechte Sache, erkläre Ich hiemit Meiner treuen Grafschaft Tyrol, mit Einschluß des Vorarlbergs, dass sie nie mehr von dem Körper des Oesterreichischen Kaiserstaates soll getrennt werden, und dass Ich keinen anderen Frieden unterzeichnen werde als den, der dieses Land an Meine Monarchie unauflöslich knüpft. So bald möglich wird sich Mein lieber Herr Bruder der Erzherzog Johann nach Tyrol begeben, um so lange der Anführer und Schützer Meiner treuen Tyroler zu seyn, bis alle Gefahren von der Grenze der Grafschaft Tyrol entfernet sind. Wolkersdorf, den 29. May 1809.
>
> Unterzeichnet: Franz. m(anu) p(opria)

Dieses optimistische Schreiben wurde nach dem Sieg von Aspern vom 21. Mai 1809 verfasst und spiegelt die Hoffnungen und vielleicht auch die realitätsfremde Beurteilung der Lage durch die kaiserliche Politik. In der Tat hatte der Kaiser, über den Napoleon mit einiger Berechtigung zu witzeln pflegte, dass er immer dem recht gebe, der zuletzt mit ihm gesprochen habe, seine Unterschrift unter ein Schriftstück gesetzt, das dazu dienen sollte, die Tiroler Bevölkerung durch derartige Zusagen zu erhöhtem Widerstand aufzustacheln. Vergeblich suchte Erzherzog Johann, die Veröffentlichung dieses Schreibens, das den Kaiser später als wortbrüchig erscheinen ließ, zu verhindern.

Der Optimismus über einen österreichischen Sieg war nach der Schlacht von Aspern weitverbreitet. Angeblich soll Kronprinz Ludwig nach dieser Schlacht bei einer Gesellschaft beim österreichischen Gesandten Graf Stadion-Warthausen in München ein „pereat" auf Napoleon ausgebracht haben. Das „Pereat-Glas" wird heute im Bayerischen Nationalmuseum aufbewahrt.

Nun tauchte auch wieder Freiherr v. Hormayr auf, der laut Besitzergreifungspatent Erzherzog Johanns vom 8. April 1809 als kaiserlicher Intendant de facto die Zivilregierung geführt hatte. Noch beim Einmarsch der bayerischen Divisionen hatte er große Pläne gehabt. Zusammen mit Chasteler und 30 000 Tirolern wollte er in Bayern einfallen, Schwaben und die Schweiz in Aufruhr setzen und damit dem Krieg eine entscheidende Wendung geben, die auch das Ende Napoleons sein sollte. Nach der Niederlage von Wörgl am 13. Mai hatte ihn schlagartig der Mut verlassen. Am 22. Mai setzte er sich in den Vinschgau ab. Am 2. Juni übernahm er nun neuerdings die Leitung der Geschäfte und kümmerte sich mit großem Eifer um die Verwaltung. Mit kaum verborgener Eifersucht Hormayrs auf jene, die die zweite Befreiung errungen hatten, wurden Hofer und seine Anhänger zurückgedrängt. Sorge machte die finanzielle Situation, sie gestaltete sich kritisch.

Nun nahm Teimer seine Ausfälle nach Bayern wieder auf. Er war mit der Verfolgung des abziehenden Deroy zu spät gekommen; jetzt wandte er sich seinem bewährten System der „brutalen Planlosigkeit" zu. Manche Schützenhauptleute lehnten eine Beteiligung an solchen Aktionen ab, doch Teimer verstand es, Freiwillige zu werben. Zu diesen gesellte sich ein von General Buol überlassener Trupp regulärer österreichischer Soldaten. Bis Partenkirchen, Murnau, Weilheim, Kochei und Tegernsee streiften die Freischärler. Die wiederholten Verbote der Innsbrucker Schutzdeputation vermochten sie nicht zu beeindrucken. Ebenso wurde nun wieder die Blockade von Kufstein mit zwei österreichischen und zehn Schützenkompanien unter Speckbacher aufgenommen. Doch brachten weder Speckbachers tollkühne Stückchen oder die Tiroler Streifzüge Richtung Achenpass und Tegernsee die Belagerung Kufsteins zu einem Erfolg.

Zu einer regelrechten Schlacht gegen die einfallenden „Insurgenten", wie sie im bayerischen Sprachgebrauch hießen, kam es am 18. Juli 1809 in Spatzenhausen bei Weilheim. Bei diesem Gefecht, durch das die Tiroler aus Bayern vertrieben wurden, zeichneten sich der Rittmeister August Graf Lerchenfeld, der Wachtmeister Simon Weidinger und der Gemeine Franz Brandel vom 1. Dragonerregiment durch besondere Tapferkeit aus. Lerchenfeld erhielt für seine Waffentat den Militär-Max-Joseph-Orden, Weidinger und Brandel erhielten die goldene Militär-Verdienstmedaille.[84]

Die dritte Befreiung Tirols

Napoleon konnte zunächst die Nachrichten über die zweite Befreiung Tirols von den Bayern nicht glauben. Da er nach der Niederlage von Aspern am 21. und 22. Mai die bayerischen Truppen, ja selbst einen Deroy in Wien brauchte, überließ er Tirol zunächst seinem Schicksal. Bayern kam dadurch in eine missliche Lage. Nun wurden Stimmen laut, die für eine friedliche Verständigung mit den Tirolern plädierten. Dieses Volk könne man nicht mit Gewalt unterwerfen, man solle ihm Zugeständnisse auf wirtschaftlichem und vor allem religiösem Gebiet machen. Über den Referendar und General-Salinenadministrator *Joseph von Utzschneider* machte die bayerische Regierung den Versuch, mit den Tirolern ins Gespräch zu kommen.

Im Juni 1809 wurde Utzschneider nach Tirol geschickt, um mit den Aufständischen zu verhandeln. Am 27. Juni 1809 erließ er einen Aufruf an die Tiroler, in dem er eine Verringerung der Abgaben, eine allgemeine Amnestie und die Belassung der Klöster versprach. Dies ging jedoch der bayerischen Regierung zu weit; Utzschneider wurde wieder abberufen. Für Hormayr als österreichischem Beamten und Verhandlungspartner kamen diese Angebote einem glatten Verrat gleich, deshalb wies er Utzschneider dezidiert zurück. Es dürfte kaum ein Zufall sein, dass gerade nach dem Aufruf Utzschneiders eine Unzahl falscher Nachrichten über glückliche Siege der Österreicher im Land verbreitet wurde. Hormayr wollte allen Versuchen einer Verständigung der Tiroler mit Bayern entgegenwirken.

Doch die Lage auf dem Kriegsschauplatz bei Wien entwickelte sich für Österreich nicht positiv. Die Österreicher hatten den Erfolg von Aspern am 21./22. Mai nicht genützt und wurden am 5. und 6. Juli 1809 bei Wagram entscheidend geschlagen. Am 12. musste ein verzweifelter Erzherzog Karl bei Znaim den Waffenstillstand annehmen. Dessen vierter Artikel bestimmte, dass die österreichischen Truppen Tirol und Vorarlberg zu verlassen haben.

Angesichts seiner Wolkersdorfer Proklamation scheute sich Kaiser Franz I. verständlicherweise den Inhalt des Waffenstillstands zu akzeptieren. Erst am 19. Juli billigte er ihn. Erzherzog Johann zögerte bis zuletzt mit der Bekanntgabe in Tirol. Dort glaubte man dieser einfach nicht. Am 28. Juli erhielt General Buol den Befehl zum Abmarsch. Buol sollte ihn so lange wie möglich hinauszögern und so im Volk die Hoffnung auf einen neuen Waffengang nähren. Der General ging die Sache etwas ehrlicher an. Er verständigte sämtliche Schutzdeputationen und Kommandanten der Tiroler Kompanien vom Waffenstillstand, sammelte die Truppen auf dem Schabser Plateau und verließ am 4. August Tirol. Mehrere Tiroler Anführer zogen mit ihm, auch Teimer und Hormayr setzten sich aus Angst vor der Rache der Franzosen und Bayern ab. Hofer und Speckbacher blieben im Lande.

Napoleon wollte nach dem Waffenstillstand von Znaim die Tiroler Angelegenheit endgültig erledigen. Dafür mussten nach seiner Meinung 20 000 Mann genügen. Marschall Lefebvre erhielt einen der klassischen Befehle Napoleons, die nicht immer wörtlich zu nehmen waren:

Meine Absicht ist, dass Sie bei Empfang des Gegenwärtigen in den tirolischen Bezirken 150 Geiseln fordern und wenigstens sechs große Dörfer sowie die Häuser der Führer plündern und niederbrennen lassen und dass Sie erklären, das Land werde in Blut und Eisen aufgehen, wenn nicht alle Gewehre, wenigsten 18 000 abgeliefert werden. Sie haben die Macht in Händen seien Sie schrecklich und handeln Sie so, dass man einen Teil der Truppen aus dem Lande ziehen kann, ohne fürchten zu müssen, dass die Tiroler wieder anfangen. Ich erwarte zu hören, dass Sie sich nicht in eine Falle locken ließen und dass mein Waffenstillstand nicht umsonst ist.

Gerade das aber sollte geschehen. Napoleon hatte Recht mit der Vermutung, sein allzu hochmütiger Marschall werde sich von den Tirolern in eine Falle locken lassen. Lefebvre hatte aus dem Desaster vom Mai immerhin gelernt, dass die Besetzung der Hauptstadt Innsbruck allein nicht genüge, um das Land im Griff zu behalten. Jetzt griff er Tirol zangenförmig an. Doch zeigte sich nun, dass gerade ein solches Verfahren angesichts der vielen Pässe und Engstellen sehr schwierig war, da der Tiroler Landsturm fast überall den Vormarsch mit geringen Kräften sperren konnte und Kavallerie und Artillerie, mit denen die Franzosen auf den Kriegsschauplätzen erfolgreich operierten, im Gebirgskrieg fast keine Chance hatten.

Den Hauptstoß sollten von Norden her die bayerischen Truppen führen, die durch französische Truppen und Truppen des Rheinbunds verstärkt waren. Ursprünglich wollte Kronprinz Ludwig damals das betreffende Armeekorps kommandieren, Napoleon überließ ihm aber nur eine Division. Die Divisionen marschierten über den Pass Strub und erreichten am 30. Juli ohne auf größeren Widerstand zu stoßen Innsbruck. Die über den Gerlospass marschierende Division Deroy kam am 1. August nach Innsbruck. Zugleich überschritten 10 000 Franzosen und Bayern unter General Beaumont die Scharnitzer Grenze und zogen nach Vorarlberg.

Angesichts der Ausschreitungen, die im Mai von den Soldaten der Division Wrede bei den Kämpfen um Schwaz begangen worden waren, glaubte Kronprinz Ludwig seinem Untergeneral Clemens Raglovich von Rosenhof vor dem Beginn des Einmarsches am 28. Juli noch Ermahnungen geben zu müssen:

„Ich bin überzeugt, dass sich meine Division durch gute Manneszucht auszeichnen wird. Sie werden immer Milde, statt Strenge, wo sie können ausüben. Die Menschlichkeit beleidigte das Benehmen der Bayern bei Tirols letzter Einnahme, vermehrte die Erbitterung und den Haß. Herz und Staatsklugheit, beide gebieten das Gegenteil! Schärfen Sie das, was ich da gesagt, jedem meiner Leute in der Division ein, welche ich schätze und liebe."

Was jetzt die Truppen zu erwarten hatten, erfuhren die Franzosen, die durch das Pustertal Richtung Eisacktal vordringen wollten. An der Lienzer Klause war der Widerstand der Tiroler so heftig, dass der kommandierende General Rusca am 10. August nach Kärnten zurückweichen musste. Napoleons Befehl, bei Widerstand die Dörfer niederzubrennen, bewirkte das Gegenteil. Andreas Hofer schöpfte wieder Mut, wieder eilten seine Boten mit den berühmten Laufzetteln durch das Land. Nun ging es Schlag auf Schlag. Lefebvre hatte die Rheinbunddivision unter General Rouyer mit den sächsischen Kontingenten über den Brenner geschickt, um Verbindung mit Rusca aufzunehmen. Am 4. August gerieten die Einheiten in der Talenge südlich von Sterzing bei Mittewald und Oberau, in der berühmten „Sachsenklemme", in die von Napoleon beschworene Falle. Dort hatten die Landstürmer unter Leitung von Speckbacher auf den Höhen über der Schlucht riesige Steinhaufen aufgeschichtet, die nun auf die marschierenden und reitenden Kolonnen herunterdonnerten. Scharfschützen feuerten in das Chaos scheugewordener Pferde und durcheinander stürzender Soldaten. Am Abend des 5. August waren an die tausend Mann gefallen, verwundet oder gefangen. Lefebvre hatte nichts gelernt. Mit 7000 Mann und zehn völlig nutzlosen Geschützen eilte er „zu Hilfe", scheiterte jedoch, als er hinter Sterzing am Ausgang des Ridnauntals stecken blieb. Nach schweren Gefechten mit den aus Meran und dem Passeiertal über den Jaufen herangeführten Tiroler Kompanien musste er sich wieder nach Innsbruck zurückziehen, das er nur mit Mühe und schwer dezimiert noch erreichte. Die Begebenheit von 1703 (s. Bayerischer Rummel) wiederholte sich an der Pontlatzer Brücke im Oberinntal. Ein 1400 Mann starkes bayerische Fußregiment der Division Deroy unter Oberst Burscheid, das über den Reschenpass nach Meran marschieren sollte, geriet hier am 8. August in den schon bekannten Hinterhalt und musste kapitulieren.

Die völlig demoralisierten Truppen Lefebvres, die sich nach Innsbruck geflüchtet hatten, waren seit dem 11. August in der Stadt eingeschlossen und konnten nur darauf hoffen, dass die Landsturmkompanien der Tiroler keine Lust mehr zur Verfolgung des Feindes hatten, da sie nun über eine Woche von zuhause weg waren. Tatsächlich fehlte es vielen der Kompanien bereits an Proviant und Munition. Viele Bauern machten Anstalten heimzukehren. Hofer, der am 11. August in Matrei am Brenner eingetroffen war, und Speckbacher konnten jedoch alle überzeugen, dass der endgültige Schlag gegen den Gegner jetzt geführt werden muss. Am 13. August sollte mit 17 000 Mann die entscheidende Schlacht geschlagen werden.

Die Bayern unter Lefebvre hatten in Innsbruck 10 600 Mann Infanterie, 1400 Reiter und 43 Geschütze; 4000 Mann standen in Hall. Am 13. August, einem Sonntag, rechnete der Marschall nicht mit einem Angriff der Tiroler. Als sich aber um halb acht die dienstfreie Garnison zum Gottesdienst in der Wiltener Kirche gesammelt hatte, kam die Meldung, dass eine große Schar von Bauern auf der Brennerstraße vorrücke. Die dritte und härteste Bergiselschlacht hatte begonnen.

Im ersten Ansturm hatten die Tiroler beachtliche Erfolge. Sie glaubten daher allzu optimistisch nach Wilten vorstoßen zu können. Dem Sturmangriff von Deroys Elitetruppen waren sie jedoch nicht gewachsen und mussten sich wieder in den schützenden Wald zurückziehen. Der rechte Flügel der Tiroler östlich der Sillschlucht kämpfte unter Speckbacher mit 3500 Mann weitgehend isoliert vom anderen Kampfgeschehen. An allen Fronten wurden die letzten Reserven eingesetzt. Speckbacher drängte die Bayern bis an die Sillbrücke zurück, dann versperrten ihm wieder die beim Kloster Wilten stehenden Geschütze und Truppen den Weg. Ein Vorstoß der Bayern gefährdete das Zentrum der Tiroler und vertrieb sie kurzfristig vom Bergiselplateau. In dieser Situation konnte Andreas Hofer aus dem Stubai- und dem unteren Silltal Reserven mobilisieren, die den Gegner bis zum Kloster Wilten hinuntertrieben.

Um 20 Uhr waren die Kämpfe nach zwölfstündiger Dauer zum Stillstand gekommen. Die Verluste können nur geschätzt werden: bei den Tirolern wahrscheinlich an die 100 Tote und 220 Verletzte, bei den Bayern mindestens 200 Tote und 250 Verletzte. Die Bauern bezogen in den umliegenden Dörfern Nachtquartier und Andreas Hofer nutzte den unschätzbaren Vorteil, sich hier mit neuer Verpflegung und Munition zu versorgen. Im strengsten Ton befahl er die Verproviantierung. Doch die Kämpfer waren eher geneigt, nach Hause zu ziehen. Hofer konnte nur hoffen, dass Lefebvre ohne weitere Kämpfe durch das Unterinntal abziehen werde. Tatsächlich waren auch in Innsbruck Munition und Verpflegung knapp geworden und als Lefebvre erfuhr, dass Max Graf von Arco am 13. August bei Pill in einen Hinterhalt geraten und gefallen war, musste er um seine einzige gesicherte Rückzugslinie fürchten. Vor dem Abzug brannten die Bayern einen Teil der am Vortag hart umkämpften Höfe am Fuß des Bergisels nieder. Dann zogen sie unter Mitnahme von Geiseln – unter ihnen der greise Präsident Graf Sarnthein und die Freifrau von Sternbach – durchs Unterinntal ab.

Am 14. August war Innsbruck geräumt, am Mariä-Himmelfahrts-Tag zog Andreas Hofer in Innsbruck ein. Er übernahm nun im Namen seines Kaisers das Regiment. Ganz Europa blickte jetzt auf ein Volk, das einen Marschall des französischen Kaiserreichs zur Kapitulation gezwungen hatte.

Daß wir Ursache über Ursache haben dem allmächtigen gütigsten Gott für die durch seine außerordentliche Hilfe erfolgte Befreyung des Vaterlandes von dem so mächtig als grausamen Feinde zu danken, muß und wird wohl jedermann erkennen, und jedermann wünschen, fernerhin von dieser großen Plage befreiet zu bleiben, mit welcher Gott, so wie im alten und neuen Testament, sein Volk so oft, und also auch unser Vaterland, heimgesucht und gezüchtiget hat, auf daß wir uns zu ihn wenden und bessern sollen.

Mit herzlichen Dank für des gütigen Gottes so große Erbarmniß, und mit aufrichtigen Vorsatz einer ernstlichen Besserung müssen und wollen wir uns also zu ihn wenden, und um fernere Verschonung bitten. Wir müssen seine väterliche Liebe mit wahrer Gegenliebe durch auferbaulichen, züchtigen und frommen Lebenswandel, und wie er als Vater befiehlt, mit aufrichtiger und wahrer Liebe des Nächsten zu erlangen uns ernstlich bestreben, und also Haß und Neid und Raubsucht und alles Lasterhafte verbannen, den Vorgesetzten Gehorsam, und dem bedrängten Mitbürger so viel wir können Hilfe leisten; überhaupt aber alle Aergernisse vermeiden.

Viele meiner guten Waffenbrüder und Landesvertheidiger haben sich geärgert, daß die Frauenzimmer von allerhand Gattungen ihre Brust und Armfleisch zu wenig, oder mit durchsichtigen Hudern bedecken, und also zu sündhaften Reizungen Anlaß geben, welches Gott und jedem christlich denkenden höchst mißfallen muß.

Man hoffet, daß sie sich zu Hintanhaltung der Strafe Gottes bessern, widrigenfalls aber sich selbst zuschreiben werden, wenn sie auf eine unbeliebige Art mit ——— bedecket werden.

Innsbruck den 25sten August 1809.

Andreas Hofer,
Ober-Commandant in Tyrol.

x

Freilich: Der besondere Charakter des Gebirgsgeländes ermöglichte den Tiroler Kämpfern Überlegenheit, Überraschungsangriffe und den Rückzug in unzugängliches Gelände, während die regulären Truppen sich kaum entfalten konnten. Auch war Tirol zunächst Nebenkriegsschauplatz bis zum Frieden von Znaim.

Am 18. August war ganz Tirol mit Ausnahme von Kufstein von den Franzosen und Bayern geräumt. Dass es den Tirolern nicht möglich war, die Festung zu erobern, zeigte Hofer, dass die Partie noch nicht zu Ende gespielt war. Am 2. September schickte er dem Kommandanten Aicher in Kufstein einen bösen Brief, in dem er ihm ankündigte *„dass, wenn er sich fürder erfreche, die Stadtbewohner von Kufstein als tirolische Untertanen mit Strafen und Steuern zu belegen, oder wenn er nicht bald die Festung mit Gutem an die Tiroler abtrete, er ihn als eine Fahn bei der Festungsmauer Kopfsteins aushängen lassen werde usw ... "*

Zwischen dem bayerischen Offizierskorps und dem Marschall Lefebvre kam es angesichts der militärischen Misserfolge zu erheblichen Auseinandersetzungen. Der in seiner Ehre schwer getroffene französische Marschall suchte die Schuld bei den bayerischen Truppen, die Bayern machten seine schlechte Führung für die Katastrophe verantwortlich. Auch habe er durch seine übergroße Härte den neuerlichen Aufstand provoziert. Lefebvre verdächtigte sogar die Bayern bei Napoleon, mit den Tirolern und Österreichern gemeinsame Sache zu machen: *„Wenn ich an meiner Tafel sitze und schließe die Augen, glaube ich nach den Bemerkungen zu schließen, die an mein Ohr dringen, im österreichischen Lager zu sein und nicht im französischen."*[85]

Gegenüber König Max I. Joseph meinte Wrede, *„dass wenn eben dieser Marschall Tirol nie betreten hätte, die Soldaten der 2. und 3. Division nie aufgehört haben würden, Menschen zu sein und dass die Tiroler vielleicht schon nach dem Gefecht bei Wörgl der Stimme der Vernunft gefolgt wären."*

König Max I. Joseph von Bayern, der so stolz auf seine Armee war, empfand die Vorwürfe Lefebvres als schwere Beleidigung. Am 17. August, also nach dem Abzug Lefebvres aus Tirol, schrieb er an seinen Freund, Marschall Berthier:

„Nicht ohne Erstaunen höre ich, dass der Herzog von Danzig die ganze Schuld an dem unglücklichen Unternehmen in Tirol auf meine Truppen schiebt. Er hat sich dazu verstiegen, zu behaupten, er hätte mit zwei französischen Bataillonen mehr ausgerichtet als mit meinen zwei Divisionen. Es ist ein großes Unglück, mein lieber Freund, dass meine Armee wegen der schlechten Planungen ihres Kommandeurs den guten Ruf verliert, den sie sich bei Thann, bei Abensberg unter den Augen des Kaisers, wie auch bei Wagram und Znaim erworben hat. Was ferner vor allen Dingen für meine Truppen spricht, dass ist die hohe Zahl an Gefallenen und Verwundeten, die diese Expedition gekostet hat, ohne auch noch gut zwanzig verwundete und getötete Offiziere aufzählen zu wollen. Seien Sie beim Kaiser der Anwalt meiner Armee."[86]

Das „Herz" der antifranzösischen Opposition war Kronprinz Ludwig. Lefebvre hatte bewusst seine Division nicht nach Tirol marschieren lassen, sie blieb in Salzburg. Als Lefebvre in Anwesenheit des Kronprinzen die angetretenen bayerischen Truppen beschimpfte, entfernte sich Ludwig demonstrativ. Lefebvre erklärte ihm darauf, er hätte ihn arretieren lassen, wenn er nicht der Kronprinz wäre. Als die Tiroler nach der Niederlage Lefebvres auch in Salzburger Gebiet einfielen, wurde die Division Kronprinz in die Kämpfe verwickelt, was Ludwig, der in geheimen Verhandlungen mit den Tirolern stand, mit allen Mitteln zu verhindern suchte. Als Hallein von den Tirolern besetzt wurde, gab Lefebvre Ludwig den Befehl, beim Sturm auf die Stadt präsent zu sein. Ludwig kam diesem Befehl nicht nach. Als Napoleon von dieser Befehlsverweigerung erfuhr, drohte er in seinem Zorn mit der Erschießung des Kronprinzen. Ludwig war ihm ein stetes Ärgernis. Um das Verhältnis zu den Verbündeten zu entspannen, ersetzte Napoleon schließlich Lefebvre, den „alten Esel", wie sich König Max I. Joseph ausdrückte, durch General Drouet d'Erlon, der es mit den Bayern weit besser konnte.

Die letzte Schlacht – das Ende

Am 14. Oktober wurde der *Frieden von Schönbrunn* geschlossen. Österreich musste Tirol wieder den Bayern überlassen. Auf Befehl Napoleons rückten jetzt fast 40 000 Mann, das Doppelte an Truppen wie zwei Monate vorher, zur endgültigen Besetzung in Tirol ein. Den Hauptstoß führten wie früher die Bayern, die den unter Speckbacher stehenden Landsturm am Bodenbühlpass überrumpelten. Dem Einmarsch folgte ein friedlicher als vor zwei Monaten gehaltener Aufruf, die Waffen niederzulegen. Man bot sogar Gespräche an und wollte die Ursache des Aufstands prüfen. Die Bayern versuchten, jeden Anlass für einen weiteren Widerstand zu vermeiden. Angesichts des gigantischen Truppenaufmarsches hielten viele Tiroler weiteren Widerstand für sinnlos. Auch war jetzt der Kampfgeist der Tiroler weitgehend erloschen. Andere wie Pater Haspinger versuchten jedoch, den zögernden Andreas Hofer umzustimmen. So kam es zu einem letzten Waffengang, der freilich nicht mehr mit den vergangenen Kämpfen zu vergleichen war.

Wieder war der Bergisel der entscheidende Punkt und dieses Mal war sogar der bayerische Kronprinz, der am 25. Oktober 1809 in Innsbruck eingezogen war, dabei. Die Innsbrucker waren froh, dass das Bauernregiment Andreas Hofers mit seinen vor allem gegen die Innsbrucker gerichteten Sittlichkeitsanordnungen beendet war. Sie jubelten Kronprinz Ludwig zu, der nach Wilten hinaus ritt, um sich über die militärische Lage zu unterrichten. Da aber das Wiltener Feld von den Bauern beschossen wurde, musste sich Ludwig nach Innsbruck zurückziehen.

Noch einmal, am 1. November, dem Allerheiligentag, traten dann am Bergisel die Tiroler gegen die bayerischen Truppen an. Auf Tiroler Seite zählte man nur noch 70 Kompanien, etwa 8500 Mann. Ihnen standen 20 000 Mann bayerische Truppen gegenüber. Ein kräftiges bayerisches Artilleriefeuer zerstörte die Bergiselschanzen, die bayerische Infanterie überrannte den linken Flügel der Tiroler und stieß auf die Höhen von Natters vor. Der rechte Flügel der Tiroler östlich der Sillschlucht, wie immer ohne Verbindung mit dem Zentrum, wurde ebenso im Sturm überrannt. Nach zwei Stunden war alles vorüber, die Bauern flohen in die Berge. Die Verluste waren angesichts des Gefechtsverlaufs auf beiden Seiten gering. 20 bis 50 Tiroler sollen in Gefangenschaft geraten sein. Der Wald am Bergisel wurde mit Befehl vom 7. November 1809 abgeholzt. Ein verdeckter Angriff auf Innsbruck im Schutze der Wälder sollte für die Zukunft unmöglich gemacht werden.

Doch nicht alle Tiroler gaben auf. Die Radikalen bestürmten den schwankenden Andreas Hofer, ermutigt durch Erfolge Josef Speckbachers am 16. und 22. November, weiterzukämpfen. Doch die allgemeine Kriegslust war auf Null gesunken. Das kleine Häuflein des „letzten Aufgebots" war chancenlos. Die noch Widerstand leistenden Anführer wurden gejagt und hingerichtet.

Ein Mythos entsteht

Zunächst erstaunt die Leichtigkeit, mit der die Tiroler Aufständischen die französischen und bayerischen Truppen aus dem Lande trieben, während die regulären österreichischen Truppen in Tirol gegen die französischen und bayerischen Truppen in der Regel immer den Kürzeren zogen oder zurückwichen. Eine Erklärung für die Überlegenheit der Tiroler liefern der besondere Charakter des Gebirgskrieges und die besonderen Fähigkeiten der bäuerlichen Bevölkerung Tirols. Zu diesen gehört nach dem Zeugnis Hormayrs vor allem ihre Beweglichkeit, etwa als Holzarbeiter, Jäger, Händler, sowie ihre Genügsamkeit: *Der Tiroler Bauer lebt gewöhnlich von Milch, Erdäpfeln und türkischem Korn, welche ihm sein felsiger Boden nur kärglich zumißt; Brot genießt oft nur der Wohlhabende. Und auch mit dieser mäßigen Nahrung ist der Boden kaum im Stande, seine ganze Bevölkerung zu unterhalten; daher wandert ein großer Teil derselben in die benachbarten Gegenden Schwabens und Bayerns aus, um dort für ihren Lebensunterhalt zu dienen.*[87]

Für die Erfolge war auch mitentscheidend die Vertrautheit jedes Schützen mit seinem Stutzen. Hier meint Hormayr: *Der Tiroler ist gewöhnlich mit einem Stutzen bewaffnet und, was die beträchtliche Klasse der Jäger und der auf Freischießen herumziehenden Schützen betrifft, der geübteste Schütze in ganz Europa. Die Sorgfalt dieses Volkes für diese Feuerwaffe, das Raffinieren auf ihre Vervollkommnung geht ins Unglaubliche.*

Alles Schießen in diesem Lande geschieht auf 150 bis 300 Schritte aus freier Hand, mit aufgehobenen, nicht an den Leib angelehnten Armen und ohne irgendein Hilfsmittel auf dem Gewehr mit bloßem Auge.[88]

Artillerie und Kavallerie, die Stärken der französischen und bayerischen Armeen, spielten in Tirol keine Rolle oder nur dann, wenn sie, wie gegen die österreichischen Truppen, in der Ebene eingesetzt werden konnten. Die großen Städte Tirols spielten militärisch keine Rolle, da sie in der Regel keinen Widerstand leisteten. Die Bürger- und Schützenkompanien waren am Aufstand 1809 praktisch unbeteiligt, soweit sie nicht von den aufständischen Bauern zum Einsatz gezwungen wurden. Die französischen und bayerischen Armeeführer waren in den ersten zwei Angriffen auf Tirol der fälschlichen Meinung, der Besitz der großen Städte bedeute auch den Besitz des Landes. Besonders schwierig gestaltete sich für sie die Versorgung der Truppen mit Munition und Verpflegung angesichts der langen gebirgigen und dem Feinde dauernd ausgesetzten Nachschubwege. Die Hauptursache für alle Niederlagen war die fehlende bzw. gestörte und abgeschnittene Kommunikation innerhalb des Landes bzw. zwischen Tirol und Bayern. Die kürzeste Kommunikations- und Rückzugslinie zwischen Bayern und Tirol, der Weg von Mittenwald nach Innsbruck über den Seefelder Sattel und den Zirler Berg, war leicht zu unterbrechen und zu sperren. Tatsächlich war bei allen bayerischen Operationen in Tirol in den Jahren 1703 und 1809 die Sorge um den freien Rückzug mit ein Hauptgrund für den Abzug der bayerischen Truppen aus Innsbruck.

Beim Nachschub hatten die Aufständischen gegenüber den französischen und bayerischen Truppen einen entscheidenden Vorteil: Sie konnten sich aus dem Land versorgen, während dies dem Feind verwehrt war. Im Kriegsfall wurde Verpflegung des Landsturms von den Gemeinden übernommen *und dies ist auch sehr leicht, da einige Pfund Türkenmehl und Erdäpfel eine geraume Zeit ihren Mann ernähren. Wo es dem Gegner gelingt, einzudringen, da verlassen überall die Bewohner ihre Wohnungen und schleppen Nahrungsmittel und Vieh auf die hochgelegenen Almen. Davon können sie eine geraume Zeit leben, während der Sieger in einer trostlosen Verlegenheit wegen seines Unterhalts ist.*[89]

Der Rückzug der Tiroler Schützen ins Gebirge bei allen Angriffen war für die bayerischen Truppen umso schwieriger als sie keine Orientierung im Gebirge hatten. Dort versagten alle Karten. Auskunft erteilten die Tiroler nicht, so dass viele bayerische Soldaten oft nicht wussten, wo sie sich befanden. *So arm und so geldgierig der Tiroler auch ist, so ist mir doch kein Beispiel bekannt, daß ein Eingeborener durch Drohung oder durch Aussicht auf Gewinn zum Spionieren. Ja nur zur Zeigung des Wegs gebracht werden konnte.*[90]

Dass die Aufständischen im Oktober und November 1809 endgültig besiegt werden konnten, lag am massiven Aufmarsch der französischen und bayerischen Truppen, an der sich breit machenden Lethargie der Bevölkerung angesichts des Schönbrunner Vertrags, den feindlichen Repressalien und der immer knapper werdenden Ressourcen. Ohne Rückendeckung Österreichs waren die Tiroler auf die Dauer nicht in der Lage, ihr Land zu verteidigen.

Andreas Hofer, durch Verrat aufgespürt, wurde Ende Januar 1810 verhaftet und nach Mantua gebracht. Trotz Bitten der dortigen Stadtbevölkerung, trotz Intervention Vizekönigs Eugène Beauharnais und Kronprinz Ludwigs wurde Hofer auf persönliche Weisung Napoleons am 19. Februar von einem französischen Kriegsgericht zum Tode verurteilt und am 20. Februar 1810 erschossen.

Der Aufstand der Tiroler hat in Bayern zunächst Empörung ausgelöst. Offiziell waren die Tiroler, die ja seit drei Jahren Untertanen des Königs von Bayern waren, meineidige „Insurgenten" bzw. „Rebellen". Da halfen auch die formaljuristischen Aufrufe Erzherzog Johanns nicht, der nach dem Einmarsch der Österreicher die Tiroler zu österreichischen Untertanen erklärte, deren Land bisher rechtswidrig von Bayern besetzt worden sei.

Der Freiheitskampf der Tiroler war für die bayerische Regierung und ihre Integrationspolitik die schwerste Niederlage. Es gelang ihr nicht mehr, die Sympathie der Tiroler zu erwerben. Auch lässt sich nicht verdrängen, dass die Auseinandersetzungen 1809 letztlich ein Bruderkampf zwischen Bayern und Tirol waren.

Trotz des „Erfolgs" in Tirol und weiterer Siege Napoleons nahm in Bayern die anfängliche Napoleon-Begeisterung ab, wie sich überhaupt im Reich ein Stimmungsumschwung anbahnte. Das Geschehen in Tirol 1809 war dafür eine der ersten und bedeutendsten Ursachen.

Der Judas von Tirol, Franz Raffl (1775–1830)

Der aus Schenna stammende Raffl war Besitzer eines Viertelhofes in Prantach im Passeiertal und besaß eine Almhütte in der Nähe der *Pfandlerhütte*, wo sich im Winter 1809/10 Hofer versteckt hielt. Raffl bemerkte daher bald Hofers Versteck. Obwohl Hofer die Gefahr ahnte und obwohl von den Franzosen 1500 Gulden auf seinen Kopf ausgesetzt waren, flüchtete er nicht nach Österreich, wie das seine Anhänger hofften. Hofer, der Raffls Geldverlegenheit und dessen leichtfertigen Lebenswandel kannte, suchte sich Raffls Verschwiegenheit durch Geld zu erkaufen. Dieser nahm jedoch nichts und gelobte Hofer durch Handschlag Stillschweigen. Am 5. Januar verriet Raffl jedoch das Versteck Hofers. Erst am 27. Januar schrieb der zuständige Richter Auer an General Huard einen Bericht, den Raffl in Meran selbst abgab. Der General ließ sofort 600 Mann unter Raffls Führung aufbrechen, die am nächsten Tag, am Dreikönigstag um 4 Uhr früh Hofer gefangen nahmen. Im tiefen Schnee wurde Hofer barfuß mit seinem Sohn, seiner Frau und dem jungen Gefährten Sweth ins Tal gebracht. Raffl, der „Judas von Tirol", konnte sich nicht mehr im Lande halten. Er erhielt 1811 eine Stelle als Wagknecht im Mautamt München. 1830 verstarb er verarmt in Reichertshofen bei Ingolstadt.

Text auf dem unteren Bildrand:
„Ein Baur namens Saxer gibt einem Franzosen zu Zeit des Waffen-
stillstands zu trinken und wagt dadurch sein Leben..."
Zeichnung von dem bayerischen Schlachten-Maler
Albrecht Adam; vermutlich Augenzeuge

9. Kapitel

Tirol nach dem Aufstand

Die Teilung Tirols

Der Friede von Schönbrunn vom 14. Oktober 1809 machte deutlich, dass Napoleon gegenüber Österreich eine sanftere Gangart einschlug. Statt der ursprünglich geplanten Zerschlagung des Landes dachte der Korse nun an eine Erhaltung Österreichs als Großmacht, was vor allem mit seinen Heiratsplänen zusammenhing. Er strebte nämlich eine Verheiratung mit Erzherzogin Marie Louise, der Tochter von Kaiser Franz I., an.

Dazu musste er sich vorher von Kaiserin Josephine scheiden lassen, was für Bayern nicht ohne Folgen war, da dadurch der politische Wert der Heirat zwischen Eugène Beauharnais und der bayerischen Königstochter Auguste Amalie stark gemindert wurde. Eugène hatte nun keine Aussichten mehr, Nachfolger seines Stief- und Adoptivvaters zu werden. Die Nachricht von der Scheidung erfuhr König Max IV. Joseph von seinem Schwiegersohn in Frankreich, wohin er sich im Dezember 1809 auf Befehl Napoleons begeben hatte. Noch peinlicher für alle Beteiligten war, dass die Scheidung von Josephine während der Anwesenheit des bayerischen Königspaares und anderer Rheinbundfürsten in Paris stattfand.

Bayern, das bisher von der Feindschaft zwischen Napoleon und Österreich profitiert hatte, war nun durch die Heirat Napoleons von minderem Interesse. Als Bollwerk gegen Österreich hatte es ausgedient und die noch im April 1809 in Aussicht gestellten großartigen Landgewinne schienen in weite Ferne gerückt. Im Frieden von Schönbrunn hatte sich Napoleon von Österreich Gebiete übertragen lassen und konnte sie nun nach Gutdünken an die Verbündeten weitergeben.

Der Aufstand der Tiroler und vor allem die zunächst vergeblichen Versuche, Tirol zurückzuerobern, waren in den Augen Napoleons eine militärische Schande, die seinen Ruf als unbesiegbaren Feldherrn gefährdete. Schon während des Feldzugs von 1809 hatten sich Unstimmigkeiten zwischen den französischen und bayerischen Heerführern ergeben. Vor allem kam es zwischen Kronprinz Ludwig und den bayerischen Generälen einerseits und dem französischen Marschall Lefebvre andererseits zu nicht selten lautstarken Auseinandersetzungen. Der in seinem militärischen Ansehen bei Napoleon beschädigte Lefebvre setzte alles daran, die Bayern für die Tiroler Ereignisse verantwortlich zu machen. Auch Napoleon war der Meinung, dass die bayerische Regierung nicht in der Lage gewesen sei, einen strategisch so wichtigen Punkt wie Tirol ausreichend zu sichern.

Das von Napoleon geplante Ende der bayerischen Herrschaft in Tirol deutete sich schon an, als die französischen Truppen seit November 1809 Tirol südlich des Brenners und des Reschenpasses auch nach dem Ende der militärischen Operationen besetzt hielten. Damals forderte Vizekönig Eugène Beauharnais, der den Oberbefehl über die französischen Truppen im Süden hatte, die Tiroler zum großen Ärger des bayerischen Königs auf, ihm ihre Beschwerden vorzulegen. König Max I. Joseph schrieb an Eugène, dass solche Aufforderungen die Insurgenten nur ermutigen würden. Eugène gab ihm eine bemerkenswerte Antwort: *„Wer wisse, ob die Wahrheit über die Tiroler zu des Königs Ohren gedrungen sei, vielleicht haben ungetreue Beamte dieses Volk gegen den Willen des Königs behandelt. Der Souverän erniedrigt sich nicht, wenn er die Klagen der Völker hört. "*[91]

Der König war im Unterschied zu seinem Sohn bis zuletzt vom *falschen und verabscheuungswürdigen Charakter der Tiroler* überzeugt. Die Kritik an seinen Beamten schien er allerdings nach 1809 allmählich zu teilen. So ließ er über seinen Sohn Ludwig bekanntmachen, er habe gefunden, „*daß ein großer Teil der Beamten in Tirol keinen Teufel tauge, nur drei Landrichter von allen, die was wert wären ...* "

Bis zum Dezember 1809, also noch lange nach den letzten Kämpfen in Tirol, versuchte die französische Militärverwaltung durch entsprechende Proklamationen den Tirolern klarzumachen, dass sie bei Frankreich besser als bei Bayern aufgehoben seien. Die Tätigkeit oder vielmehr die Wiederaufnahme der Tätigkeit bayerischer Beamter wurde behindert. Die im November 1809 gegen den Willen der Franzosen von Bayern eingesetzte

Hofkommission zur neuerlichen Aufnahme der Regierungsgeschäfte in Tirol unter der Leitung Friedrichs von Thürheim lief ins Leere, da der französische General Drouet den Innkreis und General Baraquay d'Hilliers den Eisack- und Etschkreis beherrschten und beide Generäle eigene Zivilkommissariate eingesetzt hatten. In dieser Situation reiste Thürheim nach Mailand, um mit Eugène die Lage in Tirol zu erörtern. Dieser hielt ihn dort zurück, bis in Paris die Entscheidung über Tirol gefallen war. Das Werben der Franzosen kam den Tirolern, vor allem den städtischen Kreisen in Bozen, sehr entgegen, so dass die Franzosen bald in die vorteilhafte Lage kamen, einen Regierungswechsel in Tirol mit dem allgemeinen Wunsch der Bevölkerung zu rechtfertigen.

Am 20. Dezember 1809 trat in Bozen auf Wunsch General Graf Baraguays d'Hilliers ein Städtetag zusammen, der nach den Vorstellungen der Franzosen für den Anschluss Tirols an Italien votieren sollte. Doch Innsbruck und Hall hatten ihre Deputationen bereits nach München geschickt. Die in Bozen versammelten Städte beauftragten schließlich eine nach Mailand gesandte Deputation, darauf hinzuweisen, dass sie am Aufstand nicht beteiligt gewesen seien, d. h. keinen „direkten" Anteil genommen hätten. Außerdem solle das Land ungeteilt bleiben. Die bayerische Regierung versuchte ihrerseits, durch Aufrufe die Tiroler zurückzugewinnen. Ein gefälschter Abschiedsbrief Andreas Hofers an die Tiroler sollte das Land zur völligen Unterwerfung unter Bayern bewegen.

Das deutliche Engagement der Stadt Bozen zugunsten Italiens und damit zugunsten der Franzosen führte dazu, dass sie sich gegenüber der bayerischen Hofkommission am 23. Februar 1810 verteidigen und entschuldigen musste. Man schrieb nach Innsbruck:

... Wir widersprechen feierlich jeder Zumutung, daß wir etwas unternommen haben, was den Pflichten des Untertans zuwider wäre ... Der Stadtmagistrat erwartet mit Sehnsucht den Augenblick, in welchem die rechtmäßige Regierung in Ihrer vollen Wirksamkeit eintreten wird, um Allerhöchst Dieselbe von seiner Ergebenheit und von dem ungeteilten Wunsch überzeugen zu können, der die Bewohner der Stadt Bozen beseelt, mit dem übrigen Tirol ungeteilt bei der Krone Baiern zu bleiben ...[92]

Schon eine Woche später wurde die Teilung Tirols in Paris beschlossen. Die dortigen Verhandlungen endeten mit einer diplomatischen Niederlage für Bayern. Zwar konnte Bayern im *Pariser Abkommen vom 28. Februar 1810* gegenüber einem Verlust von 500 000 Einwohnern in Welschtirol einen Gewinn von 700 000 Einwohnern in Salzburg und Franken verbuchen. Doch die Verluste wogen schwer und wurden als Bestrafung empfunden. Bayern musste an das Königreich Italien alle Gebiete südlich von Brixen und Meran abtreten. Schmerzlich war vor allem der Verlust Bozens. Die Details regelte der Vertrag vom 7. Juni 1810. Wegen der Abtretung Bozens an Italien bestand kein direkter Zusammenhang mehr zwischen Eisacktal und Vinschgau.

In den Verhandlungen, die die einzelnen Vertreter der Rheinbundfürsten, sowie von bayerischer Seite schließlich auch Max I. Joseph und Montgelas persönlich führten, wurde den Bayern von Napoleon immer wieder klargemacht, dass die bayerische Verwaltung in Tirol versagt habe: *Mit leeren Theorien und Prinzipienreiterei sei überhaupt kein Volk zu gewinnen ... Aber die erste Aufgabe ist, eine Verfassung zu ändern, die offensichtlich für die Tiroler nicht paßt, und ihnen dafür eine andere zu geben, die den alten Gewohnheiten dieser Bergbewohner entspricht, und ihnen eine Regierungsform aufzurichten, die ihrer Einbildungskraft die Art und Weise wieder vorspiegelt, die ihnen unter Österreich so wohl gefiel.*

Napoleon hielt eine Teilung Tirols für notwendig, weil nur so der Gemeinschaftssinn und damit auch die eigentliche Stärke Tirols zu beseitigen sei. Vergeblich legte Montgelas ein neues Verwaltungskonzept für Tirol vor: Ein Prinz des königlichen Hauses sollte zum Gouverneur des gesamten Landes über den drei Generalkreiskommissariaten ernannt werden. Die Landgerichte sollten vermehrt, den Gemeinden wieder Selbstverwaltung eingeräumt werden, kurzum alles sollte dezentraler gestaltet werden. Im Vorgriff auf die in der Konstitution von 1808 vorgesehene, aber bisher nicht zusammengetretene Nationalrepräsentation sollte in Tirol bereits jetzt einen Ausschuss aus 36 der besten Männer versammelt werden. Er solle über die Verteilung der direkten Steuern entscheiden, Beschwerden gegen die Regierung und ihre Beamten annehmen und vorbringen, sowie Verbesserungsvorschläge einreichen. Daneben enthielt Montgelas' Entwurf noch Zusicherungen zur Fortexistenz der noch bestehenden Klöster. Die Konskriptionen sollten nun von den Gemeinden selbst durchgeführt werden.

Diese Vorschläge Montgelas' kamen zu spät. Die Teilung Tirols war längst beschlossen: Für Bayern ging es nur noch darum, den Gebiets- und Bevölkerungsverlust möglichst gering zu halten und ausreichende Entschädigungen zu gewinnen. Nachdem man sich auf keine genaue Grenzlinie einigen konnte, bestimmte der Pariser Vertrag lediglich, Bayern müsse *Teile des italienischen Tirols nach Wahl seiner Majestät des Kaisers* abtreten. Die abzutretenden Gebiete sollten *untereinander zusammenhängen, an Italien und die illyrischen Provinzen grenzen und für sie passend gelegen eine Bevölkerung von 280–300 000 Seelen umfassen.* Um den genauen Grenzverlauf zu bestimmen, wurden eigene Kommissionen eingesetzt, die nun monatelang feilschten, da Bayern vor allem Bozen für sich retten wollte. Erst im August 1810 war die Regulierung beendet. Bayern behielt Nordtirol, den Vinschgau sowie das obere Eisack- und das Pustertal und gab dafür den südlichen Landesteil mit Bozen, Buchenstein, Ampezzo und Toblach an das Königreich Italien. Osttirol und Innichen wurden zum Bestandteil der illyrischen Provinzen.

Obwohl Bayern im Vertrag von Paris noch einmal eine Vergrößerung seines Territoriums erreichen konnte und vor allem mit der Einbeziehung Regensburgs die letzte Enklave im Land beseitigt war, bedeutete die erzwungene Abtretung des südlichen Tirol mit Bozen einen herben Verlust, insbesondere in wirtschaftlicher Hinsicht. Politisch war misslich, dass sich gerade der Süden Tirols mit der bayerischen Obrigkeit arrangiert hatte und während ihrer Herrschaft auch enorme Fortschritte gemacht hatte, besonders was die zurückgebliebenen Gebiete des Hochstifts Trient betraf. Nunmehr bildete die schwer zu lenkende Bevölkerung Deutschtirols den südlichen Landesteil. Für Bayern zerschlugen sich nun alle eventuellen Großmachtabsichten. Mit der Abtretung Welschtirols (Südtirol), so meinte Legationsrat Hörmann, habe man den einzigen Weg, *„Baiern eine Größe und Unabhängigkeit zu verschaffen, zu der ein bloßer Armeestaat nie gelangen kann, verloren".*

Bayerns letzte Jahre in Tirol

Die Bemühungen Bayerns richteten sich nun auf eine den neuen und tirolischen Gegebenheiten angepasste Verwaltung. Man glaubte, durch eine Politik der „Gewinnung der Herzen des Volkes" den verbliebenen Teil Tirols auf Dauer integrieren zu können. Angesichts einer verbreiteten Lethargie im Land hatten die bayerischen Behörden keinerlei Rückhalt im Volk. Da half es auch nicht, dass man sich jetzt in kirchlich-religiösen Angelegenheiten zurückhielt. Unbeliebt machte man sich durch die weiterhin erheblichen Steuerforderungen und die Konskriptionen, die jetzt konsequent durchgeführt wurden. Auch war die Verbindung der Bayern mit den verhassten Franzosen und dem Tyrannen Napoleon nicht angetan, die Sympathien der Tiroler zu gewinnen.

Wirtschaftliche Nutznießer der 1810 eingetretenen neuen Verhältnisse waren die Weinbauern des Burgrafenamtes um Meran. Sie waren nun nach dem Wegfall des südlichen Tirols neben den Weinbauern um Brixen die einzigen Weinlieferanten des Königreichs Bayern. Das unterfränkische Weinbaugebiet um Würzburg hatten die Bayern schon 1805 an den Großherzog der Toskana abgeben müssen, so dass schon damals die Preise für Wein in Tirol beträchtlich anzogen.

Da die bayerischen Behörden annehmen konnten, dass bei einem österreichischen Angriff die Tiroler sofort wieder zu den Waffen greifen würden, agierte die bayerische Verwaltung nach 1810 zwar ängstlicher und moderater, aber auch um vieles misstrauischer als vorher. Viel zu viele Aufständische von 1809, Fahnenflüchtige und Wehrdienstverweigerer waren nach Österreich ausgewichen oder hielten sich wieder im Lande auf. Deshalb sollte ein verstärktes Überwachungs- und Spionagesystem vor allem Verbindungen mit Österreich verhindern, aber auch die Volksstimmung ergründen. Währenddessen arbeitete in Wien unbehelligt, ja sogar mit Unterstützung von Regierungskreisen, eine politisch aktive Tiroler Kolonie. Der Generalkommissar blickte daher vor allem gebannt nach Wien und auf die dortigen Machenschaften der von England unterstützten Emigranten.

Eine nicht unbeträchtliche Schuld am Aufstand gab man den Hausierern. 1811 versuchte man, mit neuen Beschränkungen an die Hausiererverordnung vom 27. Oktober 1807 anzuknüpfen. Der Hausierhandel hatte sich vor allem in einzelnen Tälern mit bestimmten Produkten entwickelt, im Zillertal mit Handschuhen, im Grödnertal mit Holzschnitzereien, im Stubaiertal mit Eisenwaren, im Defereggental mit Decken. Diese bayerischen Vorschriften wurden später von Österreich durch die Hofkanzleiverordnung vom 7. Juli 1818 übernommen.

Als neuer Generalkommissar des nun auf den Innkreis beschränkten Landes trat im Frühjahr 1810 *Maximilian Emanuel Franz Freiherr von Lerchenfeld* (1748–1843) an. Diese Stelle behielt Lerchenfeld bis zu seiner auf eigenen Wunsch erfolgten Beurlaubung im Januar 1814. Lerchenfeld ist den liberalen Kräften der bayerischen Regierung zuzurechnen und hatte wesentlichen Anteil an der Entstehung der Verfassung von 1818. In Tirol zeichnete er sich durch eine vermittelnde Haltung aus. In der Zeit als Generalkommissar in Innsbruck entwickelte sich seine Freundschaft mit dem bayerischen Kronprinzen Ludwig.

Am 12. Oktober 1810 heiratete Kronprinz Ludwig Prinzessin Therese Charlotte Louise von Sachsen-Hildburghausen. Zur Hochzeitsfeier ordnete König Max I. Joseph in München ein Volksfest an vier öffentlichen Plätzen an. Zusätzlich wurde von der Nationalgarde am 17. Oktober ein Pferderennen veranstaltet, aus dem sich dann in den folgenden Jahren das Oktoberfest entwickelte. Doch hatte der König für seinen Sohn noch ein anderes Geschenk bereit: Am 14. Oktober 1810 ernannt er ihn zum *Generalgouverneur* des Inn- und Salzachkreises mit Sitz in Innsbruck. Die Ernennung sollte nicht zuletzt dazu dienen, den Kronprinzen mit den Verwaltungsgeschäften vertraut zu machen. Außerdem wollte ihn sein Vater in Distanz zur Regierungszentrale München halten, um Auseinandersetzungen zwischen dem Kronprinzen und dem Minister Montgelas, die sich beide nicht mochten, zu vermeiden. Ludwig empfand daher seine Versetzung nach Tirol nicht zu Unrecht als eine Verbannung „in milder Form". Schon zwei Wochen nach der Hochzeit erschien Kronprinz Ludwig in Innsbruck, das er von früheren Aufenthalten gut kannte. Damals zeigte er – das sollte sich später ändern – noch keinerlei Lust zur trockenen Verwaltungsarbeit. Er nutzte die Zeit in Innsbruck, um Tirol zu erwandern.

Die erste Maßnahme des neuen Gouverneurs war die Aufhebung der Universität Innsbruck am 25. November 1810. Sie erfolgte vor allem aus finanziellen Gründen. Bis zur Abtretung der Südtiroler Landesteile an das Königreich Italien hatte man die Universität vor allem auch für die Ausbildung der italienisch sprechenden Beamten benötigt. Diese Studenten entfielen jetzt – und damit ein Teil der Finanzierung. Darüber hinaus war ein Großteil des Lehrkörpers während des Aufstands geflohen oder deportiert worden. Die bayerische Verwaltung wollte mit den eingesparten Mitteln Elementarschulen und Gymnasien errichten. An Stelle der Universität gründete sie ein Lyzeum. Die Tiroler Studenten mussten nun nach Landshut zum Studium gehen, wo einige eine große Karriere begannen, wie etwa der Orientalist Fallmerayer.

Ab dem Frühjahr und Sommer 1810 wagten die Bayern neue *Rekrutenaushebungen* in Tirol, ein Vorgang der erstaunlich ruhig verlief. In Anbetracht seines geplanten Russland-Feldzugs hatte Napoleon Bayern zu massiven Rekrutenkontingenten gezwungen. Das bayerische Kantonsregelement vom 7. Januar 1805 wurde nun durch das Konskriptionsgesetz vom 29. März 1812 abgelöst Möglich war nun Stellvertretung durch Einsteher. Dienstpflichtig war jeder Mann im Königreich vom 19. zum 23. Lebensjahr. Die Zahl der Einzuberufenden richtete sich nach dem Bedarf und wurde gleichmäßig über alle Konskriptionsbezirke des Landes verteilt. Wenn die Zahl der Tauglichen den Ergänzungsbedarf überstieg, wurden die Pflichtigen durch Los entweder dem „Einreihungskontingent", dem „Ergänzungkontingent" oder dem „Reservekontingent" zugeordnet. Die Erfüllung der Pflichten aus dem Konskriptionsgesetz war Voraussetzung für die Ansässigmachung und Verehelichung, sowie für die Anstellung in einem öffentlichen Amt und andere staatsbürgerliche Rechte. Zahlreiche Tiroler haben an der Seite der Bayern als Wehrpflichtige im unseligen Feldzug in Russland gekämpft und mussten ihr Leben lassen. Für die Heimgekehrten wurden die Erlebnisse prägend, wirkten sich aber nicht negativ auf ihr Verhältnis zu Bayern aus.

Den gesteigerten Bedarf an militärischer Präsenz versuchte man in Bayern nach der Katastrophe des Russlandfeldzugs durch Errichtung einer Nationalgarde per Verordnung vom 28. Februar

1813 auszugleichen. So werde *dem bayerischen Staate eine neue Kraft gewährt, Wohl und Sicherheit den friedlichen Bewohnern auch in jenen Zeiten gesichert, wo der größte Teil des Militärs außer den Grenzen des Reiches streitet.*
Speziell für die Tiroler wurde dieses Aufgebot am 15. 3. 1813[93] präzisiert:
Den kräftigen Bewohnern dieses Gebirgs-Landes ist der Ruf zur Verteidigung des Vaterlandes nicht fremd. Sie haben oft Beweise der Bereitwilligkeit, des Mutes und der Ausdauer gegeben. Das heilige und unverletzliche Wort des Königs gibt jedem die beruhigende Versicherung, dass diese bewaffnete Nationalmacht niemals und in keinem Falle außer den Grenzen des Königreiches verwendet wird, sondern einzig ihrer verfassungsmäßigen Bestimmung im Inneren ausschließlich gewidmet werden soll. Gibt es höhere und selbstständigere Zwecke, als ohne Unsicherheit begründen, die nationale Ehre aufrecht erhalten, den Herd seiner Väter schützen ... ergreift bereitwillig diese Gelegenheit, die sich euch darbietet, eure guten Gesinnungen, eure aufrichtige Ergebenheit an König und Vaterland darzulegen! ...

Der Alpenbund

Um die Jahreswende 1812/13 wurde die Niederlage Napoleons in Russland bekannt. Die Tiroler Exilkreise in Wien um Erzherzog Johann und den rührigen Freiherrn Joseph von Hormayr begannen, ermuntert und finanziert durch englische Verbindungsmänner, Ende 1812 neue Aufstandspläne gegen Napoleon zu schmieden. Diesmal sollten alle Alpenländer, auch die Schweiz, losschlagen. Es kam zur Gründung des sogenannten *Alpenbundes*, der jedoch durch Anton Leopold von Roschmann-Hörburg (im Aufstandsjahr 1809 Unterintendant bei Hormayr) am 11. Februar 1813 verraten wurde. Roschmann gab so Staatskanzler Metternich die Möglichkeit, durch umfangreiche Überwachungsmaßnahmen ein genaues Bild der Verschwörung zu bekommen. Am 7. März ließ er die Hauptleute, vor allem Hormayr und seinen Mitarbeiter Anton Schneider, verhaften. Hormayr wurde in das ungarische Munkacs gebracht, 1814 zwar entlassen, aber in Brünn interniert und konnte erst 1816 nach Wien und in sein Haus nach Klosterneuburg zurückkehren. Über 45 Emigranten wurden ausgewiesen bzw. mussten Wien meiden. Für Metternich und Kaiser Franz I. wäre dieser Aufstand gegen Napoleon zu früh gekommen, auch wollte Metternich bei einem zukünftigen Krieg Bayern auf seiner Seite haben. Der bayerische Gesandte in Wien, der mit den Tiroler Verhältnissen gut vertraute Alois Franz Xaver Graf Rechberg hatte schon vor der Verhaftung der Mitglieder des Alpenbundes vor einem erneuten Aufstand in Tirol gewarnt. Nach der Aufdeckung der Verschwörung, an der auch viele Mittelsmänner in Tirol beteiligt waren, verhafteten die Bayern 40 Tiroler, die im Land geblieben waren, darunter Rupert Wintersteller, und verurteilten sie teilweise zu langen Festungsstrafen.

Einer der engsten Mitverschwörer Hormayrs war der aus Weiler im Allgäu stammende Anton Schneider (1777–1820).[94] Schneider war im Juni 1809 Führer des Vorarlberger Volksaufstands. Nach der Schlacht bei Wagram kapitulierte er und begab sich in württembergische Gefangenschaft, um der von Napoleon geforderten Hinrichtung zu entgehen. Nach der allgemeinen Amnestie am 1. Oktober 1810 wurde er an das Appellationsgericht nach Wien versetzt. Dort ließ er sich von Erzherzog Johann zur Mitarbeit am Alpenbund gewinnen. Schneider wurde inhaftiert, aber am 6. April 1814 schwer erkrankt entlassen. Die Rückgliederung Vorarlbergs an Österreich (allerdings ohne das Westallgäu) konnte er noch erleben. Erst 43-jährig starb er 1820 in Fideris/Graubünden.

Der österreichische Einmarsch

Die unsichere Stellung der bayerischen Behörden in Tirol musste sich mit dem *Reichenbacher Vertrag vom 27. Juni 1813*, in dem sich Österreich zum Anschluss an Preußen und Russland verpflichtete, weiter zuspitzen. Die Tiroler hofften nun auf eine aktive Unterstützung durch Österreich gegen die bayerische Besatzung, die freilich Metternich unterband, da er um Bayern warb. In Bayern wuchs der innenpolitische Druck auf die bayerische Regierung, die zunächst noch das Bündnis mit Napoleon gegen den Willen der Bevölkerung und der Armee aufrechterhielt. Selbst Montgelas war im Mai 1813 der Ansicht, dass ein Krieg gegen Österreich für Bayern verheerend sein würde, weil es dann nicht nur zur Erhebung Tirols, sondern auch weiterer neubayerischer Gebiete, etwa Frankens kommen würde.

Bayern musste sich nun entscheiden, in welchem Bündnis seine Souveränität und seine Grenzen weiterhin gewährleistet seien. Seitdem im März 1813 auf Betreiben Russlands und Österreichs erste Verhandlungen eingeleitet worden waren, versuchte man in München wieder einmal eine Neutralitätspolitik zu führen, die jedoch mit dem endgültigen Anschluss Österreichs an die antinapoleonische Koalition am 10. August 1813 unhaltbar wurde. Österreich konnte nun den Druck auf Bayern durch Androhung neuerlicher Aufstände in Tirol verstärken.

Um Frankreich und dessen (immer noch) Verbündeten Bayern während des Waffenstillstands von Poischwitz (4. Juni–10. August 1813) zur eindeutigen Stellungnahme zu bewegen und ihre Ausgangsposition in einem neuerlichen Krieg zu erschweren, versuchte Metternich, einen Volksaufstand in den zu Illyrien und Italien gehörenden Teilen Tirols zu inszenieren. Dazu griff er das Alpenbundprojekt auf. Der damalige Verräter des Alpenbunds, von Roschmann, sollte nun eine allgemeine Erhebung herbeiführen. Die österreichische Regierung wollte nicht als Drahtzieher gelten, außerdem wollte man Bayern nicht ans Lager Napoleons fesseln. Daher sollten die Tiroler erst Osttirol und die zu Illyrien geschlagenen Landesteile von den fremden Truppen säubern; anschließend sollte, auf „Bitten der Bevölkerung", die Besitzergreifung Tirols durch Erzherzog Johann erfolgen. Zudem sollte der Aufstand erst nach der Kriegserklärung

Österreichs an Frankreich ausbrechen, um den Tirolern eine Begründung für die neuerliche Erhebung zu geben. Die österreichische Politik war vor allem bestrebt, sich Bayern nicht zum Feind zu machen und dennoch Druck auszuüben. Die Tiroler selbst wurden also neuerlich für den österreichischen Kampf gegen Frankreich manipuliert. Doch es kam nicht zum allgemeinen Aufstandsbefehl, da in der Zwischenzeit ein Waffenstillstand zwischen Österreich und Bayern geschlossen worden war (22. Juni 1813). Abgesehen davon war der größte Teil der Tiroler nicht mehr bereit, sich auf bloße österreichische Anweisungen hin gegen die Bayern zu erheben.

Daran änderte sich auch nichts, als österreichische Truppen unter Feldzeugmeister Hiller und General Franz Fenner von Fennberg nach der Kriegserklärung Österreichs an Frankreich vom 10. August 1813 zum Einmarsch in die illyrischen und italienischen Gebiete Tirols rüsteten. Am 21. August begann der Einmarsch über die Grenze in Lienz. Am 11. Oktober war man in Bozen und am 1. November 1813 war mit der Einnahme der Zitadelle von Trient der gesamte italienische Teil Tirols besetzt.

Am 17. August war ein Aufruf Hillers zur Erhebung erfolgt. Die österreichischen Truppen wurden von Schützenkompanien aus Tiroler Emigranten und Flüchtlingen unterstützt.

Der Aufruf Hillers zum Aufstand, der ja durchaus auch für die bayerischen Gebiete Tirols gelten konnte, wurde Bayern gegenüber, ebenso wie die bevorstehende Besetzung Tirols als militärische Notwendigkeit dargestellt, die keinerlei Auswirkungen auf die Administration oder noch zu vereinbarende Gebietsregelungen haben solle. Dem Vordringen österreichischer Truppen auf die bayerischen Landgerichte im Osten und Süden Deutschtirols standen sowohl die bayerischen Behörden als auch die Militärs machtlos gegenüber. General Wrede, der die Unterhandlungen mit Österreich führte, konnte lediglich auf die bayerischen Souveränitätsrechte pochen. Der völlig ohnmächtige Lerchenfeld ermahnte die Beamtenschaft, sich besonnen zu verhalten, gleichzeitig wandte er sich an die Geistlichkeit und die wohlhabenden Schichten der Tiroler mit der Bitte, die Gruppe der aufstandsbereiten Tiroler, die jetzt meist aus einer Art Revolutionsproletariat bestand, zu beruhigen.

Am 9. September 1813 erließ General von Wrede einen Aufruf an die „Gebirgsbewohner des Inn- und Salzach Kreises":

> Euer bisheriges Betragen seitdem die Feindseligkeiten zwischen den Krieg führenden Mächten begonnen haben, hat mir bewiesen, dass ihr mit Recht das Vertrauen des Königs und seiner Regierung verdient. [...] Lasset euch daher, ihr friedlichen Gebirgsbewohner, durch keine Spielwerke täuschen. – Beharrt in der Erfüllung eurer heiligen Pflichten gegen euren König und Staat und zwingt das In- und Ausland, in seinen Jahrbüchern euerer mit der nämlichen Achtung zu erwähnen, die jahrhundertelang euren Voreltern zu Teil blieb.
> Ihr kennt die Rechte und Befugnisse, die Seine Majestät der König mir für die Dauer des Krieges eingeräumt hat. – Macht, biedere Bewohner der Gebirge und Täler, dass ich sie gegen niemand von euch anwenden muss und kann. – Ich bin mit tausenden eurer Söhne zufrieden, die in den Reihen der königlichen Armee stehen. – Sie zeichnen sich bei allen Gelegenheiten durch Gehorsam, Ordnung, Frohsinn und Liebe gegen ihren König aus. Machet ihr Väter und Verwandte dieser Kinder, dass ich nach geendetem Kriege gleiche Rechenschaft von euch dem Könige und dem Vaterlande ablegen kann.
> Nur gegen die, welche
> a) sich bei euch einschleichende Ruhestörer aufnehmen, sich ihrer nicht habhaft machen, oder anzeigen –
> b) welche Ausreißer, es seien diesseitige oder fremde, verheimlichen, sie nicht arretieren –
> c) welche eigene, oder fremde Waffen oder Munition sammeln, bewahren und verheimlichen –
> d) welche Proklamationen, die die Störung der Ruhe und Ordnung beziehen, verbreiten, oder wenn ihnen deren zukommen, nicht auf der Stelle ihrer Obrigkeit anzeigen –
> werde ich die militärischen Strafgesetze eintreten lassen.
> Indem ich solches zu jedermanns Warnung kund mache, wird zugleich befohlen, dass jeder Übertreter obiger Artikel in mein Hauptquartier abgeliefert werden solle, um von dem bestehenden Militärgericht abgeurteilt zu werden. Zugleich wird bekannt gemacht, dass jede Gemeinde, welche sich der Verfehlungen gegen einen der obigen Artikel schuldig macht, von ihren Obrigkeiten mit einer Geldstrafe von 1000 Gulden belegt wird.
>
> Gegeben in meinem Hauptquartier Braunau am 9. September 1813
> der kommandierende General Graf von Wrede

Nach diesem Aufruf meldete sich am 11. September 1813 auch der Generalkommissar des Innkreises, Freiherr von Lerchenfeld mit einem Aufruf „an die Bewohner des Inn Kreises":

> Der Krieg zwischen Frankreich und Österreich hat seinen Schauplatz in unserer Nähe aufgeschlagen. Nur wenige Meilen von der Grenze des Inn Kreises stehen die beiderseitigen Heere und bei dem wechselnden Glücke des Krieges, bei uns unbekannten Plänen der Heerführer ist es möglich, dass plötzlich österreichische Truppen in unserer Mitte erscheinen. ... der Abgabe Maß war nicht erdrückend, die finanziellen Maßregeln auf Recht und Verhältnis gegründet: die Conskription wurde nach einem gleichen, milderen Gesetze vorgenommen, die unentbehrlich gewordenen Söhne wurden mit beispielloser Gewissenhaftigkeit aus den Tiefen Russlands von den Fahnen entlassen und euch wiedergegeben ... lasst uns daher hoffnungsvoll den Ausgang dieses Krieges erwarten! ... durch feierlichen Friedensschluss von Österreich und Bayern abgetreten, kann keine Macht der Erde mit einem Scheine des Rechts euch zu Handlungen auffordern, die euren Untertanspflichten gegen unseren König, unseren Herrn zuwiderlaufen. Nur förmliche Abtretung in Friedenschlüssen kann die Bande lösen, die Religion, die Staatsverträge um den Regenten und die Untertanen schlingen.

Tirol und Bayern nach dem Vertrag von Ried

Mit dem Vertrag von Ried am 8. Oktober 1813 trat Bayern noch vor der Leipziger Völkerschlacht auf die Seite der Verbündeten Russland, Preußen und Österreich. Dem König von Bayern waren der derzeitige Besitzstand, sowie die volle Souveränität über alle seine Gebiete zugesichert worden. Über einen Geheimartikel, der Tirol und Vorarlberg nur bis zur Regelung der Entschädigungsfrage bei Bayern beließ, wurde Lerchenfeld von seiner Regierung nicht informiert. Man wollte damit wohl verhindern, dass er einem Druck der Bevölkerung frühzeitig nachgeben und Tatsachen schaffen würde, die Bayerns Verhandlungsposition erschwert hätten. Die Spannung innerhalb der Tiroler Bevölkerung äußerte sich durch Steuerverweigerungen, im November 1813 vermehrt durch Feindseligkeiten gegenüber der Beamtenschaft. Die mehr als unangenehme Stellung der bayerischen Behörden in Tirol führte Lerchenfeld sicher nicht zu Unrecht darauf zurück, dass Roschmann im italienischen und illyrischen Teil Tirols Österreichs Herrschaft als Zivilkommissar vertrat. Die österreichischen Truppen standen am Brenner und in den östlichen Teilen Tirols, was bei der Anhänglichkeit der Tiroler an das Kaiserhaus und ihrem Wunsch, dorthin zurückzukehren, für die Bayern eine unangenehme Konstellation war. Gleichzeitig reizte Lerchenfeld durch Strafexekutionen die Tiroler noch mehr und handelte sich damit eine Verwarnung aus München ein. Roschmann war über den Geheimartikel des Rieder Vertrags informiert und konnte davon ausgehen, dass die bayerische Präsenz in Tirol nur noch eine Frage der Zeit sei.

Der bayerischen Öffentlichkeit wurde der Bündniswechsel Bayerns durch die Proklamation vom 14. Oktober 1813 bekannt gemacht, die im Intelligenzblatt des Isarkreises vom 8. November 1813 erschien (Auszug nächste Seite):

Jedermann kennt die Verhältnisse, welche seit acht Jahren Bayern an Frankreich knüpften, sowie die Beweggründe, welche sie herbeiführten und die gewissenhafte Treue, mit welcher der König deren Bedingungen erfüllt hat. ... um den Absichten seines Bundesgenossen zu entsprechen und zur Herstellung des Kontinentalfriedens ... beizutragen ... als der Kaiser Napoleon im Jahre 1812 Krieg gegen Russland beschlossen hatte, forderte er von Bayern die Stellung des Maximum-Kontingents. Unstreitig war dieser Krieg Bayerns Interessen höchst fremd. ... Die ganze bayerische Armee, mit Einschluss von 8000 Mann Verstärkungstruppen, welche im Laufe des Monats Oktober zu ihr gestoßen waren, wurde vernichtet, es gibt wenig Familien, die nicht durch dieses grausame Ereignis in Trauer versetzt worden wären, was dem väterlichen Herzen Seiner Majestät umso schmerzlicher fiel, als so vieles Blut für eine Sache floss, die nicht die Sache der Nation war.
Unterdessen wurden Anstalten zu einem neuen Feldzuge gemacht und Bayern, seinem Bundesgenossen umso treuer, je unglücklicher er war, nahm keinen Anstand, die schwachen Überreste von 38 000 Bayern, die unter den französischen Fahnen gefochten hatten, durch eine neue Division zu ersetzen. Glänzende Erfolge krönten bei Anfang des Feldzuges die so oft siegreichen Waffen des Kaisers Napoleon. Deutschland und ganz Europa glaubten, der Kaiser würde ... die Vermittlung, welche ihm Österreich ... anbot, benützen, um der Welt ... den Frieden wiederzugeben.
Diese angenehme Hoffnung wurde getäuscht ... Von diesem Augenblick an wurde Bayerns Lage äußerst kritisch. Allerdings hatte die Energie der bayerischen Regierung ... eine neue Armee erschaffen, welche nach Österreich hin gegen die Grenze rückte.
Aber die französische Armee, ... die sich bei Würzburg und in der umliegenden Gegend versammelt hatte, erhielt, anstatt die bayerische Armee zu unterstützen, und ihre Operationen mit ihr zu kombinieren, plötzlich eine andere Bestimmung, sodass die bayerische Armee auf mehr als 50 Stunden Entfernung von den französischen Armeen in Italien und Deutschland isoliert ... blieb. Während eines so kritischen Zustandes würdigte der Kaiser seinen treuesten Bundesgenossen nicht ein Mal ... So gänzlich verlassen, hätte Seine Majestät die heiligste ihrer Pflichten verletzt, wenn sie nicht dem täglich lauter ausgesprochenen Wunsche ihrer treuen Untertanen nachgebend, dieselben aus einem gewissen Untergang zu retten, und Bayern Unglücksfälle zu ersparen gesucht hätte ...
Die ... Souveräns säumten nicht, der bayerischen Regierung die gemäßigten Grundsätze, von denen sie beseelt waren, bekannt zu machen und ihr die förmliche Garantie der Integrität des Königreichs Bayern, ..., unter der Bedingung zuzusichern, dass der König seine Streitkräfte mit den ihrigen einigen würde, ... um die Unabhängigkeit der deutschen Nation, sowie der Staaten, aus denen sie besteht, zu sichern, und den Kaiser Napoleon zur Unterzeichnung eines ehrenvollen ... Friedens zu vermögen, der einem jeden die Existenz seiner kostbarsten Rechte, und Europa eine dauerhafte Ruhe verbürge.

Nun sahen sich gerade die radikalen Kreise der Tiroler Emigranten, die Flüchtlinge von 1809 und die Wehrdienstverweigerer, die teilweise im Süden in Schützenkompanien mitgekämpft hatten, von den Österreichern an die Bayern verraten. Das revolutionäre Potential in Bayerisch-Tirol vermehrte sich, als Roschmann auf Drängen Lerchenfelds die Schützen und sonstigen Freiwilligen, die in Südtirol gekämpft hatten und aus dem Innkreis stammten und die sich den österreichischen Truppen angeschlossen hatten, nach Hause entließ. Ihnen hatte Max I. Joseph Amnestie zugesichert, wenn sie sich zum regulären Militär meldeten oder sich in das neu zu bildende Jägerkorps einreihten. Dieser Aufforderung kam kaum jemand nach, auch nicht als Lerchenfeld Truppen in die Landgerichte Meran und Passeier entsandte, wo sich die meisten dieser fast Heimatlosen aufhielten.

Direkte Reaktion darauf war der sogenannte „Dezemberaufstand", wobei die unruhigen Elemente versuchten, teilweise gegen den Willen der Bevölkerung, den Innkreis zu destabilisieren. Sie hofften damit, die Österreicher zum Einschreiten zu zwingen. Anfang Dezember kam es in Meran, Brixen, Sterzing und Innsbruck zu Zusammenkünften, ohne dass die bayerischen Behörden dagegen einschreiten konnten. Die sechs Innsbrucker Abgeordneten entwarfen eine Bittschrift an den Kaiser, in der sie die Vereinigung Bayerisch-Tirols mit Österreich forderten und die Unterdrückung durch die „Fremdherrschaft" völlig entstellt schilderten. Gerüchte von einer bayerischen Strafexpedition führten zu Ausschreitungen in Bruneck, Brixen und Meran, auch gegen die bayerischen Beamten. Im Vinschgau wurden in Mals 320 Mann bayerischer Truppen gefangen gesetzt. Eine in Sterzing am 8. Dezember tagende Versammlung, die sich hauptsächlich aus Bediensteten, Hausierern und sozial eher Unterprivilegierten zusammensetzte, verfasste nicht nur eine großspurige Proklamationen im Namen aller Tiroler, sondern beschloss auch, nach Innsbruck zu marschieren. Am 10. Dezember standen die Bauern vor Innsbruck, nachdem sie die Ortschaften an der Brennerstraße zum Mitmachen aufgefordert hatten. Das bayerische Militär wurde vertrieben und das Militäreigentum in der Stadt geplündert. Dem nach Innsbruck gekommenen österreichischen Feldzeugmeister Graf Bellegarde gelang es zunächst nicht, die aufgebrachten Bauern zu beruhigen. Erst als sich die Innsbrucker Bürger zusammen mit österreichischen Beamten und Militärs sowie vernünftigen Großbauern um die Aufrührer kümmerten, kehrte Ruhe ein. Lerchenfeld hatte kaum noch einen zufriedenen Tiroler in seinem Aufsichtsbereich. Wenig später übergab er die Amtsgeschäfte seinem Vertreter, Baron von Hettersdorf. Dieser war ebenso wenig wie Lerchenfeld in der Lage, die Autorität der bayerischen Obrigkeit aufrechtzuerhalten. Die Tiroler verweigerten nicht nur sämtliche Zahlungen, sondern zeigten in öffentlichen Kundgebungen oder Spottgedichten ihre Sympathien für Österreich.

Der Dezemberaufstand 1813 beschleunigte die Verhandlungen zwischen Österreich und Bayern über die Abtretung Tirols. Metternich versuchte, den Bayern die Unhaltbarkeit ihrer Stellung im Lande zu beweisen. Solange auch nur ein Teil Tirols von bayerischen Beamten regiert werde, könne keine Ruhe einkehren.

Tatsächlich war der bayerischen Regierung Tirol zum Ballast geworden. Der Aufwand für eine effektive und finanziell ertragreiche Administration stand in keinem Verhältnis zum Nutzen für den bayerischen Staat. Auch die österreichische Regierung geriet allmählich in Zugzwang, da sie, wie auch Bayern, einen Aufstand der Tiroler befürchtete, dem sich die von Österreich bereits besetzten Gebiete anschließen könnten. Dort herrschte allgemeine Unzufriedenheit mit Roschmanns Dirigat, das den Zentralismus der Franzosen übernommen hatte. Unter der Führung des Bozeners Giovanelli forderten viele die Wiederherstellung der eigenen tirolischen Verfassung gemäß den Versprechungen des Kaiserhauses. Es blieb also kaum eine andere Wahl, als Tirol friedlich und sozusagen *auf eigenen Wunsch der Bevölkerung aber ohne ihre Mitwirkung* in den Kaiserstaat einzugliedern. Denn nur so konnten weitergehende Verfassungszusagen an die Tiroler vermieden werden, nur so konnte sich die Wiener Regierung die nicht unerwünschten Errungenschaften der bayerischen Verwaltung zu Eigen machen. Trotz dieses politischen Drucks mussten die Tiroler noch fast ein halbes Jahr warten, bis am *3. Juni 1814 im Vertrag von Paris die endgültige Übertragung Tirols* und Vorarlbergs an *Österreich erfolgte.* Bayern erhielt dafür das Großherzogtum Würzburg, das man 1806 gegen Tirol getauscht hatte, sowie Aschaffenburg.

Österreich als Erbe Bayerns in Tirol

Mit der nun offiziellen Besitzergreifung Österreichs am 26. Juni 1814 war die bayerische Herrschaft in Tirol beendet. Im Riesensaal der Innsbrucker Hofburg fand die Übergabezeremonie zwischen der österreichischen Hofkommission unter Roschmann und der bayerischen Hofkommission unter Hettersdorf statt. Auf der Hofburg wurde der Doppeladler neben die zwei bayerischen Löwen gestellt, die, wie die anderen bayerischen Hoheitsschilder, jedoch bald verschwanden. Heinrich Freiherr von Hettersdorf blieb zur Regelung aller Formalitäten noch bis November 1814 in Innsbruck. Auch Roschmann, der sich in Südtirol wegen seiner zentralistischen und hierarchischen Verwaltung unbeliebt gemacht hatte, sollte kein Jahr mehr in Tirol sein, insbesondere nachdem bekannt wurde, welche Rolle er im Februar 1813 gespielt hatte. Am 9. Mai 1815 musste er Tirol verlassen.

Die Bayern überließen den Österreichern im Juni 1814 ein nur noch notdürftig verwaltetes Land. Sie waren vielfach froh, den „Zuschussbetrieb" Tirol mit seiner unruhigen Bevölkerung los zu haben und gegen ein besseres Gebiet (Würzburg) eingetauscht zu haben. Die mentale Integration des Landes in den bayerischen Staatsverband war nicht gelungen, man begnügte sich zuletzt mit der äußeren Angleichung der Verwaltungsstrukturen.

Dass die bayerische Verwaltung in Tirol keineswegs in allen Punkten schlecht war, wird auch von Tiroler Historikern anerkannt. *Überblickt man vorurteilsfrei die ganze Reihe der angeführten Reformen, so wird man nicht in Abrede stellen können, daß darunter viele wohltätige, der geistigen und materiellen Kultur Tirols über kurz oder lang förderliche waren; wenigstens hat ein großer Teil hievon seither in allen Kulturstaaten Eingang gefunden und ist auch später in Tirol wieder eingeführt worden. Zu dieser Klasse darf man wohl sicherlich die sorgfältige Abschaffung des Papiergeldes, die Trennung des Politischen vom Justiz- und Finanzfach und die bessere Organisation der Verwaltung, die höhere Besoldung der Beamten und die Beschleunigung des Geschäftsganges, die musterhafte Ordnung der verworrenen Finanzverhältnisse, die Abschaffung der geheimen und die sorgsame Pflege der anderen Polizei, nämlich der*

Medizinalpolizei, die Sorge für eine bessere Volksbildung und Beseitigung von mancherlei Aberglauben, die Ausrottung der letzten Reste des überlebten Feudalwesens, die Beseitigung der inneren Zollschranken und der Handelsmonopole, die bessere Organisation des Postwesens und Verbesserung der Verkehrswege, die Hebung der Forstkultur und Förderung der Bodenkultur, überhaupt die Weckung größerer Tätigkeit auf allen Gebieten des öffentlichen Lebens u. ä. zählen. Doch die große Mehrheit der damaligen Tiroler hat diese Neuerungen nicht als Wohltaten angesehen ... Die strenge Amtsführung der neuen Beamtenschaft mußte ihnen gegenüber dem schläfrigen Geschäftsgange der früheren Zeit durchweg als Despotie erscheinen, die der Umstand noch drückender machte, daß sie von einer zum Voraus unbeliebten Herrschaft, von einem bisher fast verachteten Volksstamme ausging.[95]

Österreich übernahm die meisten „Errungenschaften" der bayerischen Verwaltung und hütete sich davor, zu den alten Strukturen zurückzukehren. Selbst die alte Ständeverfassung, deren Abschaffung durch die Bayern ja eine Hauptursache für den Aufstand von 1809 war, wurde nur in sehr geänderter Form wiederbelebt. Daher waren die österreichische Verwaltung und Metternich nicht interessiert, an das Jahr 1809 zu erinnern. Obwohl also die harten bayerischen Regierungsmaßnahmen immer als Ursachen für die Ablehnung der bayerischen Herrschaft in Tirol genannt werden, bauten die Österreicher in den folgenden Jahren auf diesen Grundlagen auf. Bayern hatte gleichsam die „Schmutzarbeit" gemacht, wovon Österreich nun profitierte. Ihm gelang, was den Bayern verwehrt war, ja man setzte sogar noch eins darauf: Nicht nur die Konskription wurde in aller Konsequenz beibehalten, ohne dass es jetzt eine Fluchtmöglichkeit Richtung Österreich gab, auch eine Erhöhung der Steuern setzten die Österreicher durch. Die Tiroler fühlten sich wie Kettenhunde, die man kurz von der Leine genommen und dann zurück gepfiffen hat. Eine bevorzugte Behandlung hatte sich das Land nicht erkämpft. Im Ergebnis standen die Tiroler nach 1814 schlechter da, als unter der bayerischen Herrschaft.

Schloss Tirol war einst Sitz der Grafen von Tirol, die auch dem Land den Namen gaben.

Der Achensee, Buchmalerei von Jörg Kölderer im Fischereibuch Maximilans I.; 1504

Allegorie auf das Land Tirol; Deckenfresko von Cosmas Damian Asam im Landhaus zu Innsbruck; 1734

III

Der romanische Dom von Innichen geht auf die Gründung Herzog Tassilos III. im 8. Jahrhundert zurück.

Der Tiroler Landsturm 1809; Gemälde von Joseph Anton Koch im Auftrag des Freiherrn vom Stein, 1819

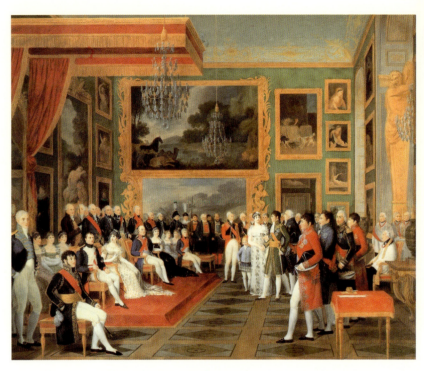

Francois Guillaume Ménageot, Ziviltrauung von Eugéne Beauharnais und Auguste Amalie von Bayern am 13. Januar 1806 in der Grünen Galerie der Münchner Residenz. Auf der Estrade sitzen das französische Kaiserpaar Napoleon und Josephine sowie das bayerische Königspaar Max I. Joseph und Caroline.

*Maximilian I. Joseph von Bayern im Krönungsornat; 1806;
Gemälde von Moritz Kellerhoven*

Karte des Königreichs Bayern von 1808 mit Tirol als integriertem Landesteil

VIII

10. Kapitel

Tirol und Bayern nach dem Ende der bayerischen Herrschaft

Unruhiges Biedermeier in Bayern und Tirol

Nach 1814 wurde über die Tiroler Episode sowohl von bayerischer als auch österreichischer Seite der Schleier des Vergessens gebreitet. Staatskanzler Metternich in Wien hatte ebensowenig wie die preußische oder bayerische Regierung Interesse daran, Freiheitsbewegungen zu verherrlichen. Dem liberalen Bürgertum wurde vielmehr alles vorenthalten, was nur im Entferntesten den Geist der Freiheit atmete. Kleinliche Zensur und Polizeiüberwachung bestimmten den Alltag im Deutschen Bund der Biedermeierzeit und nur ein paar Dichter, wie etwa der aus Schweinfurt stammende Orientalist Friedrich Rückert (1788–1866), würdigten nachträglich den Aufstand in ihrem Werk.

Das Verhältnis zwischen Österreich-Tirol auf der einen und Bayern auf der anderen Seite war in der Ära Metternich unproblematisch, auch wenn man von Wien aus zunächst misstrauisch die liberalen Verfassungsbemühungen (1818) in Bayern beobachtete. Auch das peinliche Auftreten Hormayrs, der von Bayern aus seit 1828 gegen Metternich agitierte und den Tiroler Aufstand als sein Werk propagierte, trübte das Einverständnis zwischen München und Wien nicht. Frankreich hatte seine Faszination für Bayern verloren, auch wenn inzwischen der Stiefsohn Napoleons, Eugéne Beauharnais, wegen seiner Ehe mit der bayerischen Königstocher Auguste Amalie zum bayerischen Herzog von Leuchtenberg ernannt worden war und sich in München und Eichstätt niedergelassen hatte. Die um den Herzog von Leuchtenberg versammelten Franzosen wurden von Wien aus aufmerksam beobachtet. Nach der Julirevolution von 1830 sperrten sich König Ludwig I. und die bayerische Regierung gegenüber den aus Frankreich in die benachbarte bayerische Rheinpfalz einströmenden revolutionären und republikanischen Ideen. Die auf dem Hambacher Fest 1832 gezeigte französische Trikolore wurde ebenso wie die schwarz-rot-goldenen Fahnen in Bayern verboten. Den Höhepunkt der antifranzösischen Emotionen in Bayern und Deutschland brachten die Jahre nach 1840, als Frankreich Ansprüche auf die Rheingrenze geltend machte. Damals (1841) entstanden nicht nur das Deutschlandlied des Dichters Hoffmann von Fallersleben, sondern auch die zwei meistgesungenen antifranzösischen Lieder des 19. Jahrhunderts, das „Rheinlied" von Nicolaus Becker („Sie sollen ihn nicht haben, den freien deutschen Rhein") und die „Wacht am Rhein" von Max Schneckenburger („Es braust ein Ruf wie Donnerhall"). Die politischen Frontlinien in Deutschland verliefen nun ganz anders und Tirol war zu einem auch von Bayern viel besuchten und besungenen deutschen Nachbarland geworden. („Von der Etsch bis an den Belt"). Unmittelbar Bayern und Tirol betreffende politische Probleme gab es keine mehr. Strittige Grenzfragen, die aus der napoleonischen Zeit übriggeblieben waren, wurden vertraglich bereinigt. Das Städtchen Vils bei Füssen wurde 1816 gegen das Städtchen Marktredwitz in Oberfranken eingetauscht. Österreich verzichtete 1844 auf seine Dörfer im Allgäu und die in Bayern liegende Tiroler Enklave Jungholz, deren Bewohner keinesfalls zu Bayern wollten, erhielt 1868 einen Währungs- und Zollvertrag.

Im seit der zweiten Hälfte des 19. Jahrhunderts konkreter werdenden Ringen Österreichs und Preußens um eine großdeutsche (mit Österreich) oder kleindeutsche Lösung (ohne Österreich) der deutschen Frage stand Bayern konsequent auf österreichischer Seite, mit dem es im deutschen Bürgerkrieg 1866 gemeinsam gegen Preußen kämpfte und verlor. Mit dem Ende des deutschen Bundes 1866 und mit der Reichsgründung von 1871 schied Österreich und damit Tirol aus dem Deutschen Bund, um dafür umso intensiver ins Bewusstsein des bayerischen Nachbarn einzutreten. Für viele Bayern war die Reichsgründung unter preußischer Ägide der Anfang vom Ende der staatlichen Selbständigkeit und wehmütig kompensierte man seine Abneigung gegen Preußen durch erhöhte Liebe zum alpenländischen, stammesverwandten Nachbarn Tirol.

In Memoriam Andreas Hofer

Über Andreas Hofer und seine Kampfgefährten durfte in den ersten Jahrzehnten nach seinem Tod in Tirol und Österreich weder literarisch noch wissenschaftlich etwas veröffentlicht werden. Für Metternich und seine Zensur waren irgendwelche „Trauerspiele" oder ähnliche literarische Versuche zu Andreas Hofer politisch nicht tragbar, da dieser nach offizieller Lesart als irregeleiteter Rebell galt.

Umso peinlicher war es dann für die Wiener Regierung, als 1823 fünf Kaiserjägeroffiziere in Mantua die Gebeine Hofers ausgruben und nach Tirol brachten. Nun war man gezwungen, für Hofer ein Staatsbegräbnis zu inszenieren und ihn als Muster an uneigennütziger Vaterlandsliebe und Untertanentreue zu preisen.

In Bayern, wo Hormayr nach seinem Übertritt in bayerische Dienste (1828) nicht nur das System Metternich schlecht machte, sondern auch den Sandwirt als Saufbruder darstellte und damit das Jahr 1809 als Tiroler Posse verunglimpfte, blieb man zu Andreas Hofer ziemlich distanziert. Hormayr, der ja Hofer gut gekannt und ihn als sein „Produkt" betrachtet hatte, hat durch seine Schilderung ein lange wirksames, negatives „bayerisches Hoferdenkmal" geschaffen, das zwar gehässig ist, aber wohl mehr Wahrheitsgehalt hat, als die späteren Legenden um den Freiheitshelden wahrhaben wollten. Hormayr verweist auch auf die bedeutende Rolle, die Wirte beim Aufstand gespielt haben, und auf die wichtige Funktion der Wirtshäuser. Sie seien der einzige Ort gewesen, wo man Aufstandspläne gefahrlos beraten konnte *und leidenschaftliche Äußerungen der Unzufriedenheit erschienen hier als folgenlose Ausbrüche des hergebrachten Sonntagsrausches.*

Hofer hatte – nach Hormayr – eine weit bessere Erziehung als seine Landsleute genossen und beherrschte auf Grund seines Wein- und Pferdehandels Deutsch und Italienisch in Wort und Schrift. *Beide Sprachen schrieb er gleich unorthographisch.* Klassisch ist Hormayrs Schilderung der äußeren Erscheinung Hofers und seines Charakters:

„Er trug immer die Tracht seiner Gegend, jedoch mit verschiedenen auffallenden Abweichungen: einen großen schwarzen

Hut mit breiter Krempe, herabhängenden schwarzen Bändern und einer gekrümmten schwarzen Feder ... Hofer war rein phlegmatischen Temperaments, von großer Liebe zur Ruhe, zur Gemächlichkeit, wohl auch darum ein Feind alles Neuen und Raschen ... weder klar noch einig in seinen Ansichten, im Handeln langsam und unentschlossen ... nicht ausharrend noch verläßlich, jedweder Einstreuung, jeder auch noch so plumpen Schmeichelei zugänglich ... Recht behielt bei ihm meistens, wer als der letzte gesprochen hatte."

Hormayr äußert sich auch über die Führungsqualitäten Hofers bei den kriegerischen Auseinandersetzungen:

„... so unglaublich es scheint, 1809 kam er niemals ins Feuer, sondern war (insonderheit in den beiden entscheidenden Treffen vor Innsbruck am 29. Mai und 13. August) eine gute Stunde zurück im Wirtshause in der Schupfen oder am untern Schönberg, hinter einem großen Tisch, in einer Flaschenbatterie roten Weins, von wo er ... seine halb verständlichen Orakelsprüche hersagt. – Übrigens wußte er zu Marsch, Angriff oder Beobachtung nicht einmal jene Disposition zu machen, welche der schlichte Menschenverstand und ein geübter Blick auf das vorliegende Terrain zumal dem Gebirgsbewohner geben ... Statt dessen führte er als die ihm eigentümliche Waffengattung immerdar in der einen Hand den Rosenkranz, in der andern die Flasche. Von vielen und anhaltenden Arbeiten, von Entbehrungen, von Nachtwachen, war er ganz und gar kein Freund ... Was ist nach allem Dem natürlicher, als die Frage: Wie denn dieser, an Fassungskraft und Scharfblick mittelmäßige ... Mann zu einem solchen Ruf in der Welt, zu solchem Vertrauen seiner Landsleute gekommen?"

Hormayr beantwortet diese Frage auf seine Weise: Andreas Hofer wäre sein, Hormayrs, Kunstprodukt gewesen! *Drum erkor ihn Hormayr vor allen, darum suchte er aus ihm täglich mehr einen furchtbaren Popanz für den Feind, einen Götzen für seine Landsleute zu bilden, darum vergrößerte er ihn planmäßig immer mehr ... Es hat sich wenigstens im österreichischen Interesse als ein glücklicher Griff bewährt, diesen Nimbus um Hofer zu verbreiten ...*

Folgt man Hormayr, so waren die Bayern die einzigen, die wussten, dass Hofer und die Tiroler nicht mehr waren als die willfährigen Werkzeuge Österreichs. Doch dieses Hoferbild hat sich außerhalb Bayerns niemals durchgesetzt. Im Laufe des 19. Jahrhunderts nutzten die Tiroler das Bild vom europäischen

*Grabdenkmal Andreas Hofers,
an dem drei Künstler mitgewirkt haben;
Innsbruck, Hofkirche*

Freiheitshelden, um mit Hofer auch die Touristen zu faszinieren, die nach dem Bau der Eisenbahn und angezogen durch die vielen Veröffentlichungen über Tirol, das Land immer mehr lieben lernten. Der Sandwirt Andreas Hofer war nun nicht mehr der unsympathische Tiroler Rebell, sondern ein Kämpfer für bürgerliche Freiheiten und Märtyrer des dynastischen Willkürstaats. Die Bayern, die jetzt in Tirol hochwillkommen waren, vergaßen, dass sich der Aufstand von 1809 auch und vor allem gegen die bayerische Besatzung gerichtet hatte.

Eine einschränkende Bewertung Hofers wurde in Bayern nur noch von einer verschwindenden Minderheit vertreten. Hofer war inzwischen in Bayern und im übrigen Deutschland als Volksheld anerkannt. Da er auf Befehl Napoleons von französischen Soldaten erschossen worden war, wurde er auch von der Geschichtsschreibung in eine Reihe mit den anderen „Märtyrern" der napoleonischen Gewaltherrschaft gestellt, etwa mit dem auf Befehl Napoleons 1806 in Braunau erschossenen Nürnberger Buchhändler Palm oder dem 1809 bei einem Aufstandsversuch in Stralsund gefallenen preußischen Major Ferdinand Schill. Da die Befreiungskriege gegen Napoleon (1813–1815) prägend waren für das nationale Selbstverständnis des deutschen Bürgertums im gesamten 19. Jahrhundert und bis zum 1. Weltkrieg passten auch Hofer und der Tiroler Aufstand gut in das Bild vom Erbfeind Frankreich. Die Rolle Bayerns im Jahre 1809 verdrängte man.

Der Freiheitskampf – „künstlerisch gestaltet"

Neben den zahlreichen volkstümlichen literarischen Darstellungen wurde das bayerische Tirolbild vor allem auch durch die Gemälde Franz von Defreggers (1835–1921) geprägt, der seit 1864 in München lebte. 1878 wurde er zum Professor an der Akademie der Bildenden Künste ernannt. Besonders prominent sind seine Gemälde zum Tiroler Freiheitskampf, wie etwa 1869 die „Szene aus Speckbachers Leben" (Speckbachers Sohn Anderl erscheint trotz Verbot im Hauptquartier der Aufständischen), ein Bild, das auf der Münchner Kunstausstellung von 1870 großes Aufsehen erregte. Es folgten „Das letzte Aufgebot" (1874),

„Heimkehr der Sieger" (1876) und „Andreas Hofers letzter Gang" (1878). Defreggers Werke erreichten ihre weltweite Bekanntheit erst durch die entstehenden Reproduktions- und Kunstdrucktechniken, die preiswerte Drucke ermöglichten.

Münchner Künstler ließen sich vom Heimatpathos eines Defregger anregen, so etwa der Münchner Maler Zeno Diemer (1867–1939), der den Auftrag bekam für die Innsbrucker Ausstellung für Sport- und Erziehungswesen von 1896 ein Rundgemälde der Bergiselschlacht zu malen. Diemer war durch ein Tiroler Gletscherdiorama auf der Weltausstellung von Chicago von 1893 bekannt geworden und malte in der Folgezeit eine Reihe inzwischen populär gewordener Panoramabilder, vor allem aus dem 70er Krieg. Sein Innsbrucker Bild, das uns im Unterschied zu seinen anderen Werken heute noch erhalten ist, wurde auf der Londoner Weltausstellung 1907 mit einer Goldmedaille prämiert. In seinem Rundbau am Innufer genießt Diemers Schlachtgemälde bis heute das ungebrochene Interesse der Innsbruckbesucher. Derzeit ist geplant, Diemers Gemälde nach einer umfangreichen Restaurierung auf den Bergisel zu transferieren.

Der theatralische Zug des Tiroler (und alpenländischen) Volkscharakters, der auch bei Hofer sehr ausgeprägt war, findet besonders am Ende des 19. Jahrhunderts nach dem Ende von Zensur und Überwachung im Volksschauspiel seine typische Ausprägung.

Gerade mit der Zunahme des Alpentourismus erlebte das Volksschauspiel in allen Varianten eine nie wieder erreichte Blüte. Die Wiederbelebung historischer Traditionen, der populäre Historismus und die Lust der Alpenbewohner am Theaterspielen begünstigten diese Konjunktur. Großes Vorbild waren die Oberammergauer Passionsspiele. Bald wurde auch der Aufstand von 1809 zu einem der beliebtesten Themen der Volksschauspiele.

Eines der bekanntesten Erinnerungsstücke war „Tirol im Jahre 1809", das 1892 erstmals bei der Jahresversammlung des Deutschen und Österreichischen Alpenvereins in Meran zur Aufführung kam. Ein Bericht schildert die Szenen, in denen die Bayern auftreten:

Wir werden zunächst mit dem Verhältnis bekannt gemacht, das zwischen Bayern und Tirolern herrscht. Der Übermut und die Grobheit eines bayerischen Beamten und das dreiste Auftreten einiger Soldaten ..., führen zu Konflikten, die nur durch das beschwichtigende Dazwischentreten mehrerer älterer und verständiger Männer beigelegt werden. Diese Zusammenstöße bieten geeignete Gelegenheit, dem Groll und der Erbitterung, die sich im Herzen der Tiroler gegen ihre Unterdrücker angesammelt haben, Luft zu machen: neue Steuern an Gut und Blut werden von den Bayern eingefordert, die Klöster werden aufgehoben, die Geistlichen verjagt und die alten verbrieften Rechte der Tiroler mit Füßen getreten ... Hoffnungsvoll wird die Kunde aufgenommen, dass Andreas Hofer mit zwei Genossen nach Wien gereist sei, um den Erzherzog Johann und den Kaiser selbst von der Not des tirolischen Volkes zu unterrichten. So weiß der Kraxenträger Simon Stauber zu melden, der mit seinem Kram auf dem Rücken landaus, landein zieht, Neuigkeiten sammelt und verbreitet und durch ernste und spöttische Reden den Hass gegen Bayern und Franzosen schürt. Die Figur dieses Kraxenträgers, der auch ungemein wirksam in Maske und Spiel gegeben wurde, ist prächtig herausgearbeitet und voll Lebenswahrheit; gegenüber der Naivität der Bauern, die selten oder nie aus ihrem Tal herauskommen und von der Welt da draußen nur eine sehr mangelhafte Vorstellung haben, repräsentiert dieser Weitgereiste die Intelligenz. Er ist Kundschafter, Agitator und Überbringer wichtiger Botschaften in einer Person – eine unschätzbare Kraft für die Insurrektion.[96]

Das *Meraner Volksschauspiel*, das nach der Premiere von 1892 (alle 9 Vorstellungen mit 1300 Sitzplätzen waren im September und Oktober ausverkauft) zur Dauereinrichtung wurde und vor allem historische Stücke aus der großen Zeit Tirols aufführte, wurde nicht zuletzt durch diese historisch kundige Rezension in der in Deutschland weit verbreiteten Zeitschrift „Vom Fels zum Meer" europaweit bekannt.

1893 kamen bereits 27 000 Besucher. Besonders die bis zu 300 Laiendarsteller begeisterten das Publikum. Der Text stammte von dem Fremdenverkehrsdirektor Karl Wolf. Persönlichkeiten und Künstler aus aller Welt, sogar Kaiser Franz Joseph und die Erzherzöge kamen zu den Meraner Volksschauspielen. Mit dem

Ersten Weltkrieg hörten die Aufführungen auf, bis am 10. Mai 1959 die Meraner und Burggräfler zum 150. Jahrestag des Tiroler Freiheitskampfes diese Tradition mit dem Stück „Andreas Hofer" wieder aufleben ließen. Zum Jubiläum 2009 wird das Stück wieder aufgeführt.

In Bayern wurde die Erinnerung an Andreas Hofer und den Aufstand besonders in Schwaben und hier besonders im Allgäu wach gehalten. Große Teile Schwabens, die erst 1803 zu Bayern kamen, fühlten sich auch mehr oder weniger unter bayerischer Fremdherrschaft. Ein kleiner Teil des Allgäus hatte als ehemaliges Vorarlberger Gebiet, das nach 1814 nicht mehr an Österreich zurückkam, aktiv am Volksaufstand teilgenommen. Erinnert sei nur, dass einer der führenden Leute des Aufstands, der als Unterintendant tätige A. Schneider aus dem Allgäu stammte. Im Markt Altusried im Allgäu gibt es seit dem Jahr 1879 Freilichtspiele. Angeregt durch den Erfolg der Meraner, brachten die Altusrieder 1911 mit 500 Laiendarstellern das Stück „Andreas Hofer" auf die Bühne. Als man den Prinzregent, der gerade am Termin der Aufführung durch Altusried fuhr, einlud, der Aufführung beizuwohnen, lehnte dieser empört ab. Andreas Hofer sei ein Rebell und meineidiger Landesverräter gewesen.

Szene aus dem Andreas-Hofer-Spiel, verfasst von Alois Johannes Lippl, in Altusried; etwa 1970

Späte Reue?
Tiroler über Bayern und umgekehrt

Ein besonderes Verhältnis zu Bayern hatten Meran und das Burggrafenamt, die während der bayerischen Zeit, vor allem zwischen 1810 und 1814, mit ihrem Wein ein Monopol in Bayern hatten und jeden Preis verlangen konnten. An diese ertragreiche Zeit erinnert sich Ludwig Steub im Jahr 1844:

„*Man erzählt viel von dem hohen Leben der Bauern, mitunter auch von dem Übermut der zu einer gewissen Zeit als Folge schnell entstandenen Reichtums bei ihnen an den Tag getreten. Damals, geht die Sage, seien die reichen Hofherren und ihre Ehewirtinnen an Sonntagen nur reitend zur Stadt gekommen, oft noch gefolgt von einem Geleithaufen berittener Knechte und bei Mahl und Tanz hätten sie die harten Taler in Menge verzecht. Es wird dies lustige Bauernleben in die Zeit gesetzt, wo der Wein, der jetzt zwischen fünf und sieben Gulden steht, noch zwanzig bis fünfundzwanzig kostete, und das war jene Zeit als Meran sich eine königlich bayerische Stadt nennen mußte, insbesondere die letzten Jahre vom Frieden zu Schönbrunn bis zur glorreichen Wiederkehr des Hauses Österreich ...*"

Im selben Jahr schildert Steub etwas süffisant, wie die Tiroler gern in engere Verbindung zu Bayern treten würden, wo die Neugründungen von Klöstern unter König Ludwig I. die Volksfrömmigkeit beleben, was auch den religiösen Vorstellungen der Tiroler entspräche. Da Bayern auch der natürliche Weinabnehmer und gleichzeitig Getreidelieferant Tirols war, machte sich nach der Rückkehr zu Österreich ein zunehmender Unwille breit, weil die österreichischen Erbländer weder Wein von Tirol abnehmen wollten noch Getreide liefern konnten. Man begann den Aufstand von 1809 zu bedauern, auch den üblichen Spott über die Saubayern *(Boafacken)*.

„*... die Meraner, die Maiser, die Algunder, die Männer im Weinland bis an die weiland italische Grenze bei Nals trauern jetzt über die Trophäen von Anno Neun und meinen die damalige Erhebung sei „lei so a Dummheit, a zochete G'schicht!" gewesen. Die Meraner nehmen es sich jetzt noch übel, dass sie dazumal bei der großen Festbeleuchtung zu Ehren der Wiedervereinigung mit dem Kaiserreiche so unendlich viele transpa-*

rente „Facken" (Schweine) ausgestellt, ... Hättens's auch nicht getan, sagt der Bürger, wenn wir gewußt, wie gut wir sie jetzt brauchen können. In der Tat sind die bayerischen Traubengäste nicht unwillkommen in Meran und bis sie etwa einmal den Engländern weichen müssen, wird man diese Colonie, die zeitweise auf dreißig und vierzig Köpfe steigt, als unverwerfliche Einkommensquelle mit offenem Wohlwollen betrachten."

Viele konservative Tiroler lehnten sich dann im 19. Jahrhundert mehr und mehr an das katholische Bayern an. Innerhalb der k. u. k. Monarchie begab sich Tirol zunehmend in die konservativ-katholische Protest- und Schmollecke. Nun führte man einen neuen Kirchenkampf gegen die aufgeklärte Wiener Bürokratie. Zur Separation oder zum Aufstand kam es deswegen freilich nicht und als nach 1848 die Metternich-Zensur nicht mehr die Hand auf Tirol hatte, konnte man an eine nationale Neubewertung des Tiroler Freiheitskampfes gehen. Nun entstanden die ersten Denkmäler für den Aufstand von 1809.

Der Verlust Tirols nach 1814 wurde im 19. Jahrhundert kaum von einem bayerischen Schriftsteller als Unglück für Bayern dargestellt, auch nicht von denjenigen, die mit ihren Schilderungen und Landesbeschreibungen ihre offenbare Sympathie mit Tirol bekundeten. Eine besondere Haltung zu Tirol nehmen die liberalen kleindeutschen und kulturkämpferischen Schriftsteller ein, für die das Land Tirol der Inbegriff eines katholisch-ultramontanen und auch wirtschaftlich zurückgebliebenen Landes war. Ein Musterbeispiel für diese Haltung sind die Äußerungen des Münchner Historikers und Archivars Franz von Löher in seinem Aufsatz „Tirol und Baiern"[97]. Nach seiner Meinung müsse jeder liberale Bayer froh sein, dass die ultramontane Partei in Bayern nicht durch die Tiroler verstärkt werde.

„Wie viel dunkler würde ihr Schwarz, wie viel schroffer und steinerner ihr Widerstand sein! Die große Tiroler Felsenburg der Altkirchlichen würde im Süden Baierns allen Gleichgesinnten einen so trotzigen und mächtigen Rückhalt bieten, würde so viel heißblütigen Eifer ausströmen, dass dagegen alle Intelligenz der bayerischen Städte nicht aufkäme, Rheinpfalz und Mittelfranken inbegriffen. Es hat nicht sein sollen. Doch fragen wir, ob umgekehrt Tirol gewonnen hätte, wenn es ... unter baierischer Regierung gestanden wäre?"

Löher verweist auf die katastrophalen Zustände der Tiroler Straßen. Auch beim Vergleich mit dem „Wohlstand" der Bewohner kommt Bayern um vieles besser weg:

„... Tirol dagegen ist auffallend arm daran ... Es ist wahr, vom Tiroler Boden sind nur etwa über drei Fünftel nutzbar ... und zieht man von jeden 61 Prozent nutzbaren Bodens die 32 Prozent ab, welche die Waldung einnimmt und die 15 Prozent, welche bloß zur Viehweide dienten, so bleiben gar nur 14 Prozent übrig für Garten und Weinberg, Acker und Wiese ... Hier stoßen wir auf den wunden Punkt, aus welchem, wie es uns scheint, so manche Übelstände hervorgehen. Es ist die Abgeschlossenheit, die Starrheit, in welcher Tirol verharrt. Obwohl es ein großes Durchzugsland für Güter und Reisende ist, bleibt es verhältnismäßig das konservativste Land auf der ganzen Erde ... Der Tiroler weiß wohl, dass es in Baiern um so viele Dinge besser bestellt ist, als bei ihm zu Lande. „Ja, bei Euch drüben ist schon gut hausen!" sagt er, wenn die Rede den Vergleich anstreift, mit süßsaurer Miene, und ist er ein Jäger, so folgt leicht ein Fluch nach. Denn in Tirol ist die Waldverwüstung gar weit vorgeschritten, die Berge werden immer nackter, selbst am Zwergnadelholz, den sogenannten Latschen, arbeiten schon Äxte und Hacken."*

Löher zeichnet ein möglicherweise übertriebenes Bild von der Wohlhabenheit der bayerischen Bauern und von der Unverfälschtheit der bayerischen Natur, die er dem Raubbau an der Natur in Tirol gegenüberstellt. Seine letzten Sätze klingen für uns heute, die wir Tirol gerne als alpines Bilderbuchland sehen, etwas befremdlich: „Will jemand sein inniges Ergötzen in Baiern haben, dann vertiefe er sich in dessen herrliche Waldungen im Gebirge. Wie arm, jämmerlich arm ist Tirol an solcher Wald- und Alpenlust!"

Auch diese Ausführungen haben etwas mit dem im Jahre 1809 spürbaren Gegensatz zwischen bäuerlicher Freiheit und staatlichem Zentralismus zu tun. Waren in Bayern die Wälder im Besitz des Landesherrn bzw. des Staates, etwa als Ergebnis der Säkularisation von 1803, so stand der Wald in Tirol mehr oder weniger als Gemeindewald oder Privatwald zur Disposition der Bauern und wurde dementsprechend auch übernutzt.

Lebenswege zwischen Tirol und Bayern im 19. Jahrhundert

Graf Drouet d'Erlon (1765–1844), Kommandierender General der bayerischen Truppen in Tirol

Drouet stammte aus einer Zimmermannsfamilie aus Reims und machte seit 1792 in den Revolutionsarmeen und unter Napoleon Karriere. In der Schlacht von Austerlitz 1805 kommandierte er unter Marschall Bernadotte eine Division. Er befehligte bei der endgültigen Niederschlagung des Tiroler Aufstandes im Oktober und November 1809 die bayerischen Truppen in Tirol und war dann vom November bis zur Rückgabe Tirols an Bayern im Frühjahr 1810 Leiter der Militärregierung. Ihm oblag die Befriedung des Landes und die Verfolgung aller, die nach dem Dekret vom 12. November 1809 noch zur Waffe gegriffen hatten. Da er sich nach der Rückkehr Napoleons von Elba von der bourbonischen Sache getrennt und sich wieder Napoleon angeschlossen hatte, verfiel er nach der Schlacht von Waterloo und nach dem Ende Napoleons der Proskription und damit der Todesstrafe und flüchtete nach Bayern. Dort genoss er das Exil und die Freundschaft des Königs. Als Baron Schmidt lebte er neun Jahre auf dem Gut Großhesselohe, das er erworben und durch die Errichtung einer Brauerei und viele Verbesserungen für die Münchner Spaziergänger attraktiv gemacht hatte. Nach einer Amnestie durch Karl X. kehrte er 1825 nach Frankreich zurück, nachdem er sich bei König Max I. Joseph in Tegernsee bedankt hatte, der ihm zu Ehren ein Diner gab. In Frankreich lebte er bis zur Revolution von 1830 zurückgezogen. Dann wurde er erblicher Pair von Frankreich und 1834 Generalgouverneur von Algier, wurde aber 1835 zurückgerufen, da er sich gegen Abd-el-Kader nicht durchsetzen konnte. Wenige Monate vor seinem Tod wurde er 1843 zum Marschall von Frankreich ernannt.

*Dr. Jakob Philipp Fallmerayer (1790–1861),
ein Orientalist aus Tirol in München*[98]

Fallmerayer wurde am 10. Dezember 1790 in Tschötsch bei Brixen geboren. 1809 distanzierte er sich vom Tiroler Aufstand und versuchte stattdessen, sich in München wissenschaftlich fortzubilden. 1812 begann er an der Universität Landshut Sprachen zu studieren. Nach Militärjahren 1813 bis 1818, die ihn auch nach Frankreich führten, wurde er Gymnasiallehrer in Augsburg, ab 1821 in Landshut. Er unterrichtete Sprachen und Geschichte. Eine erste Orientreise 1831–1834 führte ihn nach Ägypten, Palästina, Kleinasien, Konstantinopel, Griechenland und Italien. Nach seiner Rückkehr beendete er den Schuldienst und widmete sich der wissenschaftlichen Tätigkeit. 1835 wurde er Mitglied der Bayerischen Akademie der Wissenschaften, für die er zahlreiche Einzeluntersuchungen und Buchbesprechungen lieferte. Seit 1839 arbeitet er für die Augsburger Allgemeine Zeitung. Berühmt wurden die 1845 aus verschiedenen Zeitungsartikeln zusammengestellten „Fragmente aus dem Orient". Nach einer dritten Orientreise wurde er 1848 Mitglied des Frankfurter Parlaments. Da er nach der Auflösung des Parlaments noch bis zuletzt dem Stuttgarter Rumpfparlament angehörte, wurde er steckbrieflich verfolgt und floh in die Schweiz. Erst ab 1850 lebte er wieder in München. Nach einem heftigen Streit mit den ultramontanen Mitgliedern der Akademie zog er sich mehr und mehr zurück.

Durch seine Berichte über Reisen in das östliche Mittelmeer und seine Studien machte Fallmerayer sich bei den Griechen unbeliebt, da er behauptete, die Griechen von heute hätten mit den Griechen der klassischen Antike kaum mehr etwas gemein, da sich durch die Einwanderung der Slawen und Albaner in griechisches Gebiet der Volkscharakter vollständig geändert habe. Fallmerayers „Geschichte der Halbinsel Morea" und seine „Fragmente aus dem Orient" wurden auch außerhalb wissenschaftlicher Fachkreise viel gelesen. Seine Professur als Nachfolger des berühmten Josef Görres konnte er nicht antreten. Als Privatlehrer, Mitglied der Bayerischen Akademie der Wissenschaften und fruchtbarer Schriftsteller verbrachte er seinen Lebensabend in München, wo er 1861 im Alter von 71 Jahren starb.

Joseph Ennemoser (1787–1854),
ein Münchner Modearzt aus dem Passeiertal[99]

Der 1787 in der Gemeinde Rabenstein im Passeiertal geborene Ennemoser war einer der berühmtesten Münchner Ärzte um die Mitte des 19. Jahrhunderts. Sein Medizinstudium begann er in Innsbruck, 1809 war er Geheimschreiber Andreas Hofers. Dann setzte er seine Medizinstudien in Erlangen und Wien fort. Im Jahr 1813 trat er in das Lützowsche Freikorps ein und beteiligte sich am Kampf gegen Napoleon. Er beendete seine Studien in Berlin. Dort wandte er sich der von Professor Mesmer begründeten neuen Lehre vom tierischen Magnetismus zu. 1819 wurde er Medizinprofessor in Bonn, nahm 1837 seine Entlassung, um sich in Innsbruck und schließlich 1841 in München niederzulassen. Dort erlangte er als Arzt und Hypnotiseur, aber auch als Astrologe einen überregionalen Ruf. Er starb am 19. September 1854 in Rottach-Egern. Bis heute von Wert sind seine Werke zur Geschichte des Mesmerismus und des tierischen Magnetismus. 1839 charakterisiert Staffler in seiner Tiroler Topographie das Werk Ennemosers wie folgt: *Diese Schriften beurkunden den gewandten und hellsehenden Beobachter der menschlichen Natur, vorzüglich in den Wirkungen ihrer geheimen Kräfte, den Mann, der, wie er sich irgendwo selbst ausdrückt, weder einem Wurm gleich an der Oberfläche kriechen wollte, ohne in das Mark einzudringen, noch lüstern war, auf den Flügeln spekulativer Dogmen, den Gesichtskreis aus dem Auge verlierend, sich zu erheben, sondern der des Menschen Niedrigkeit, wie seine Höhe, im Menschen das Menschliche wie das Göttliche zu erforschen und zu verkünden strebte.*

Joseph von Hörmann (1778–1852),
ein Tiroler Jurist im Dienste Bayerns[100]

Der einzige Tiroler, der eine bedeutende Karriere im bayerischen Staatsdienst machte, war der 1778 in Innsbruck geborene Joseph von Hörmann, der sich jedoch in der bayerischen Geschichte des Vormärz einen schlechten Ruf erwarb, weil er als Appellationsgerichtspräsident von Landshut im Auftrag König Ludwigs I. nach 1832 zahlreiche Hochverratsprozesse gegen liberale Journalisten und Wissenschaftler durchführte, die weder für den

König noch für die bayerische Justiz ein Ruhmesblatt wurden. Besonders deutlich zeigt das Verfahren gegen den Staatsrechtslehrer, Landtagsabgeordneten und Würzburger Bürgermeister Wilhelm Joseph Behr den Missbrauch der Justiz zu politischen Zwecken.

Die Familie Hörmann stammte ursprünglich aus Kaufbeuren, kam im Dienst der Fugger nach Tirol um sich dann in Hall niederzulassen. Schon der Vater, Johann Ignaz von Hörmann, war bedeutender Jurist und Professor an der Universität Innsbruck und arbeitete eng mit der bayerischen Verwaltung zusammen. Der Sohn Joseph war beim Übergang Tirols an die bayerische Regierung provisorischer Fiskalamtsadjunkt in Innsbruck und wurde im August 1806 zum Rat des Oberappellationsgerichts in Ulm ernannt, das für Tirol zuständig war und wo man Kenner des Tiroler Rechts brauchte. 1808 kam er ins Ministerium des Äußeren, wo er 1817 Ministerialrat und 1827 Geheimer Rat wurde. 1828 als Vizepräsident zum Appellationsgericht Amberg versetzt, übernahm er auf Wunsch des Königs 1832 als Präsident das Appellationsgericht Landshut, in dem alle politischen Hochverratsprozesse konzentriert wurden. 1840 wurde Hörmann von König Ludwig I. für seine Tätigkeit mit dem Regierungspräsidentenamt in Oberbayern belohnt. 1847 in den Ruhstand versetzt, erhielt er noch 1850 den Titel eines Staatsrates. Er starb 1852 in München.

Hörmann war ein hochgebildeter Mann. Er war Mitarbeiter bei dem berühmten „Sammler für Geschichte und Statistik Tirols", der 1806 bis 1809 vor allem von dem Innsbrucker Appellationsgerichtsrat Dipauli herausgegeben wurde.1816 erschien von Hörmann eine Monographie unter dem Titel „Tirol unter der baierischen Regierung", die das Vorgehen Bayerns in Tirol im Großen und Ganzen rechtfertigt.

Robert von Benz (1780–1849),
ein bayerischer Jurist im Dienste Tirols

Benz war der einzige bayerische Beamte, der nicht nur während des Aufstands, sondern auch nach dem Ende der bayerischen Herrschaft auf seinem Posten blieb und Karriere machte. Das hängt vielleicht damit zusammen, dass er nicht aus Altbayern, sondern aus dem erst 1803 zu Bayern gekommenen schwäbischen „Neubayern" stammte. Benz wurde 1780 im Herrschaftsbereich der im Reichsdeputationshauptschluss 1803 zu Bayern gekommenen schwäbischen Reichsabtei Elchingen geboren. Seine Beamtenlaufbahn begann er als Akzessist an den Landesdirektionen München und Ulm. Am 12. Juni 1807 wurde er zum Gubernialrat in Innsbruck, nach der Errichtung der Kreise zum 1. Kreisrat in Innsbruck ernannt, wo er sich die Achtung der Tiroler auch während des Aufstands erwarb. 1814 Referent in der österreichischen Hofkommission bei der Übernahme des Landes, wurde er am 20. April 1815 zum Kreishauptmann von Imst/Oberinntal ernannt. 1821 wurde er Hofrat am Innsbrucker Gubernium, von 1828 bis 1848 war er Vizepräsident. Benz, der von den Österreichern wegen seiner Verdienste nicht nur geadelt, sondern auch in den Freiherrenstand erhoben wurde, war für Metternich in Wien und dessen Polizeichef Sedlnitzky einer der besten Informanten über bayerische Verhältnisse. Insbesonders unterrichtete Benz die österreichische Regierung über die Stellung Montgelas' am Münchner Hof und über die Verfassungsbestrebungen von Kronprinz Ludwig.

Joseph Freiherr von Hormayr (1781–1848),
Jurist, Journalist, Historiker und Freiheitskämpfer[101]

Sein Großvater war der gleichnamige tirolische Kanzler und Rechtsgelehrte, der schon 1724 als einer der ersten am Immerwährenden Reichstag in Regensburg öffentlich für die Abschaffung der Folter, gegen den Hexenglauben und gegen die Güterkonfiskation eingetreten war. Nach dem Vorbild seines Großvaters studierte Hormayr die Rechte (in Innsbruck). Er galt als Wunderkind, da er 1796 sein juristisches Studium im Alter von nur 15 Jahren beendete. Ab 1802 Hofsekretär in der Staatskanzlei, wurde er 1808 Direktor des Geheimen Haus-, Hof- und Staatsarchivs.

Seine größte Wirksamkeit entfaltete Hormayr jedoch bei der Vorbereitung und Durchführung, vor allem bei der propagandistischen Begleitung des Tiroler Aufstands 1809. Seinen Einfluss auf die Tiroler Angelegenheiten verdankte er seiner Beraterstellung bei Erzherzog Johann, der ihn dann im April 1809 nach dem ersten erfolgreichen Aufstandsversuch zum Zivilintendant von Tirol ernannte. In Bayern nahm man Hormayr seine Aktivitäten krumm. 1809 wurde er wegen seiner Beteiligung am Tiroler Aufstand aus der bayerischen Akademie der Wissenschaften ausgeschlossen. Als Anreger und Führer des sog. Alpenbundes wurde er auf Veranlassung Metternichs 13 Monate im ungarischen Munkács in Haft gehalten, nach seiner Entlassung nur teilweise rehabilitiert. Nach dieser „Behandlung" brach Hormayr mit Österreich; sein einstiger Patriotismus verwandelte sich in Hass gegen das vormärzliche System in Österreich. Er konnte auch nicht dadurch besänftigt werden, dass ihn Kaiser Franz I. 1816 zum Historiographen des Reiches ernannt. Daher ergriff er sofort die Gelegenheit, als ihn 1827 der eben an die Regierung gelangte König Ludwig I. aufforderte nach München zu kommen. Im November 1828 trat Hormayr in bayerische Dienste und wurde ordentliches Mitglied der Akademie der Wissenschaften. Hier in München konnte sich der ungemein produktive Hormayr, der schon 1801 wegen seiner Urkundenforschungen zum korrespondierenden Mitglied der Historischen Klasse der Kgl. bayerischen Akademie der Wissenschaften ernannt worden war, ausgiebig der geliebten Geschichtswissenschaft widmen, doch versäumte er es nicht, in zahlreichen Schriften mit dem System Metternich abzurechnen. Im bayerischen Dienst machte er sich bald, ähnlich wie in Wien, wegen seiner überheblichen Art unbeliebt. Außerdem hatte Ludwig I. sehr bald nach seinem Regierungsantritt „die politischen Daumenschrauben angezogen". An seine liberale Kronprinzenzeit und seine Tirolschwärmerei wollte er nun nicht mehr so gerne erinnert werden. Hormayr, offiziell als Ministerialrat im Außenministerium angestellt, war vor allem als Geschichtsschreiber und Lehrer des Kronprinzen Maximilian tätig, für den er eine Geschichte von Hohenschwangau schrieb. In den Jahren 1832 bis 1839 war er als bayerischer Ministerresident in Hannover tätig, zwischen 1839 und 1846 übte er dasselbe Amt bei den freien Hansestädten Lübeck, Hamburg und Bremen aus.1847 kehrte er nach München zurück und wurde zum Vorstand des allgemeinen Reichsarchivs ernannt. Hormayrs gesammelte Werke umfassen etwa 170 Bände. Das meiste schrieb er in den 20 Jahren, in denen er in Bayern tätig war.

Ludwig Steub (1812–1880),
der Lobsänger Tirols

Für die Münchner wurde Tirol nach der Fertigstellung der Eisenbahn über den Brenner zum beliebten Ausflugs- und Feriengebiet. Nähere Kenntnisse über Tirol wurden in Bayern und Deutschland vor allem durch die Zeitschriftenbeiträge und Bücher des in Aichach geborenen Schriftstellers Ludwig Steub vermittelt. Sein Werk „Drei Sommer in Tirol" wurde mehrfach aufgelegt. In zahlreichen Beiträgen für die „Augsburger Allgemeine Zeitung" machte Steub für die Schönheiten Tirols Reklame. Sein lebhaftes Temperament verwickelte ihn häufig in literarische Fehden und politische Streitigkeiten. Dabei machte er sich gleichermaßen Bayern und Tiroler zu Feinden. Zu seinen Gegnern gehörte beispielsweise auch der ebenfalls in der Augsburger Allgemeinen Zeitung publizierende Orientalist Jakob Philipp Fallmerayer. Berühmt-berüchtigt wurde Steub in Tirol durch den von ihm ausgelösten „Sängerkrieg in Tirol".

Josef Friedrich Lentner (1814–1852),
Buchhändler, Malerpoet und Erfinder der Tiroler Dorfgeschichten[102]

Neben Steub war es vor allem der Münchner Buchhändlersohn Josef Friedrich Lentner, der durch seine Werke Deutschland mit dem Volksleben und den Schönheiten Tirols vertraut machte. Lentner stammte aus einer in Rottach-Egern ansässigen Bauernfamilie. Sein Großvater Josef, der eigentlich Mönch in Tegernsee werden sollte, sich aber nach seiner Ausbildung in München als Verlagsbuchhändler niederließ, verlegte vor allem Werke von Mitgliedern der bayerischen Akademie der Wissenschaften, während sein Sohn Ignaz den Verlag mit geistlichem Schrifttum ausbaute. Enkel Josef Friedrich lernte zwar auch den Buchhandel, das Geschäftsleben kam aber bald mit seiner künstlerischen Veranlagung in Konflikt. Er ließ sich als Maler und Dichter in München und schließlich in Meran nieder, wo er liebevolle Schilderungen des Tiroler Volkslebens herausgab, etwa „Das Tyroler Bauernspiel. Charaktergemälde aus den Jahren 1809–1810" oder „Geschichten aus den Bergen", 1851. Lentner gilt als einer der Begründer der Tiroler Dorfgeschichten. Er pflegte enge Beziehungen auch zu Tiroler Literaten. So war er wie Steub öfter Gast des Schriftstellers Josef Streiter aus Bozen auf dessen Ansitz Payrsberg. Sehr eng waren auch seine Beziehungen zu Kronprinz Maximilian, dem späteren König Maximilian II., in dessen Auftrag er 1845 Altbayern durchreiste und volkskundlich beschrieb. Auf Lentner, der auch zu den Begründern der wissenschaftlichen Volkskunde gerechnet werden darf, gehen wichtige Kapitel in der von König Maximilian II. initiierten bayerischen Landbeschreibung „Bavaria" zurück.

Joseph von Giovanelli (1784–1845),
altständisch, konservativ und katholisch

Die ursprünglich aus der Lombardei stammende Bozener Familie Giovanelli war im 19. Jahrhundert eine Institution in Tirol. Vater Giovanelli (1750–1812) hatte mit Andreas Hofer die Landesverteidigung organisiert. Nach dem Ende der bayerischen Herrschaft mahnte Joseph v. Giovanelli d. J. am Wiener Kaiserhof unermüdlich die Wiederherstellung der alten Landesverfassung an, stieß damit aber bei Metternich auf taube Ohren. Der ungemein gebildete Giovanelli war Führer der konservativen Partei in Tirol und zuletzt Merkantilkanzler in Bozen. Er hatte enge Verbindungen zum Münchner Görres-Kreis und zu den in München herausgegebenen Historisch-politischen Blättern, die unter dem Tiroler Klerus weit verbreitet waren. Auf seinem Ansitz Hörtenberg empfing Giovanelli nicht nur Görres, sondern auch viele Vertreter des politischen Katholizismus in Bayern. Sein Sohn Ignaz wurde Führer der ultramontanen Partei in dem seit 1861 tagenden Tiroler Landtag und im Wiener Reichsrat ab 1867.

Von Defregger bis Egger-Lienz
Tiroler Künstler an der Münchner Kunstakademie

Die 1808 gegründete Akademie der Bildenden Künste in München galt unter den Malern als eine der besten in Europa und so verwundert es nicht, dass viele Tiroler nicht den Weg nach Wien, sondern in das nahe München nahmen, um ihr Talent auszubilden.

Der in See im Paznauntal 1835 geborene *Matthias Schmid* studierte ab 1857 bei Piloty in München und wurde bald selbst Professor an der Akademie. Berühmt sind seine Genrebilder aus der bäuerlichen Welt und seine zahlreichen Illustrationen für Münchner Zeitschriften. Er starb 1923 in München.

Als 17jähriger zog der 1843 in Schwaz geborene Kunstmaler *Josef Wopfner* nach München, wo er nach seinem Studium an der Akademie sehr lange auf Anerkennung warten musste. Er malte vor allem Alpenlandschaften um den Chiemsee, wo er zu den Begründern einer eigenen Malschule gehörte, die ihr Zentrum auf der Insel Frauenchiemsee hatte. Als er schließlich Professor an der Akademie und ein guter Freund des bayerischen Prinzregenten wurde, hatte er sein Ziel erreicht.

Der in Stronach am Ederhof in Osttirol 1835 geborene *Franz Defregger* wollt zunächst nach Amerika auswandern, bildete sich dann als Schnitzer aus. Sein Schnitzlehrer in Innsbruck erkannte sein malerisches Talent und brachte ihn an die Akademie nach München. Seine Bilder galten bald als Sensation und seine Darstellungen zur Tiroler Volkserhebung von 1809 prägen vom 19. Jahrhundert bis heute die imaginäre Vorstellungswelt des Publikums zu den damaligen Ereignissen, auch wenn sie ein halbes Jahrhundert später entstanden. Defregger erhielt von Prinzregent Luitpold den persönlichen Adel, obwohl er pikanterweise sein weltweites Ansehen durch die Darstellung des (nach bayerischer Lesart) „Hochverräters" Andreas Hofer und seines Aufstands gegen die Bayern errang. Defregger starb 1921.

Beeinflusst durch Defregger war der 1886 in Stribach bei Lienz/Osttirol geborene *Albin Egger-Lienz*, der ebenfalls an der Münchner Kunstakademie studierte. In seinem Schaffen lehnte er sich stark an seinen Landsmann an. Zu seinen in klaren braunen Farben und in kräftigen Licht-Schatten-Konturen gehaltenen, oft holzschnitthaft einfachen Bildern gehören vor allem Tiroler Bauern, Brauchtum und die alpine Wehrhaftigkeit. Auch er wurde Professor der Münchner Akademie. Als Kriegsmaler im ersten Weltkrieg tätig, zog er sich nach Kriegsende nach Tirol zurück, wo er 1926 in Zwölfmalgreien/Bozen starb. Seine Bilder hängen in allen Museen Europas.

Tirol und die bayerische Alpensehnsucht

Auch und gerade im bayerischen Königshaus waren die Alpensehnsucht und die Liebe zu Tirol tief verankert. Während noch ein König Ludwig I. ein Drittel seiner Regierungszeit in Italien zubrachte, war sein Sohn, König Maximilian II. (1848–1864), vorwiegend in Bayern, besonders im Alpenraum unterwegs, wobei man zwischen Bayern und Tirol kaum mehr unterschied. In seiner berühmten Fußreise im Sommer 1858 vom Bodensee nach Berchtesgaden wechselte der König problemlos auch mehrfach auf Tiroler Gebiet. Eine besondere Neigung zu Tirol entwickelte Königin Marie, eine geborene preußische Prinzessin. Vom Schloß Hohenschwangau aus, das bald auch zum Lieblingsaufenthalt ihres Sohnes Ludwig II. wurde, machte sie immer wieder Ausflüge nach Tirol. Ihr bevorzugter Sommersitz wurde Elbigenalp im Lechtal, wo sie beim dortigen Pfarrer Quartier nahm. Erst vor kurzem sind dort ihre Notizen entdeckt worden. König Ludwig II. hat sich in Tirol für seine Ausfahrten eigene Quartiere einrichten lassen. Berühmt sind seine Zimmer im Schlossgasthof am Fernsteinsee hinter dem Fernpass oder seine Absteige im Gasthof „Post" in Reutte, von wo er noch in seinem Todesjahr 1886 einen verzweifelten Hilferuf an Kanzler Bismarck richtete.

Der Eisenbahnbau, die Eröffnung der Brennerbahn 1867, der damit einhergehende Bau von Hotels, der aufkommende Fremdenverkehr, der Alpinismus und die Reise- und Romanliteratur begünstigten die immer enger werdende Verbindung zwischen Bayern und Tirol.[103] Der 1869 in München mit Hilfe des Tiroler Gletscherpfarrers Franz Senn aus Vent im Ötztal gegründete Deutsche Alpenverein hatte von Anfang an das Ziel, die Tiroler Bergwelt zu erschließen. Das Kaisergebirge bei Kufstein wurde von bayerischen Kletterern erschlossen und die ersten Besteigungen im Karwendelgebirge nahm der früh verstorbene Jurist und Forschungsreisende Hermann Barth von Harmating (1845–1876) vor. 1874 schrieb er das richtungsweisende Werk „Aus den nördlichen Kalkalpen". 1873 schlossen sich der Deutsche und der Österreichische Alpenverein zusammen. Zahlreiche bayerische Sektionen dieses „Deutschen und Österreichischen Alpenvereins" errichteten Schutzhütten in den Tiroler Bergen.

Doch nicht nur der Sport trieb die Bayern nach Tirol. Die jährliche „Sommerfrische" in den Bergen, war für die Münchner der Anfang der für uns heute selbstverständlichen Urlaubsreise. Auch die mit der Eisenbahn nun leicht erreichbaren Wirtshäuser in Kufstein oder Innsbruck waren beliebte Ziele der Münchner, die durch zahlreiche Veröffentlichungen über die Schönheiten Tirols angelockt wurden. Nach den schon erwähnten bayerischen Schriftstellern Lentner und Steub, rührte besonders dann in der 2. Hälfte des 19. Jahrhunderts der in München geborene und in Bozen gestorbene Heinrich Noe (1835–1896) die Werbetrommel für Tirol. Er galt als der führende Reiseschriftsteller seiner Zeit. Wirkungsvoller als seine Bücher waren seine Beiträge in Zeitungen und den weit verbreiteten Familienzeitschriften. Er war der erste, der die „bescheidenen Fußwanderungen" in den Alpen propagierte. Vor allem Südtirol hat er populär gemacht. Während Noe ein eminent kundiger Schilderer der Landschaft war, haben andere Schriftsteller wie Ludwig Ganghofer Tirol durch ihre Romane populär gemacht. In den Romanen Ganghofers, der im Gaistal bei Leutasch eine großzügig ausgestattete Jagdhütte hatte, spielt die Alpenwelt und vor allem ihre dortigen Bewohner eine hervorragende Rolle. Die „prächtigen" Menschen der Alpen, vor allem die Jäger und Bauern, stellt er dem etwas blasierten und immer kränkelnden städtischen Bürgertum gegenüber, ohne dabei jedoch allzu einseitig zu urteilen. Ganghofer gehörte zu den prominentesten Münchner Tiroltouristen. In seinem Tiroler Jagdhaus hat er seine Münchner und Wiener Bekannten sowie Dichter wie Rilke, Hugo von Hofmannsthal oder Ludwig Thoma empfangen, die freilich weniger den Dichter als den Menschen Ganghofer schätzten.

Die zunehmende Beliebtheit Tirols in Bayern im 19. Jahrhundert hat auch mit dem wachsenden literarischen und wissenschaftlichen Interesse an der Besonderheit des dortigen Menschenschlags zu tun. Bei der schon in der Romantik begonnenen Suche nach dem deutschen Volksgeist und nach dem Wesen des germanischen Stammes glaubte man besonders in den abgelegenen Bergtälern Tirols fündig zu werden. Wie man beim bayerischen Haberfeldtreiben noch uralte Reste germanischer Gerichtsbarkeit festzustellen glaubte, so galten auch die bäuerlichen Organisationsformen und die historischen Freiheiten des dortigen Bauernstandes als germanisches Erbe. Die Deutung des Ortsnamens Gossensass als Sitz der Goten machte für jeden einsichtig, dass Tirol als letztes Rückzugsgebiet des gotischen Stammes galt. Auch die schon um 1900 modische Rassenkunde befasste sich mit den Tirolern und einiges vom Germanenwahn dieser Zeit klingt bei der Schilderung Ludwig Thomas an, der 1909 für die „Münchner Neuesten Nachrichten" aus Tirol über das 100jährige „Heldenjahr"-Jubiläum berichtete und in einem privaten Brief an einen Freund schrieb:

Da war ich jetzt in Innsbruck und habe 30.000 Bauern defilieren gesehen. 30.000 deutsche Bauern und jeder einzelne war mehr Germane als sämtliche deutsche Oberlehrer zusammen. Es war unerhört schön. Ethnologisch war es ein Wunder und künstlerisch nichts anderes. Goten, Bayuwaren und Alemannen, so deutlich zu unterscheiden wie Anno null nach Christus. In weiser Selbsterkenntnis will ich Dir verraten, daß wir Bayuwaren uns vor den Goten verstecken können. Breitschultrig, zum Fettansatz geneigt, etwas nichtssagend im Gesicht, stehen wir recht plebejisch neben den adeligen Gestalten der Goten, die um Meran herum sitzen und ganz gewiß die schönsten Männer sind. Bauernknechte vom Sarntal sehen vornehmer aus wie englische Lords und sind auch vornehmer. Der deutsche Kaiser mit seinem ganzen Stab und allen Brandenburger Grafen und Baronen sind Bourgoise gegen diese prachtvollen Mannen des Herrn Dietrich von Bern. Mein alter Glaube, daß nur der Bauer die Rasse hält, hat seine glänzende Bestätigung gefunden und ich bin drei Stunden lang glücklich und stolz gewesen, als Deutscher zu sehen, wie unser Volk einstmals war, bevor es Bäckerbäuche und Gelehrtenbrillen verschandelt haben. Hergott, war das schön! Mit eigenen Augen sehen dürfen, was einen Dürer und Riemenschneider schon entzückt hat! 30.000 kriegerische Germanenbauern; in Gletschereis konservierte Goten.[104]

Die steigende Fremdenverkehr Richtung Tirol und das gestiegene Interesse an den Tiroler Bräuchen ist auch mitursächlich für die Entwicklung der Trachtenbewegung in Bayern und Tirol. Die Entstehung der heutigen bayerischen Tracht, auch die Entstehung der bayerischen Tanzfolklore, ist nicht älter als 150 Jahre und geht im Wesentlichen auf Tiroler Einflüsse zurück.

Trachtenvereine und Volkstänze verdanken ihre Existenz nicht zuletzt dem Bedürfnis, Dritte zu beeindrucken oder zu unterhalten. Der Schuhplattler hat zwar sowohl in Bayern als auch in Tirol Vorgänger, populär wurde er erst seit dem Ende des 19. Jahrhunderts durch das wachsende Publikumsinteresse. Hier waren die weltweit herumreisenden Tiroler Nationalsängergruppen für die Bayern vorbildlich. Von ihnen lernte man auch das immer kunstvoller werdende Jodeln.

Bei den Trachten muss man ältere Traditionen von Neuschöpfungen unterscheiden, welche das heutige Trachtenbild bestimmen. Aus Tirol importierte man in Bayern schon in der ersten Hälfte des 19. Jahrhunderts den mit Federkielstickerei geschmückten großen Bauchranzen, der in Bayern „Tiroler Gürtel" hieß und schon bei den zeitgenössischen Darstellungen des Tiroler Aufstands auftaucht. Auch bei der sonstigen Männertracht war in Bayern zunächst der Tiroler Einfluss vorherrschend. Die kurze Tiroler Lodenjoppe der in Bayern arbeitenden Holzfäller verdrängte sehr bald als modische Tracht den bis ins 19. Jahrhundert in Bayern üblichen langen Mantel. Auch die kurze Lederhose stammte aus Tirol und wurde zusammen mit der Joppe oder dem einfachen Leinenhemd zunächst besonders gerne von den bayerischen Jägern getragen. Die grünen Aufschläge, die heute an keiner Tracht fehlen dürfen, sind Übernahmen aus der Uniform des bayerischen Forstpersonals. Die in Bayern dann vor allem in den seit den 80er-Jahren erstmals entstehenden Trachtenvereinen kultivierte und vielfach künstlich ergänzte Tracht wurde dann nach Tirol „reimportiert".

Die bayerischen Gebirgsschützen oder Schützenvereine, die ebenfalls erst Ende des 19. Jahrhunderts neu oder wieder gegründet wurden, verdanken ihre Wiederbelebung in der Regel ebenfalls dem Vorbild Tirols, wo es ja eine ungebrochene Schützentradition auf dem Lande gab, die in Bayern weitgehend fehlte.

Der Sandwirtshof um 1920

11. Kapitel

Bayern und Tirol im 20. Jahrhundert

Waffenbrüderschaft im Ersten Weltkrieg

Nach dem Ausbruch des Ersten Weltkriegs wurde den österreichischen Politikern schnell klar, dass Italien den mit Deutschland und Österreich geschlossenen Dreibund als nicht mehr gültig betrachteten und früher oder später ins feindliche Lager überlaufen würde. Um die Italiener zur Neutralität zu bewegen, musste sich Österreich, auch angesichts der schweren Verluste an der galizischen Front, mit dem Gedanken vertraut machen, Italien Trient abzutreten. Im Lauf der entsprechenden Verhandlungen wurden die italienischen Forderungen bezüglich Tirols immer ausgreifender. Am 10. April 1915 verlangte man von Wien die sofortige Abtretung von Tiroler Gebiet und zwar in dem gleichen Umfang (mit Bozen!), wie es einst von Bayern im Pariser Vertrag vom 29. Februar 1810 an das damalige napoleonische Königreich Italien abgegeben werden musste. Wenig später schloss sich Italien im Londoner Vertrag vom 26. April 1915 der Entente an und erhielt weit mehr zugestanden, als es jemals von Österreich zu fordern gewagt hatte. Da sich Italien verpflichtet hatte, innerhalb eines Monats in den Krieg einzutreten, kündigte es am 3. Mai 1915 den Dreibund. König Viktor Emanuel erklärte am 23. Mai 1915 Österreich-Ungarn den Krieg.

Schon seit dem Beginn des Kriegs hatte es an der Grenze zwischen Tirol und Italien zu gären begonnen. Bereits 1914 waren viele Trienter zu den Italienern übergelaufen. Zu nennen sind hier vor allem Ettore Tolomei und Cesare Battisti, die durch einen Einfall den Kriegsfall provozieren wollten, was von den Italienern verhindert werden konnte. Beunruhigt wurden die Tiroler freilich mehr durch die italienischen Truppenbewegungen und Festungsbauten. Auch auf Tiroler Seite begann man damit. Auch wurden seit August 1914 die Standschützen gemustert. Da jedoch jeder einigermaßen brauchbare Mann aus Tirol an die galizische und serbische Front geschickt worden war, befanden sich in Tirol bald nur noch Standschützen von über 50 und unter 18 Jahren. So standen etwa 30.000 Standschützen für dieses „letzte Aufgebot" zwei gut ausgerüsteten italienischen Armeen unter General Graf Cadorna gegenüber. Zum Glück gingen die Italiener nach der Kriegserklärung nur sehr zaghaft gegen Tirol vor. Wichtig für die Rettung Tirols war aber vor allem, dass Mitte Mai den Tirolern das „Deutsche Alpenkorps" mit 13 Bataillonen unter dem bayerischen Generalleutnant Krafft von Dellmensingen zur Hilfe kam. Drei Bataillone des Korps stellte das bayerische Infanterie-Leibregiment unter dem Kommando des Münchner Oberleutnants Franz Xaver Ritter von Epp. Ein Bataillon dieser bayerischen Elitetruppe kommandierte Prinz Heinrich von Bayern. Diese erste deutsche Gebirgstruppe hatte vor allem den Auftrag, die Italiener am Vordringen nach Süddeutschland zu hindern. Die Bayern, die jetzt zum ersten Mal nicht gegen, sondern mit den Tirolern kämpften, waren von der schnellen Organisation der Standschützen beeindruckt. Da Italien noch nicht den Krieg erklärt hatte, hielt sich das Alpenkorps zurück. Am 18. Juli 1915 kämpften dann Soldaten des bayerischen Leibregiments und Tiroler Standschützen bei der Verteidigung des karnischen Kammes bei Lienz erstmals zusammen

Im Laufe der Zeit entwickelte sich ein herzliches Verhältnis zwischen den Standschützen und dem Leibregiment. Im Oktober 1915 wurde das Alpenkorps durch österreichische Truppen ersetzt. Das Andenken an den auch bei der Zivilbevölkerung sehr beliebten Prinzen Heinrich wahrt noch heute eine auf den umkämpften Höhen in Kartitsch erbaute Kapelle, die seinen Namen trägt und an die Waffenbrüderschaft zwischen Bayern und Tirolern erinnert. Prinz Heinrich, ein Enkel Prinzregent Luitpolds, fiel im November 1916 bei Hermannstadt in Rumänien.

Am Ende des Krieges marschierten bayerische Truppen noch einmal in Tirol ein. Österreich hatte am 3. November 1918 mit Italien Waffenstillstand geschlossen. Nun drohte die Gefahr, dass die Italiener nach Süddeutschland vorrückten. Am 5. November 1918 überschritten daher bayerische Truppen, wieder unter dem Befehl General Krafft von Dellmensingens, die Grenze und rückten bis über den Brenner vor. Die Revolution in München und der Kriegsschluss beendeten den Einsatz am 9. November 1918.

Umbruch nach 1918

Das Königreich Bayern und das österreichische Kaisertum verfielen in den Revolutionen des Novembers 1918, wobei die habsburgische Doppelmonarchie im Wesentlichen sich in ihre historischen Bestandteile auflöste. Die neue Republik Österreich mit einem amputierten Tirol, war kleiner geworden als Bayern. Die Wittelsbacher und Habsburger waren abgetreten und angesichts der katastrophalen wirtschaftlichen Verhältnisse in Österreich versuchte man in Tirol die Karten neu zu mischen. In Bayern hatte man im Frühjahr 1919 mit revolutionären Bewegungen und mit zwei Räteregierungen zu kämpfen. Angesichts der chaotischen Verhältnisse in Bayern und Tirol wurden auf beiden Seiten Stimmen laut, die für einen Zusammenschluss der beiden Länder eintraten.

In Tirol wurde die Ansicht vertreten, mit dem Thronverzicht der Habsburger sei das Land wieder unabhängig und sei jetzt der im 14. Jahrhundert erfolgte Anschluss an die Habsburger Dynastie und damit an Österreich hinfällig. Man diskutierte verschiedene Modelle, etwa den Anschluss an Gesamtdeutschland oder die Bildung einer (von den Franzosen eventuell geförderten) Alpenföderation oder die Selbständigkeit unter einem eigenen Fürsten. Dabei spielte auch der Gegensatz zu dem von Sozialdemokraten und Kommunisten beherrschten Wien eine besondere Rolle. Bei der Bekämpfung der Räteherrschaft in Bayern wirkten auch Tiroler mit und die in der Folgezeit organisierte Wehrbewegung in Bayern, etwa der Bund „Oberland", konnte mit einer lebhaften Tiroler Unterstützung rechnen.

In einer Volksabstimmung im Frühjahr 1921 stimmte die überwiegende Mehrheit der Österreicher für einen Anschluss an Deutschland. Doch die Siegermächte waren strikt dagegen. Nachdem es in Tirol langsam wieder aufwärts ging, während in Bayern die Inflation 1923 viele ins Elend stürzte, wurden die Anschlusspläne schnell zu den Akten gelegt. Nicht unpopulär war dagegen der Gedanke an ein selbständiges Tirol. Man dachte dabei an Liechtenstein, das sich nach dem Weltkrieg von Österreich gelöst und dem Schweizer Wirtschaftsraum angeschlossen hatte. Als Regent eines unabhängigen Tirols war der Fürst von

Thurn und Taxis im Gespräch. Konkret wurde das Projekt freilich nie.

Schlimm traf es das 1919 von Tirol abgetrennte deutschsprachige Südtirol unter der Herrschaft des faschistischen Diktators Mussolini. Dieser versuchte, das Deutschtum in Südtirol vollständig auszulöschen. Dabei wurde er von Adolf Hitler seit 1938 unterstützt, der sich damit von Mussolini die Zustimmung zum Anschluss Österreichs „erkaufen" wollte. Die Aussiedlerhäuser in Jenbach und anderen Orten Nordtirols zeugen davon, dass geplant war, alle Südtiroler, die sich einer Italienisierung verweigerten, auszusiedeln. Nur der Krieg verhinderte die Durchführung dieser Aktion.

Als 1938 Adolf Hitler Österreich akkupierte, waren Nordtirol und Bayern zwar in einem „Großdeutschland" wieder vereinigt, doch ließen die Nationalsozialisten das Land unter einem gemeinsamen Gauleiter für Tirol und Vorarlberg sich weitgehend selbständig verwalten. Die aus dem Land geflohenen Emigranten träumten von der Bildung einer Alpenrepublik. Doch nach Be-endigung des Kriegs 1945 blieb nach dem Willen der Alliierten Bayern bei Deutschland und Tirol bei Österreich.

Erst ein halbes Jahrhundert später sollten innerhalb der *europäischen Einigung* die Grenzen zwischen Tirol und Bayern wieder fallen. Diesmal, so ist zu hoffen, für immer.

Bayern und Tirol heute

Zum Leidwesen der Tiroler blieb nach 1945 die Trennung des Landes aufrechterhalten. Überbrückt wurde sie zwischen Nord- und Südtirol zunächst vor allem durch die Leopold-Franzen Universität Innsbruck, an der zahlreiche Südtiroler aber auch bayerische Studenten immatrikuliert waren und sind.

Von Bayern aus wurde die innenpolitische Situation in Südtirol aufmerksam beobachtet. Durch den bald nach dem Krieg einsetzenden Urlaubsverkehr wurden viele Bayern vor Ort mit den Problemen vertraut. Durch Hilfsprogramme, besonders im Bildungsbereich (Kindergärten, Schulen), versuchte man Südtirol von Bayern aus inoffiziell zu helfen, besonders, nachdem seit 1956 immer wieder Sprengstoffanschläge auf das Problem Südtirol aufmerksam machten. In Bayern wurde den Tätern ein gewisses Maß an Verständnis entgegengebracht.

Das Gedenken der einhundertfünfzigsten Wiederkehr des Jahres 1809 im Jahr 1959 wurde genutzt, um der Öffentlichkeit die Geschichte aber auch die tragische Trennung des Landes vor Augen zu führen. Am großen Festzug vom 13. September 1959 trug man als Symbol der Trauer auch eine Dornenkrone mit.

1960 wurde eine Präambel zur Tiroler Landesordnung entworfen, die in Anlehnung an die Präambel der bayerischen Verfassung bewusst auf die Geschichte und die christliche Tradition des Landes verweist: Als die geistigen, sozialen und kulturellen Grundlagen Tirols werden *die Treue zu Gott und zum Erbe der Väter, die geistige und kulturelle Einheit des Landes, die Freiheit und Würde des Menschen* definiert.

Als Reaktion auf diese Proklamation und die Anschläge in Südtirol wurde im Oktober 1961 von italienischen Nationalisten das Andreas-Hofer-Denkmal auf dem Bergisel gesprengt.

Für Bayern wurde Tirol zum Eldorado des Wintersports. Kitzbühel entwickelte sich mehr und mehr zu einem „Vorort" Münchens, woher jedes Winterwochenende Sonderzüge und Busse kamen. Ärger gab es kurzzeitig wegen der Betreuung der deutschen Gruppen durch bayerische Skilehrer. Man wollte sich nicht die „Herrschaft" über die Tiroler Pisten nehmen lassen. Auch den Drang der bayerischen Nachbarn nach einem Ferienhäuschen in Tirol wusste man erfolgreich abzuwehren: Ein Grunderwerb in Tirol war für deutsche Staatsbürger praktisch nicht möglich. Die europäische Einigung hat da einige Änderungen gebracht.

Die kulturellen Kontakte zwischen Bayern und Tirol wurden seit den 60er-Jahren vor allem durch die erfolgreichen Tiroler Landesausstellungen befördert: Erinnert sei an die Innsbrucker Gedächtnisausstellung für Kaiser Maximilian I. im Jahr 1969, die von Bayern aus begeisterten Zuspruch fand. Das wird auch im Jahr 2009 der Fall sein, wo man sich vielerorts in Nord- und Südtirol einer stürmischen Phase gemeinsamer Geschichte erinnern wird. Für den kultur-interessierten Tiroler ist München mit seinem umfassenden kulturellen Angebot nach wie vor eine wichtige Adresse neben Wien.

Auf offizieller Ebene waren und sind die Kontakte zwischen Tirol und Bayern lebhaft, auch zwischen den bayerischen Ministerpräsidenten und den Tiroler und Südtiroler Landeshauptleuten. Ein politisches Schwergewicht war Silvius Magnago, der von 1960 bis 1986 als Südtiroler Landeshauptmann mit den bayerischen Ministerpräsidenten Goppel und Strauß das Konzept für das „Europa der Regionen" entwarf.

Ministerpräsident Goppel und vor allem der damalige Südtiroler Landeshauptmann Wallnöfer dürfen als die Väter der „Arbeitsgemeinschaft der Alpenländer" (Arge Alp) gelten. Ihr gehören derzeit zehn Provinzen, Regionen oder Kantone von Österreich, Deutschland, Italien und der Schweiz mit 23 Millionen Menschen an. Es geht darum, die wirtschaftliche Zusammenarbeit und den Schutz des Lebensraums Alpen zu fördern sowie Verkehrplanungen aufeinander abzustimmen.

Man forcierte in Tirol seit der Mitte der 50er-Jahre den Bau von Autobahnen, da man wegen der großzügigen Baumaßnahmen in der Schweiz Angst vor einer „Umfahrung Tirols" hatte. 1959 erfolgte der Spatenstich für die Brennerautobahn, die in neunjähriger Bauzeit fertiggestellt wurde. Deren Prunkstück wurde die Europabrücke über das Silltal. Bis 1972 war der Anschluss an das deutsche Autobahnnetz bei Kufstein fertiggestellt. Seit den siebziger Jahren wuchs allerdings der Widerstand gegen den ungebremsten Ausbau der Fernstraßen durch Tirol. Der Transitverkehr wurde mehr und mehr als nachteilig empfunden, da die meisten Touristen auf dem Weg von oder nach Italien in Tirol nicht mehr Halt machten. Dazu kam das wachsende Umweltbewusstsein der Bevölkerung. Die von der Tiroler Landesregierung daraufhin ergriffenen Maßnahmen betreffen natürlich auch bayerische Spediteure. Seit 2002 wird zunehmend der Schwerverkehr eingeschränkt, um ihn letzlich auf die Schiene zu verlagern.

Kontroversen zwischen Tirol und Bayern, die inzwischen weitgehend „bereinigt" sind, wurden in den 60er- und 70er-Jahren mit der Verschmutzung oberbayerischer Seen durch in Tirol entspringende Flüsse ausgelöst. Ein besonderes Presseecho fand die Verschmutzung des Chiemsees durch die Tiroler Ache, die Abwässer aus dem Raum Kitzbühel mit sich führte. Gleiches galt für die Verschmutzung des Walchensees durch die Isar mit den Abwässern aus dem Seefelder Bereich. Beide Flüsse sind durch den Bau entsprechender Kläranlagen wieder sauber geworden. Transitverkehr und Umweltverschmutzung sind Bereiche, die auch in Zukunft für die Beziehungen zwischen Bayern und Tirol bestimmend sein werden. Es gilt dabei abzuwägen zwischen dem Schutz der sensiblen alpinen Umwelt und dem Interesse nach wirtschaftlicher Entwicklung. Zukünftige Entscheidungen werden für beide Länder mehr und mehr durch Vorgaben aus Brüssel bestimmt. Bisher hat sich dieses Zusammenwachsen unter dem europäischen Dach segensreich ausgewirkt, auch wenn der Verlust an staatlicher Autonomie gerade in Tirol oder in Bayern manchen bedenklich stimmen mag.

Weitgehend immun gegen europäische Richtlinien sind freilich die tiefverwurzelten regionalen Besonderheiten der beiden Länder, die in Europa ihresgleichen suchen. Ihre besondere Stellung verdanken Tirol und Bayern nicht zuletzt ihrer langen und stolzen Geschichte, die auf weiter Strecke durch eine wechselvolle, meistens fruchtbare Nachbarschaft geprägt war.

ZEITTAFEL

600–700	Die bajuwarische Einwanderung – Grenzgrafen in Bozen. Freundschaftliche Beziehungen zu den Langobarden
763	Gründung von Kloster Scharnitz
769	Gründung von Kloster Innichen
788	Absetzung Herzog Tassilos III. durch Karl den Großen; Bayern wird Reichsprovinz
11. Jh.	Die Grafen von Andechs sind Grafen im Inntal mit Sitz in Amras
1180	Das Gebiet der Altstadt von Innsbruck erwirbt Markgraf Berthold III. von Andechs-Meranien. 1187 taucht der Name Innsbruck zum ersten Mal auf
1239	Herzog Otto von Andechs-Meranien verleiht dem Markt Innsbruck das Stadtrecht, erbaut dort eine Burg.
1248	Die Herzöge von Andechs-Meranien sterben aus. Ihre Besitzungen im Inntal fallen an Graf Albert III. von Tirol
1253	Nach dem Tode Alberts III. wird das Land zwischen den beiden Schwiegersöhnen, Graf Meinhard aus dem Hause Görz († 1258) und Graf Gebhard von Hirschberg, aufgeteilt
1258–1295	Meinhard II., seit 1286 auch Herzog von Kärnten
1275	Gründung des Zisterzienserstifts Stams als Grablege der Tiroler Grafen
1282	Im Ulmer Spruch bestätigt König Rudolf I., dass Tirol weder zu Bayern noch zu Schwaben gehört.
1335	Mit Graf Heinrich stirbt die Tiroler Linie des Hauses Görz aus; Margarethe (Maultasch) ist Erbin
1342	Ludwig der Brandenburger, Sohn Kaiser Ludwigs des Bayern, heiratet Margarethe Maultasch und erhält Tirol als erbliches Lehen
1342 Januar 28	Freiheitsbrief Ludwigs des Brandenburgers für die Tiroler Stände
1361	Ludwig der Brandenburger stirbt
1363	Tod Herzog Meinhards III. Übergabe Tirols durch Margarethe Maultasch an Erzherzog Rudolf IV. von Österreich
1369 September 29	Die Wittelsbacher verzichten im Vertrag von Schärding gegen eine Geldabfindung auf Tirol
1402/06–1439	Friedrich mit der leeren Tasche
1446–1490	Sigmund der Münzreiche

1485	Herzog Albrecht der Weise von Bayern-München und Herzog Georg der Reiche von Bayern-Landshut verbinden sich zur Erwerbung Tirols
1492	Herzog Albrecht der Weise verzichtet gegen entsprechende Zahlungen auf seine Ansprüche auf Tirol
1504	Die Landgerichte Kufstein, Rattenberg und Kitzbühel kommen aus dem Erbe der „reichen" Herzöge von Bayern-Landshut an Tirol. Sie bilden das „Interesse" König Maximilians für seine Hilfe und Vermittlung im Bayerischen Erbfolgekrieg
1703	Max Emanuels missglückter Einfall in Tirol, sog. „Bayerischer Rummel". Max Emanuel muss sich wegen des Widerstands des bäuerlichen Landsturms wieder zurückziehen. Einfälle Tiroler Schützen in Bayern
1796 Juni 5	Die Tiroler Stände verloben sich in Bozen dem Herzen Jesu
1799–1802	2. Koalitionskrieg gegen Frankreich
1801 Februar 9	Friedensvertrag von Lunéville
1803	Reichsdeputationshauptschluss: Bayern erwirbt die Fürstbistümer Würzburg, Bamberg, Augsburg, Freising und Teile von Eichstätt, 13 Reichsstifte und 15 Reichsstädte. Säkularisation der landständischen Klöster
1804 Dezember 2	Napoleon krönt sich zum Kaiser
1805 Januar	Verhandlungen zwischen Bayern und Frankreich; Kurfürst Max IV. Joseph sichert Napoleon militärische Hilfe zu
1805 Juni 7	Per Kantonsreglement führt Bayern die Wehrpflicht ein
1805 August 25	Vertrag von Bogenhausen; Bündnis zwischen Frankreich und Bayern; Bayern verpflichtet sich zur Stellung von 20 000 Mann. Frankreich verzichtet auf weitere Erwerbungen links des Rheins
1805 September 28	Max Joseph ratifiziert den Vertrag von Bogenhausen
1805 September 30	Tagesbefehl Napoleons an die bayerischen Truppen
1805 Oktober 20	Die Österreicher kapitulieren in Ulm
1805 Oktober 24	Napoleon zieht in München ein
1805 Dezember 1	Kurbayerische Truppen unter General Siebein rücken in Tirol ein
1805 Dezember 2	Schlacht von Austerlitz
1805 Dezember 10	Vertrag von Brünn
1805 Dezember 25	Friede von Preßburg: Bayern erwirbt Tirol und Vorarlberg, Österreich erhält Salzburg
1806 Januar 1	Erhebung Bayerns zum Königreich
1806 Januar 26	Bayerisches Besitzergreifungspatent für Tirol
1806 Februar 11	Übergabe Tirols an Bayern

1806 August 6	Franz II. legt die Kaiserkrone des Deutschen Reiches nieder
1808 Mai 1	Konstitution für das Königreich Bayern
1809 Februar 25	König Max I. Joseph ordnet die Mobilmachung an
1809 März 12/13	Die Konskription scheitert
1809 April 8	Besitznahmepatent Erzherzog Johanns für Tirol
1809 April 9	Erzherzog Johann und General Chasteler rücken mit 10 000 Mann der Italienarmee in Tirol ein
1809 April 11/12	Innsbruck wird von den Aufständischen genommen, General Kinkel kapituliert
1809 April 13	General Bisson kapituliert in Wilten mit 3500 Mann; Erste Befreiung Tirols
1809 April 18	Schärdinger Manifest von Kaiser Franz I.
1809 April 24	Kufstein wird mit Ausnahme der Festung von den Aufständischen erobert
1809 Mai 11	Die bayerischen Truppen erstürmen den Pass Strub
1809 Mai 12	Kufstein wird von den Bayern zurückerobert
1809 Mai 13	Napoleon in Wien; in Wörgl wird Chasteler von den Franzosen und Bayern geschlagen
1809 Mai 15/16	Schwaz wird erobert und geht in Flammen auf
1809 Mai 22	Marschall Lefebvre und Wrede verlassen mit ihren Truppen das Land
1809 Mai 25	Erfolgloser Angriff der Tiroler unter Andreas Hofer auf die Division Deroy am Bergisel (2. Bergiselschlacht)
1809 Mai 29	Weiterer Angriff der Tiroler (3. Bergiselschlacht); Zweite Befreiung Tirols
1809 August 4	Schwere Verluste der französisch-rheinbündischen Truppen („Sachsenklemme")
1809 August 8/9	Teile der Division Deroy werden an der Pontlatzer Brücke aufgerieben
1809 August 13	Kämpfe am Bergisel (4. Bergiselschlacht); Dritte Befreiung Tirols
1809 Oktober 14	Friede von Schönbrunn
1809 November 1	Fünfte und letzte Schlacht am Bergisel
1810 Februar 20	Hinrichtung Andreas Hofers
1810 Juni 7	Vertrag über die Abtretung des südlichen Tirol an Italien und Illyrien. Abtretung Bozens an Italien
1810	Kronprinz Ludwig wird Gouverneur des Inn- und Salzachkreises in Innsbruck
1813	Mehrere lokale Aufstandsversuche in Tirol, Vertrag von Ried am 8. Oktober
1814 Juni 26	Wiedervereinigung Tirols mit Österreich
1814/1815	Wiener Kongress; Tirol und Vorarlberg kommen an Österreich, Würzburg und Aschaffenburg an Bayern

LITERATUR

ADALBERT, Prinz von Bayern, Max IV. Joseph von Bayern. Pfalzgraf, Kurfürst und König, München 1957

BAYERISCH-TIROLISCHE G'SCHICHTEN ... eine Nachbarschaft. (Tiroler Landesausstellung 1993), Katalog und Beiträge, 2 Bde. Kufstein 1993

Oskar BEZZEL, Die Maßnahmen Bayern zum Grenzschutze im Feldzuge 1809, in: Darstellung aus der Bayerischen Kriegs- und Heeresgeschichte, Heft 14, München 1905, S. 71–191

Theodor BITTERAUF, Die Gründung des Rheinbunds und der Untergang des alten Reichs, München 1905

Mercedes BLAAS, Die „Priesterverfolgung" der bayerischen Behörden in Tirol 1806–1809. Der Churer Bischof Karl Rudolf von Buol-Schauenstein und sein Klerus im Kampf mit den staatlichen Organen. Ein Beitrag zur Geschichte des Jahres 1809 (Schlern-Schriften 277), Innsbruck 1986

Fridolin DÖRRER, Die bayerischen Verwaltungssprengel in Tirol 1806–184, in: Tiroler Heimat 22 (1958), S. 83–132

Roger DUFRAISSE, Napoleon und Bayern. In: Hubert Glaser: Wittelsbach und Bayern. Bd. III,1 Krone und Verfassung. König Max I. Joseph und der neue Staat. Beiträge zur Bayerischen Geschichte und Kunst 1799–1825. München 1980. S. 221–229.

Josef EGGER, Geschichte Tirols, Bd. 3, Innsbruck 1880.

Michael FORCHER, Bayern–Tirol.Die Geschichte einer freud-leidvollen Nachbarschaft, Innsbruck 1993

Eugen von FRAUENHOLZ, Infanterist Deifl, ein Tagebuch aus Napoleonischer Zeit, München 1939

Rudolf von GRANICHSTAEDTEN-CZERVA, Die bayerischen Landrichter in Tirol (1806–1814), Neustadt-Aisch 1962

Christoph HAIDACHER, Tirol und die Grafschaft Werdenfels, In: Hochstift Freising, hg. von Hubert GLASER, München 1990, S. 225–269

Peter W. HAIDER, Antike und frühestes Mittelalter, in: Geschichte des Landes Tirol, Bd. 1, 2. Auflage, Bozen–Innsbruck–Wien, 2. Aufl. 1990, S. 133–290

Margot HAMM, Die bayerische Integrationspolitik in Tirol 1806–1814 (Schriftenreihe zur bayerischen Landesgeschichte 105), München 1996

HANDBUCH DER BAYERISCHEN GESCHICHTE, Bd. 2: Das alte Bayern. Der Territorialstaat vom Ausgang des 12. Jahrhunderts bis zumAusgang des 18. Jahrhunderts, begründet von Max SPINDLER., hg. von Andreas KRAUS; 2. Aufl. München 1988

Josef HEILMANN, Der bayerische Soldat im Feld, München 1852

Ferdinand HIRN, Geschichte Tirols von 1809–1814 mit einem Ausblick auf die Organisation des Landes und der großen Verfassungskampf, Innsbruck 1913

Josef HIRN, Tirols Erhebung im Jahre 1809, Innsbruck 1909

Hans HOCHENEGG, Bibliographie zur Geschichte des Tiroler Freiheitskampfes von 1809 (Beihefte zu Tiroler Heimtag; Tiroler Bibliographien, bearbeitet von der Universitätsbibliothek Innsbruck 1); Innsbruck–Wien 1960

Joseph Frh. von HORMAYR, Kritisch-diplomatische Beiträge zur Geschichte Tirols im Mittelalter, Innsbruck, 1802–1803, 2 Bände
Ders. Geschichte der gefürsteten Grafschaft Tirol, Tübingen, 1806–1808, 2 Bände.
– Das Heer von Innerösterreich im Krieg von 1809, Altenburg 1817
– Geschichte Andreas Hofers, Altenburg 1811, zweite Auflage unter demTitel: Das Land Tirol und der Tiroler Krieg von 1809, 2 Bde. Leipzig 1845
Alfons HUBER, Geschichte der Margarethe Maultasch und der Vereinigung Tirols mit Österreich, Innsbruck 1863
Franz HUTER, Der Anteil der nichtbäuerlichen Stände Tirols an der Erhebung von 1809. I. Der Anteil der Geistlichkeit, in: Tiroler Heimat 23 (1959), 101–113
Franz HUTER (Hg.), Alpenländer mit Südtirol (Handbuch der historischen Stätten Österreich 2), 2. Aufl. Stuttgart 1978
Franz-Heinz von HYE, Wappen in Tirol. Zeugen der Geschichte. Handbuch der Tiroler Heraldik (Schlern-Schriften 321), Innsbruck 2004
Marcus JUNKELMANN, Napoleon und Bayern, Regensburg 1985
Karl KLAAR, Franz Raffl, der Verräter Andreas Hofers. Innsbruck, 1921
Werner KÖFLER, Die Kämpfe am Bergisel 1809 (Militärhistorische Schriftenreihe 20), Wien 1972
Werner KÖFLER, Geschichte der Tiroler Landtage von den Anfängen bis 1808 (Veröffentlichungen des Tiroler Landesarchivs 3) Innsbruck 1985
Franz KOLB, Die geistigen Grundlage und Grundkräfte der Erhebung Tirols im Jahre 1809, , in: Tiroler Heimat 23 (1959), 11–25
Hans KRAMER, Die Erinnerungen eines bayerischen Infanteristen über den Feldzug 1809, in: Tiroler Heimatblätter 34 (1969), S. 69 ff.
Hans KRAMER, Die Gefallenen Tirols 1796–1830 (Schlern-Schriften 47), Innsbruck 1940
Hans KRAMER, Wolfgang PFAUNDLER, Erich EGG, Tirol 1809, Innsbruck–Wien–München 1959
Hans KRAMER, Oswald von GSCHLIESSER, Georg MUTSCHLECHNER, Erzherzog Johann und Tirol (Schlern-Schriften 201), Innsbruck 1959
Heinz LIEBERICH, Was bedeutete Tirol für Bayern in der Vergangenheit?, in: Bayern, Staat und Kirche, Land und Reich Gedächtnisgabe für Wilhelm Winkler, München 1958, S. 361–374
Klaus NUTZENBERGER, Das Bild Andreas Hofers in der historischen, literarischen und künstlerischen Rezeption des 19. und 20. Jahrhunderts, Diss. Münster 1998
Karl PAULIN, Das Tiroler Freiheitsjahr 1809 in seinem geschichtlichen Verlauf, in: Tiroler Heimat 23 (1959), 27–44
Meinrad PIZZININI,: Die bayerische Herrschaft in Tirol. In: Hubert Glaser: Wittelsbach und Bayern. Bd. III,1 Krone und Verfassung. König Max I. Joseph und der neue Staat. Beiträge zur Bayerischen Geschichte und Kunst 1799–1825. München 1980. S. 254–259.
Josef RIEDMANN, Bayern und Tirol im Mittelalter mit besonderer Berücksichtigung der Gerichte Kufstein, Rattenberg und Kitzbühel, in: BAYERISCH-TIROLISCHE G'SCHICHTEN … eine Nachbarschaft (Tiroler Landesausstellung 1993), Innsbruck 1993, S. 36–53

Josef RIEDMANN, Mittelalter, in: Geschichte des Landes Tirol, Bd. 1, 2. Auflage, Bozen–Innsbruck–Wien, 2. Aufl. 1990, S. 293–698

Sigmund von RIEZLER, Geschichte Baierns, 8 Bde. und Register, Gotha 1880–1914, Bd. 1 in 2. Auflage Stuttgart 1927, Register München 1932, Neudruck Aalen 1964

Viktor SCHEMFIL, Das k. k. Korps im Kriege 1809, in: Tiroler Heimat 23 (1959), 45–99

SCHWABEN/TIROL. Historische Beziehungen zwischen Schwaben und Tirol von der Römerzeit bis zur Gegenwart (Katalog zur Ausstellung der Stadt Augsburg und des Bezirks Schwaben), 2. Bde., Rosenheim 1989

Maximilian SCHLAGINTWEIT, Kufsteiner Kriegsjahre (1504, 1703, 1809), in: Darstellung aus der Bayerischen Kriegs- und Heeresgeschichte 12, München 1903, S. 1–38 (29 ff.)

Max SPINDLER; Andreas KRAUS, Handbuch der bayerischen Geschichte, Bd. 2; Das alte Bayern. Der Territorialstaat vom Ausgang des 12. Jahrhunderts bis zum Ausgang des 18. Jahrhunderts, 2. Auflage, München 1988

Otto STOLZ, Politisch-historische Landesbeschreibung von Südtirol (Teil 2 der Politisch-historischen Landesbeschreibung von Tirol = Schlern-Schriften 40), Innsbruck 1937–1939.

Otto STOLZ, Geschichte der Gerichte Deutschtirols (Archiv f. österreichische. Geschichte 102), Wien 1912;

Otto STOLZ, Politisch-historische Landesbeschreibung von Tirol, Teil 1 (Nordtirol) (Archiv für österreichische Geschichte 107), Wien und Leipzig 1926

Johann Jakob STAFFLER, Tirol und Vorarlberg, statistisch und topographisch, mit geschichtlichen Bemerkungen, 1. Teil, Innsbruck 1839

Dietmar STUTZER, Andreas Hofer und die Bayern in Tirol, Rosenheim 1983

Hans von VOLTELINI, Forschungen und Beiträge zur Geschichte des Tiroler Aufstands im Jahre 1809, Gotha 1909

Eberhard WEIS; Die Begründung des modernen bayerischen Staates unter König Max I. (1799–1825). In: Max Spindler/Alois Schmid (Hg.): Handbuch der Bayerischen Geschichte. 4. Band. Das neue Bayern. Von 1800 bis zur Gegenwart. München 2003, S. 4–126. daraus S. 4–44 und S. 95–106.

Ders., Montgelas und Tirol (1806–1814), in: Veröffentlichungen des Museums Ferdinandeum 78 (1998), S. 269–328

Anmerkungen

1 Im Folgenden wird die heutige Schreibweise *Bayern* verwendet.
2 Vgl. Anselm SPARBER, Quellen zur Lebensgeschichte des Brixener Bischofs Hartmann (1140–1164), in: Beiträge zur Geschichte und Heimatkunde Tirols, Festschrift für Hermann Wopfner, Teil 1 (Schlern-Schriften 52), Innsbruck 1947, S. 229–246
3 SIEBMACHER 8, Bi, S. 43
4 Hermann WIESFLECKER, Meinhard der Zweite, Tirol, Kärnten und ihre Nachbarländer am Ende des 13. Jahrhunderts. (Veröffentlichungen des Instituts für Österreichische Geschichtsforschung 16), Innsbruck 1955
5 Vgl. dazu vor allem W. SCHNELBÖGL, Landfrieden
6 LIEBERICH, S. 263
7 RIEDMANN, Mittelalter, S. 448
8 vgl. KÖFLER, Landtage, S. 36 ff. (Originaltext und Text der Bestätigungsurkunde Kaiser Ludwigs)
9 Elisabeth (1329–1402), eine Tochter aus der zweiten Ehe Kaiser Ludwigs des Bayern mit Margarete von Holland, war in erster Ehe mit Cangrande della Scala (1312–1359), dem Verbündeten Kaiser Ludwigs verheiratet.
10 Quellen und Erörterungen, Bd. 6, 491
11 Quellen und Erörterungen, Bd. 6, 499
12 RIEZLER, Bd. 3, S. 206 ff., RIEDMANN, Mittelalter, S. 469 ff.
13 Josef RIEDMANN, Bayern und Tirol im Mittelalter mit besonderer Berücksichtigung der Gerichte Kufstein, Rattenberg und Kitzbühel, in: Bayerisch-Tirolische G'schichten ... eine Nachbarschaft (Tiroler Landesausstellung 1993, Innsbruck 1993, S. 36–53
14 Heinz DOPSCH, Recht und Verwaltung, in: Geschichte Salzburgs. Stadt und Land. Bd. 1/2, hg. von Heinz DOPSCH, S. 925; Otto STOLZ, Geschichtskunde des Zillertales (Schlernschriften 63), Innsbruck 1949, S. 57–67
15 BayHStA Äußeres Archiv 1791
16 Zur Quellensituation in den bayerischen Archiven vgl. Reinhard HEYDENREUTER; Quellen zur Geschichte der drei Gerichte Kufstein, Kitzbühel und Rattenberg vor 1504, in: Von Wittelsbach zu Habsburg. Maximilian I. und der Übergang der Gerichte Kufstein, Rattenberg und Kitzbühel von Bayern an Tirol 1504–2004, Innsbruck 2005, S. 31–47
17 Vgl. dazu vor allem Heinz LIEBERICH, Die Anfänge der Polizeigesetzgebung des Herzogtums Baiern, in: Festschrift für Max Spindler zum 75. Geburtstag, hg. von Dieter ALBRECHT, Andreas KRAUS und Kurt REINDEL, München 1969, S. 307–378; nicht berücksichtigt wurden von LIEBERICH in seinem Aufsatz die Polizeiordnungen für die drei Gerichte, die sich im Aschauer Archiv im HStA befinden.
18 BayHStA Kurbayern Äußeres Archiv 1791, Bl. 71
19 Joseph STURM, Johann Christoph von Preysing. Ein Kulturbild aus dem Anfang des 30jährigen Kriegs, München 1923, S.226

20 RIEZLER Bd. 3, S. 182
21 BayHStA Pfalz-Neuburg Urkunden, Varia Bavarica Nr. 1696
22 Staatsarchiv München Hohenaschau Nr. 2871, 2872, 2873
23 Zum Folgenden sehr ausführlich RIEZLER, Bd. 3, S. 618 ff.
24 Vgl. Hans RALL, Kurbayern in der letzten Epoche der alten Reichsverfassung 1745–1801 (Schriftenreihe zur bayerischen Landesgeschichte 45), München 1952, S. 330 f.
25 Alois SCHMID, Rader, in: NDB 21, 92
26 Hans DACHS, Brunner, in: NDB, 2, 681 f.
27 Vgl. zum Folgenden Rainer A. MÜLLER, Tiroler Studenten und „Akademiker" an der bayerischen Landesuniversität Ingolstadt (1472–1800), in: Bayerisch-tirolische G'SCHICHTEN; Bd: 1, S. 87–96 und Laetitia BOEHM, Winfried MÜLLER, Wolfgang J. SMOLKA, Helmut ZEDELMAIER (Hg.), Biographisches Lexikon der Ludwig-Maximilians-Universität München, Teil 1: Ingolstadt-Landshut 1472–1826, Berlin 1998
28 Georg HEYL, Der Geistliche Rat in Bayern 1598–1651, Diss. phil. Masch. München 1956, S. 266 .
29 Martin P. SCHENNACH und Richard SCHOBER (Hg.), 1703. Der „Bayerische Rummel" in Tirol (Veröffentlichungen des Tiroler Landesarchivs 10), Innsbruck 2005
30 Zur politischen Lage vgl. HÜTTL,
31 BayHStA Kurbayern Äußeres Archiv 3495, Bl. 267
32 Vgl. dazu HÜTTL (wie Anm. 1), S. 352, bzw. Anm. 942
33 ADALBERT, S. 546
34 ZWEHL, S. 148
35 Vgl. zum folgenden HAMM, S. 91 ff.
36 AKTENSTÜCKE, S. 437 ff
37 AKTENSTÜCKE, S. 343 ff.
38 AKTENSTÜCKE, S. 429 ff.
39 Zum folgenden vgl. vor allem DÖRRER und HAMM, S. 96 ff.
40 Zitiert nach HAMM, Die bayerische Zeit Tirols, S. 67
41 RBl. 1810, Sp. 808
42 RBl. 1802, 236–239, 250–282
43 RBl. Sp. 1001
44 RBl. Sp. 1253
45 RBl. Sp. 2245
46 DÖRRER, S. 131 f.
47 RBl. 1807, Sp. 1729–1733
48 RBl. 1808, Sp. 1089 ff.
49 Kurbaierisches Intelligenzblatt 1802, S. 545
50 RBl. 1807, 1426
51 RBl. 1808, 1701
52 ZWEHL, S. 154
53 Zur Geschichte des Landtages vgl. vor allem KÖFLER, Landtage
54 AKTENSTÜCKE, S. 408
55 AKTENSTÜCKE, S. 413
56 BayHStA Staatsrat

57 RBl. 1807, 970
58 RBl. Sp. 985
59 RBl. Sp. 961
60 RBl. Sp. 961
61 Auftraggeber
62 Zur Tiroler Adelsmatrikel vgl. Rudolf von GRANICHSTAEDTEN-CERVA, Beiträge zur Familiengeschichte Tirols, in: Schlernschriften 131 (1954), S. 242
63 AKTENSTÜCKE, S. 420 f.
64 RBl. 2030
65 Hans NUSSER, Immatrikulationsanträge österreichischer, ungarischer und italienischer Familien für die bayerische Adelsmatrikel 1808–1814, in: Archive. Geschichte – Bestände – Technik. Festgabe für Bernhard ZITTEL (Mitteilungen für die Archivpflege in Bayern), München 1972, S. 92–104.
66 HAMM, S. 95
67 JUNKELMANN, S. 261
68 RBl. 1807, Sp. 341–343
69 HORMAYR, Andreas Hofer, 2. Aufl., S. 165
70 Das folgende nach KÖFLER, S. 8 ff.
71 JUNKELMANN, S. 263
72 RBl. Sp. 873
73 EGGER, Bd. 3, S. 525
74 EGGER, Bd. 3, S. 525 f.
75 Vgl. zum Folgenden vor allem die Dokumente bei VOLTELINI, S. 313 ff.
76 Zur Rolle der österreichischen Truppen im Aufstand von 1809 vergleiche vor allem SCHEMFIL
77 Die Darstellung der militärischen Ereignisse von 1809 basiert im Folgenden vor allem auf KÖFLER, Bergisel
78 Das Folgende nach KÖFLER, Bergisel, S. 19 ff.
79 Selbstbiographie unter dem Pseudonym Merian „Biographische Züge aus dem Leben deutscher Männer", Leipzig 1815, 82, abgedruckt in: Tirol unter der bayerischen Regierung, AKTENSTÜCKE, S. 493
80 AKTENSTÜCKE, S. 489 f.
81 Maximilian SCHLAGINTWEIT, Kufsteins Kriegsjahre (1504, 1703, 1809), in: Darstellung aus der Bayerischen Kriegs- und Heeresgeschichte 12, München 1903, S.1–38 (29 ff.)
82 SCHEMFIL, S. 96
83 So Franz-Heinz HYE, Der bayerische General Wrede, die Erhebung Tirols und die große Politik 1809–1814, in: Der Schlern 58 (1984), 387
84 HEILMANN, 195
85 JUNKELMANN, S. 271
86 JUNKELMANN, S. 272
87 HORMAYR, Andreas Hofer, 2. Aufl., 146
88 HORMAYR, Andreas Hofer, 2. Aufl., 149
89 HORMAYR, Andreas Hofer, 2. Aufl., 148
90 HORMAYR, Andreas Hofer, 2. Aufl., 154
91 VOLTELINI, S. 299
92 AKTENSTÜCKE, S. 463 f.

93 Intelligenzblatt für den Innkreis 1813, 196 ff.
94 Georg WAGNER: Leben und Werk Dr. Anton Schneiders; In. Heimatbuch Weiler im Allgäu, Weiler im Allgäu 1994, S. 277–280.
95 EGGER, Bd. 3, S. 524
96 Vom Fels zum Meer, Spemann's Illustrierte Zeitschrift für das Deutsche Haus 1 (1892/93), S. 234 ff.
97 Franz von LÖHER, Tirol und Baiern, in: Beiträge zur Geschichte und Völkerkunde, Frankfurt a. M. 1885, S. 107–123
98 Herbert SEIDLER, Jakob Philipp Fallmerayer, in: Die Brennerstraße. Deutscher Schicksalsweg von Innsbruck nach Bozen, Bozen 1961, S. 170–186
99 Jakob BREMM, Der Tiroler Joseph Ennemoser : 1787–1854; ein Lehrer des tierischen Magnetismus und vergessener Vorkämpfer des entwicklungsgeschichtlichen Denkens in der Medizin. Jena: Fischer, 1930
100 HAMM; S. 414
101 ADB Bd. 13, 131–135
102 Gottfried MÜHLFELDER, Josef Friedrich Lentner, ein bayerischer Malerdichter, in: Oberbayerisches Archiv 67 (1930), S. 21–107
103 Zum Folgenden vgl. vor allem FORCHER, S. 194 ff.
104 FORCHER, S. 183

Personenregister

Adalbero, Bischof von Brixen 16
Adelheid, Tochter von Graf Albert III. von Tirol, ⚭ Graf Meinhard III.
  von Görz 26
Agilolfinger, bajuwarisches Herzogsgeschlecht 9f., 12
Aicher, Maximilian Thomas von, Major 176f.
Albert I. Graf von Tirol 22
Albert III. Graf von Tirol 23f.
Albert Graf von Görz 27
Albrecht, Herzog von Bayern 48f., 66
Albrecht II., Herzog von Österreich 44
Albrecht III., Herzog von Österreich 45, 48, 50
Albrecht IV. "der Weise", Herzog von Bayern-München 52f., 66
Albrecht V., Herzog von Bayern 70
Alexander I., russischer Zar 86
Alexander III., Papst 17
Altwin, Bischof von Brixen 16
Amalie, Tochter Kaiser Josefs I., Frau des Kurfürsten Karl Albrecht von Bayern 83
Andechs-Meranier, Adelsgeschlecht 10f., 21f., 23, 30, 32
Arbeo, Bischof von Freising 12f., 14
Arco, Ernestine Gräfin von ⚭ Minister Montgelas 100f.
– Carl Maria Graf von, Hofkommissar und Generallandeskommissär in
  Innsbruck 98, 107f., 121, 150, 154f.
– Johann Baptist Graf von, Generalfeldmarschall 80
– Ferdinand Philipp Jakob Graf von 80
– Maximilian Graf von 175, 188, 195
Aretin Johann Adam Frhr. von 91
– Johann Georg Frhr. von, Generalkreiskommissär im Eisackkreis 110, 176
Asam, Cosmas Damian, Maler 72; III
Atto, Abt 15
Auersperg, Fürsten von 139
Auguste Amalie, Tochter König Max I., ⚭ Eugéne Beauharnais 89, 100, 225
Authari, langobardischer König 9

Baraquay d'Hilliers, General 207
Barth, Hauptmann der Stadt München 52
Barth, Hermann, Forschungsreisender 246
Baumgartner, Bergunternehmer 60
– Johann 70
– Martin 71
– Wolfgang, Universitätsprofessor 71
Beatrix, ⚭ König Philipp, Erbin von Burgund 23
Beauharnais Eugéne, Vizekönig von Italien 89, 95, 100, 178, 202, 206, 225

Beaumont, französischer General 193
Becker, Nicolaus, Dichter 226
Behr, Wilhelm Joseph, Staatsrechtsprofessor, Bürgermeister Würzburg 240
Bellegarde, Graf von, österreichischer Feldzugmeister 221
Benedikt XII., Papst 42
Benz, Robert von, Jurist 240f.
Bergmüller, Johann Georg, Akademiedirektor 73
Bernklaus, Friedrich von 152
Berthier, Alexandre, Herzog von Neufchatel, französischer Marschall 197
Berthold, Graf von Andechs-Meranien 22
Berthold I., Graf von Tirol 22
Bisson, französischer General 164, 169
Bonneth, Johann Niclas, Hofrat 72
Brandel, Franz 190
Brandis, Johann Graf von, österreichischer Gouverneur in Tirol 99
Brunner, Andreas, Schriftsteller 71
Bruno von Kirchberg, Bischof von Brixen 19, 28
Bucher, Georg, Wirt 165
Buol-Schauenstein Karl Rudolf Frhr. von, Bischof von Chur 153 f.
Buol, österreichischer General 184, 186, 192
Burscheid, bayerischer Oberst 194

Cadorna, Graf von, italienischer General 252
Canisius, Petrus 147
Capolini, Grafen von 139
Chasteler de Coucelles, Gabriel Marquis von, österreichischer Feldmarschallleutnant 162 f., 171 ff., 178 ff., 189
Chlotar, merowingischer König 9
Clemens VI., Papst 142 f.

Daney, Josef, Kaplan in Schlanders 151 f.
Defregger, Franz, Maler 230 f., 245
Deifl, Joseph, bayrischer Infantrist 183
Deroy, Bernhard Erasmus, Graf von, bayr. General 92, 177, 178 f., 186 f., 193 ff.
Diemer, Zeno, Maler 231
Dipauli Andreas Alois von, Appellationsgerichtsrat 166
Ditfurth, Karl von, bayrischer Oberst 162, 165 f.
Drouet d'Erlon, Jean Baptiste, französischer General 198, 207, 237

Ebbser Hans, Pfleger von Kufstein 64
Eberhard von Waldsee 46
Egger-Lienz, Albin, Maler 245
Ekbert, Bischof von Bamberg 23
Elisabeth, Tochter von Graf Albert III. v. Tirol, ③ Graf Gebhard v. Hirschberg 25 f.
Elisabeth, Tochter Herzog Ludwigs des Strengen von Bayern
    1. ③ König Konrad IV., 2. ③ Graf Meinhard II. Graf von Tirol 27, 30
Elisabeth, Pfalzgräfin, Tochter Herzog Georgs des Reichen 66

Elisabeth, Herzogin von Bayern, Schwester Herzog Stephans II. 48
Emmeram, Hl. 13
Ennemoser, Andreas, Kooperator 165
Ennemoser, Joseph, Arzt 239
Enzensberg 139
Epp, Franz Xaver Ritter von 252
Ermbert, Bischof von Freising 13
Ernst, Herzog von Bayern-München 52, 65
Eschenlohe, Grafen von 11, 30, 31
D'Esquille, Graf, österreichischer Hauptmann 178

Falkenstein, Grafen von 30
Fallmerayer, Jakob Philipp, Privatgelehrter, Orientalist 238
Fenner von Fennberg, Franz, österreichischer General 216
Ferdinand I., Deutscher Kaiser 147
Ferdinand, Erzherzog von Österreich 147
Fieger, Schwazer Gewerkenfamilie 70
Franz II., Deutscher Kaiser, als Kaiser von Österreich Franz I. 83, 86, 90, 93, 130, 170, 189, 191, 214
Franz Joseph, Kaiser von Österreich 232
Frauenberg, Konrad von 48
Freyberg, Christoph von 65
Freyberg, Sophie von 64
Friedrich I. Barbarossa, Röm. dt. Kaiser 17, 21
Friedrich II., Röm. dt. Kaiser 28
Friedrich III., Röm. dt. Kaiser 53
Friedrich IV., Herzog von Österreich 51 f., 131
Friedrich, Burggraf von Nürnberg 46
Frundsberg, Herren von 69
– Georg von, kaiserlicher oberster Feldhauptmann 69
Fugger, Handelshaus 59 f., 240
– Anton 60 • Georg 19 • Jakob 59 • Ulrich 61 f.

Ganghofer, Ludwig, Schriftsteller 247
Garibald I., Herzog von Bayern 9
Georg der Reiche, Herzog von Bayern – Landshut 53, 65, 66
Giovanelli d. Ä. Joseph Alois von, tirolischer Abgeordneter 222, 244
– d. J. Joseph Alois von, tirolischer Abgeordneter 244
Golla, Dr. Jakob 72
Görres, Joseph von 238, 244
Goppel, Alfons, bayrischer Ministerpräsident 256
Gossenbrot, Handelshaus 59
Gotahelm, Abt 19
Gravenreuth Karl Ernst Frhr. von, bayerischer Gesandter 129
Gregor VII., Papst 17
Grimoald, bayrischer Herzog 12
Günther, Matthäus, Maler 73

Hardenberg, preußischer Minister 89
Hartmann, Bischof von Brixen 17
Hartwig, Bischof von Brixen 16
Hartwig, Erzbischof von Salzburg 16
Haspinger, Joachim, Kapuzinerpater, Freiheitskämpfer 148, 188, 199
Hatto, Bischof von Trient 19
Heinrich, letzter Graf von Görz 31, 50
Heinrich der Reiche, Herzog von Bayern-Landshut 58, 64
Heinrich II, Röm. dt. Kaiser 16, 17
Heinrich IV., Röm. dt. Kaiser 17, 19
Heinrich von Rottenburg 51f.
Heinrich von Taufers, Bischof von Brixen 28
Heinrich Prinz von Bayern 252
Heinrich der Löwe, Herzog von Bayern und Sachsen 21
Heinrich der Zänker, bayerischer Herzog 10
Hettersdorf Heinrich Frhr. von, Kreisrat im Innkreis 222f.
Heydon, Baron von, Oberstwachtmeister 79
Hiller, österreichischer Feldzugmeister 216
Hirn, Peter, Bergunternehmer in Rattenberg 58
Hirschberg, Gebhard d. Ä. 26
– Gebhard d. J. (VII.) 26, 30
Hitler, Adolf 254
Höchstetter, Handelshaus 59
Hofer, Andreas 157, 160, 164, 166, 184ff., 192ff., 199, 202f., 207, 227f., 232f; V
– Virgil, Bergunternehmer 60
Hofstetten, Johann Theodor von 152f., 155, 176
Hoffmann von Fallersleben, August Heinrich 226
Holzer, Johann Evangelist, Maler 72f.
Hompesch, Johann Wilhelm Frhr. von, Finanzminister von Bayern 134
Hörmann, Joseph von 239
Hormayr, Joseph Frhr. von 96, 144, 155, 160, 171ff., 189f., 213, 227f., 241f.
Hugibert, bayrischer Herzog 12
Huosi, bajuwarisches Adelsgeschlecht 13, 14

Ilsung, Augsburger Patrizierfamilie 59

Johann Heinrich, Sohn König Johanns von Böhmen 39f., 47
Johann II., Herzog von Bayern 48f.
Johann von Viktring, Bischof 42
Johann, Bischof von Gurk 50
Johann, Erzherzog von Österreich 92f., 144, 162, 171, 183, 191, 213, 241
Joseph II., Deutscher Kaiser 110, 117, 118, 123, 143, 148f., 189
Joseph, Bischof von Freising 14
Josephine, Kaiserin der Franzosen 205

Karl IV., Röm. dt. Kaiser 45f.
Karl V., Röm. dt. Kaiser 59

Karl VI., Dt. Kaiser 83
Karl Albrecht, Kurfürst von Bayern (als Dt. Kaiser: Karl VII.) 83
Karl Theodor, Kurfürst von Bayern 83
Karl von Mähren → Karl IV. 39, 42 f.
Karl, Erzherzog von Österreich, Feldmarschall 162, 178, 191
Karl der Große, Röm. Kaiser 86
Katharina Gräfin von Görz ⚭ Herzog Johann II. von Bayern 48 f.
Khuen von Belasi, Adelsgeschlecht 139
Kinkel, Georg August Frhr. von, bayerischer General 162, 166, 188
Klaus, Metzger 168
Knoller, Martin, Maler 72
Konrad II., Röm. dt. Kaiser 16, 21
Konrad IV., Röm. dt. König 27
Konradin von Hohenstaufen 27
Korbinian, Hl. 12 f.
Krafft von Dellmensingen, bayerischer Generalleutnant 252
Kummersbrucker, Familie 31, 47 f., 61
Künigl zu Ehrenburg, Adelsfamilie 139
Kunigunde, Tochter Kaiser Friedrichs III. 53

Laiming, Christoph von, Pfleger 68
Laymann, Paul, Moraltheologe 71
Lefebvres, Marschall von Frankreich 148, 178 ff., 192 ff., 206
Lemoine, französischer General 169
Lentner, Josef Friedrich, Schriftsteller 243 f., 247
Leopold II., Dt. Kaiser 132
Leopold III., Erzherzog von Österreich 45, 48 f., 51
Lerchenfeld-Aham, Maximilian Frhr. von, Generalkreiskommissär des Innkreises 109
Lerchenfeld-Brennberg, August Graf von 156, 190
Liechtenstein, Georg von, Bischof von Trient 51
Liechtenstein, Fürst Johann I. Josef von 172
Lodron, Karl Franz Graf von, Bischof von Brixen 154
Lodron, Maximilian Graf von, Generalkreiskommissär im Innkreis 109, 169, 175
Lodron-Laterano, Adelsgeschlecht 139
Löher, Franz von, Archivar, Schrifsteller 235 f.
Ludwig der Bayer, Röm. dt. Kaiser 30, 39 ff.
Ludwig I. der Kelheimer, Herzog von Bayern 23
Ludwig II. der Strenge, Herzog von Bayern 27, 31
Ludwig V. der Brandenburger, Herzog von Bayern und Tirol 39 ff.
Ludwig I., König von Ungarn 48
Ludwig der Gebartete, Herzog von Bayern-Ingolstadt 65
Ludwig der Reiche, Herzog von Bayern-Landshut 58
Ludwig der Römer, Herzog von Bayern, Regent in Brandenburg 43
Ludwig, Kronprinz von Bayern (nachm. König Ludwig I.) 91, 127, 189, 193, 198 2f., 202, 206, 211, 225, 234, 239
Luitpold, Prinzregent 238

Mack, Jacques, österreichischer General 87, 91
Maascardini, Grafen von 139
Magnago, Silvius, Südtiroler Landeshauptmann 256
Margarethe Maultasch 31, 39 ff., 75
Margarethe, Tochter Albrechts II. 47
Maria Theresia, Königin von Ungarn, Kaiserin 83, 107 f., 117, 142
Marie, Königin von Bayern 246
Marie Louise, Erzherzogin, 2. Gemahlin Napoleons 205
Marsilius von Padua 42
Max Emanuel, Kurfürst von Bayern 74 ff., 93
Max III. Joseph, Kurfürst von Bayern 83
Max Joseph, Pfalzgraf, Herzog von Zweibrücken, seit 1799 Kurfürst als Max IV. Joseph, seit 1806 König als Max I. Joseph 83, 85 ff., 127, 175, 197 f., 205 f., 208, 211, 221; VII
Maximilian I., Dt. Kaiser 53, 59, 66 f.
Maximilian II., König von Bayern 70, 242, 246
Maximilian I. Herzog und Kurfürst von Bayern 64 f., 72
Meinhard II., Graf von Tirol, Herzog von Kärnten 26, 27 f.
Meinhard III., Graf von Görz, als Graf von Tirol: Meinhard I. 26
Meinhard III., Graf von Tirol, Herzog von Bayern 44 f.
Meinhard VI., Graf von Görz 50
Meinhard VII., Graf von Görz 50
Metternich, Klemens Lothar Wenzel Fürst von, österr. Gesandter und Minister 213 ff., 225, 242, 244
Metzenrot, Conntz 65
Meuting, Augsburger Handelsgesellschaft 59
Montgelas, Maximilian Freiherr (seit 1805 Graf) von, Minister 85 ff., 117, 128, 134 f., 166, 208 f., 215
Münichauer, Gilg und Hans, beide Pfleger von Rattenberg 65
Mussolini, Benito 254

Napoleon Bonaparte 84 ff., 129 f., 162, 174, 179, 183, 186, 191 f., 198 f., 202, 205 ff., 213 ff.
Notburga, Hl. 51, 147

Ockham, Wilhelm von 42
Odilo, bayrischer Herzog 14
Oegg, Johann Georg, Kunstschlosser 73
d'Onigo, Grafen von 139
Ortolf, Erzbischof von Salzburg 46
Otto I., Röm. dt. Kaiser 10, 15, 32, 129
Otto I. von Wittelsbach, Herzog von Bayern 21
Otto d. Ä., Herzog von Andechs-Meranien 23
Otto d. J., Herzog von Andechs-Meranien 23, 26
Otto von Wittelsbach, Pfalzgraf 23

Palm, Nürnberger Buchhändler 230
Philipp von Schwaben, Deutscher König 23

Philipp VI., König von Frankreich 43
Philipp, Kurfürst von der Pfalz 66
Pienzenauer, Hans von, Pfleger 68 • Ludwig 65 • Warmund 65
Piltrudis, Herzogin von Bayern 12

Rader, Matthias, Professor 70
Raffl, Franz 203
Raglovich, Clemens, Frh von, bayerischer General 193
Rechberg, Alois Franz Xaver Frhr.(Graf) von 214
Reginperht, Adeliger aus dem Geschlecht der Huosi 4
Romedius, Hl. 32
Ronsberg, Grafen von 30
Roschmann-Hörburg, Anton Leopold von, Gubernialrat, Kreishauptmann in Bruneck 213, 215, 221 ff.
Rudolf von Habsburg, Deutscher König 28, 30
Rudolf, Herzog von Bayern 31
Rudolf IV. der Stifter, Herzog von Österreich 45 f.
Rückert, Friedrich 225
Ruprecht, gen. Der Tugendhafte, Pfalzgraf 46, 66
Rusca, General 193

Samo, Führer der Slawen 9
Shansky, bayrischer Oberstleutnant 168
Sarntheim, Graf von 195
Schauenburg, Ulrich Graf von, 46
Schladen, Graf, preußischer Gesandter 89
Schmid, Caspar von, Jurist 75
– Franz von, Jurist 75, 81 f.
Schmid, Matthias, Maler 245
Schneider, Dr. Anton 213 f.
Schurff, Ferdinand und Karl von 64 f.
Schwangau, Herren von 69
– Margaretha 69 • Heinrich 69
Schwarzenberg, Karl Philipp Fürst von 90 f.
Senn, Franz, Pfarrer 246
Siebein, bayrischer General 188
Sigehard, Patriarch von Aquileja 27
Sigmund (Sigismund) der Münzreiche, Herzog von Tirol 53, 59, 69
Spaur, Franz, Graf von, Generalvikar des Bistums Trient 154
Speckbacher, Josef, Freiheitskämpfer 160, 168 f., 177, 189 f., 192 ff.
Speicher, bayrischer Major 164
Speiser, Konrad, Abt von Wilten 49
Stadion-Warthausen, Philipp Graf von, österreichischer Gesandter 189
Staffler, Schriftsteller 239
Steinle Bartholomäus, Bildhauer 28
Stephan II., Herzog von Niederbayern 44 f., 48
Stephan III. (der Kneißl), Herzog von Bayern-Ingolstadt 49, 52 f., 65

Sternbach, Freifrau von 195
Steub, Ludwig, Schriftsteller 234, 243, 247
Strauß, Franz Josef, bayrischer Ministerpräsident 256

Talleyrand-Perigord, Charles Maurice Prince de, französischer Außenminister 101
Tanner, Adam, Professor der Katholischen Dogmatik 71
Tassilo III., Herzog von Bayern 12, 14 f.
Teiner, Martin 160, 168, 174, 184, 189
Theodor, bayrischer Herzog 12
Theodolinde ⚭ König Authari 9f.
Thun-Hohenstein Emanuel Maria Graf von, Bischof von Trient 154
Thürheim, Friedrich Graf von, bayerischer Hofkommissär 207
Thoma, Ludwig, Schriftsteller 247f.
Trapp, tirolische Adelsfamilie 139
Troger, Paul, Freskant 73
Türrndl, Matthäus, Pfleger 65

Utzschneider, Joseph von, Generalsalinenadministrator 135, 191

Valentin, Hl. 12
Vendôme, französischer General 75, 76
Veyder, österreichischer Major 184
Villemanzy, französischer Kommissar 99
Virgil, Hl. 13

Waldeck, Georg von 48
Walderada ⚭ Herzog Garibald 9
Wallnöfer, süddeutscher Landeshauptmann 256
Walter, Bischof von Verona 19
Weidinger, Simon 190
Welsberg Johann Nepomuk Graf von, Generalkreiskommissar im Etschkreis 110, 175
Welser, Handelshaus 59
– Philippine ⚭ Erzherzog Ferdinand von Österreich 147
Wilhelm III., Herzog von Bayern – München 52
Wintersteller, Rupert 214
Wisbeck, Feldhauptmann 68
Wolf, Karl, Fremdenverkehrsdirektor, Schriftsteller 232
Wolfger, Patriarch von Aquileja 23
Wolkenstein, Oswald von 69
– Paul Andreas 71
– Paris, Graf von 137
Wopfner, Josef, Maler 245
Wrede Karl Philipp Fürst von, bayrischer Generalfeldmarschall 91, 179f., 197, 216f.

Zeiller, Johann Jacob, Maler 72f.
Zenger, Heinrich 48
Zündt, Kaspar Marquardt von, bayrischer Gesandter 80

Ortsregister

Ammergau 27
Ammersee 15
Ampezzo 15, 50, 103, 209
Ansbach 91
Aquileja 23, 27, 47
Auerburg 109, 114
Aufkirchen 15
Augsburg, Reichsstadt 32 ff., 59, 60 f., 70 ff., 85, 144, 147, 238, 243, 259, 265
Austerlitz 93, 237, 260

Bamberg 23, 32, 85, 125, 259
Belgrad 80
Benediktbeuern 19, 32, 33, 73
Bergisel 165, 178, 184 ff., 194 ff., 231, 255, 261 ff.
Bernried 32
Beyharting 33
Biburg 33
Bodenbühlpass 92, 198
Bogenhausen 90, 260
Boulogne 87
Bozen 9, 10, 15, 21 f., 32 ff., 93, 104 ff., 114, 137 ff., 152, 164, 169, 175, 185, 207 ff., 216, 222 f., 245 ff., 258, 261 ff.
Bregenz 107, 108
Brenner 9, 15, 21 ff., 33 ff., 48, 76, 78 f., 104, 139, 162, 183 ff., 193 f., 206, 219, 221, 243, 246, 252, 256, 269
Brixen 10, 16 ff., 33, 47 f., 72, 85, 96, 108 ff., 132, 143, 152 ff., 162 f., 169, 176, 208 ff., 237, 266
Bruck 50
Buch an der Roth 49
Burgau (damals Vorderösterreich) 46, 96

Cadore 15, 32
Campo Formio 83
Chiemsee 33, 245, 256

Chur 30, 152, 153, 154, 155, 263
Churrätien 23

Dalmatien 21
Dießen 17, 73
Dietenheim 15
Dietramszell 17
Dillingen 71
Donauwörth 27, 28

Eben 51, 147
Ebersberg 33, 43
Ehrenberg 44, 69, 78, 79, 81
Eichstätt 26, 32, 85, 86, 96, 225, 259
Enneberg 103
Etsch 10, 36, 64, 104, 108, 109, 154, 175, 226
Etschkreis 109, 110, 111, 115, 175, 207, 260
Ettal 33, 73

Fassa 103
Fernpass 35, 36, 37
Fernstein 27, 31, 246
Fideris 214
Fleims 103, 178
Freiburg i. Br. 46, 71
Freising 12, 13, 14, 15, 17, 21, 31, 32, 85, 259
Friedberg 70
Füssen 35, 36, 83, 226

Garmisch 31, 34
Görz 23, 26, 27, 28, 39, 47, 48, 49, 50, 51, 258
Gossenbrot 59
Greinwald 15
Gries 154
Großhesselohe 237

Hall in Tirol 26, 31, 37, 46 f., 52, 70 f., 104 f., 147, 168 f., 187, 194, 207, 240

Hausruckviertel 110, 222
Herrenchiemsee 33
Hofgastein 50
Hohenaschau 64, 65, 267
Hohenlinden 85
Hohenschwangau 70, 242, 246
Hörtenberg 30, 31, 70, 244

Imst 27, 35, 70, 108, 122, 241
Ingolstadt 43, 49, 52, 56, 58, 65, 71, 147, 203, 267
Innichen 14, 15, 16, 32, 70, 209, 258
Innkreis 109, 110ff., 169, 175, 207, 218, 221, 260, 269
Innsbruck 21f., 32f., 46ff., 59ff., 93, 100, 107ff., 114, 125, 127, 136, 143, 145, 147f., 154, 163ff., 168f., 171, 174f., 179, 181ff., 188, 190, 192ff., 199ff., 207, 211ff., 221ff., 228, 231, 239ff., 245, 247f., 254, 255, 258, 261ff., 269
Isonzo 26
Istrien 10, 21, 23

Jaufenpaß 42
Jenbach 31, 51, 60, 254

Kaisheim 28
Kärnten 9, 16, 23, 27, 30, 32, 38, 42, 46, 50, 105, 193, 258, 266
Kastelruth 50, 103
Kesselbergstraße 35
Kirchberg 19, 28, 110
Kitzbühel 9, 30, 46, 49, 52, 55, 58, 64, 66, 68, 81, 105, 114, 256, 259, 264, 266
Klagenfurt 160, 175, 176
Klais 14
Klausen 33, 34, 109, 114, 152
Kling 46
Klosterneuburg 17, 214
Kniepass 92
Kochel 32, 37
Köln 42, 58
Krain 23, 32
Kroatien 21
Kropfsberg 55, 56

Kufstein 9, 46, 49, 52, 55, 58, 60, 62, 64, 66, 68, 71, 76, 78f., 81, 92ff., 105, 109, 114, 169, 176ff., 181f., 190, 196, 246f., 256, 259, 261, 263ff., 268
Kundl 62

Landeck 26, 48, 70, 76, 109, 114
Landshut 44, 47, 49, 53, 55, 58f., 62f., 66, 68, 212, 238ff., 259, 267
Lermoos 37
Lichtenwert 65
Lienz 27, 50, 109, 114, 163, 184, 193, 216, 244, 245, 252
Lindau 96
Luneville 85
Luxemburg 39, 42, 43

Mailand 127, 207
Mais 12, 13
Mariastein 64
Matrei 49, 139
Melun 12
Memmingen 174
Meran 10, 12f., 32, 42f., 109, 114, 150, 152ff., 194, 203, 208, 210, 221, 231ff., 243, 248, 258
Mindelheim 69
Mittenwald 31, 33, 34, 35, 37, 79, 201
Moosburg 33
Moritzing 33
Mühlbacher Klause 27
Münster 66, 264
Münsterschwarzach 73

Nassereith 37
Neresheim 73
Neuburg 58, 267
Neustift 17, 73, 154
Niederaltaich 16
Niederlande 83
Novo Mesto 45
Nürnberg 36, 46, 59, 68, 111, 230
Nymphenburg 90

Oberkrain 32
Obermais 12, 13

Paris 43, 110, 129, 137, 205, 207 ff., 222, 251, 260
Partenkirchen 31, 34, 36, 37, 73, 190
Pass Strub 179, 181, 193, 261
Passau 12, 17, 44, 86, 96, 176
Passeiertal 17, 27, 42, 160, 178, 194, 203, 239
Peiting 27
Percha 15
Poischwitz 215
Polling 17, 32, 33
Preßburg, 93 ff., 98, 100, 129, 130, 131, 135, 144, 157, 172
Primör 103, 110
Pustertal 9, 15, 17, 23, 27, 32, 36, 44, 50, 108, 109, 162, 163, 164, 193, 209

Rabenstein 239
Rattenberg 30, 31, 46 ff., 52, 55 f., 60 ff., 68, 73, 81, 105, 109, 114, 166, 182, 259, 264, 266
Regensburg 16 f., 28, 30, 36 f., 53, 66, 76, 80, 110, 129, 209, 264
Reichertshofen 203
Reschenpass 35, 109, 194, 206, 261
Reutte 37, 44, 73, 78, 109, 114, 246
Ried 219, 262
Rodenegg 44
Rom 10, 12, 40, 69
Ronsberg 30
Rosenheim 75, 265
Rott 33
Rottenbuch 33
Rottenburg 51, 52, 55
Rovereto 95, 104, 108, 109, 115

Säben 17
Salzburg 13, 16, 46 f., 50, 52, 55 f., 86, 92, 96, 103, 107, 110, 154, 179, 198, 260, 266
Schäftlarn 17, 32, 33
Schärding 45, 48, 49, 51, 55, 81, 162, 168, 170, 172, 259, 261
Scharnitz 13 ff., 27, 31 f., 36 f., 79, 81, 93 f., 188, 193, 258
Scharnitzpass 37
Schauenberg 46

Scheyern 33
Schlanders 70, 151, 160
Schlehdorf 32
Seefeld 37, 46, 48, 201, 257
Schongau 27, 174
Schwangau 46, 69, 70
Schwaz 31, 46, 58 ff., 62, 70, 105, 108 f., 114, 120, 147, 182 f., 193, 245, 261
Seeon 27
Sprechenstein 139
St. Nikola 17
Stadtamhof 76
Stams 28, 73, 154, 258
Steiermark 21, 39, 46, 105, 185
Steinach 73, 139
Steingaden 33
Steinpass 92
Sterzing 32, 37, 48, 59, 69, 76, 139, 147, 164, 183 f., 193 f., 221, 261
Straßberg 69
Stubai 122, 165, 195, 211

Tannenberg 139
Taufers 28
Tegernsee 17, 32, 33, 190, 237, 243
Telfs 31, 109, 114, 165, 168
Teschen 83
Tesselberg 15
Thaur 26
Thierberg 46
Torbole 95
Tratzberg 31, 59
Treviso 32
Trient 10, 16, 19, 22 f., 27, 35 f., 42 f., 47, 51, 72 ff., 85, 93, 96, 103, 108, 109 f., 115 f., 132, 138, 143, 153 f., 169, 175 f., 178, 209, 216, 251
Tschötsch 237

Ulm 19, 30, 35 f., 90 ff., 108, 240 f., 258, 260
Uttenheim 15

Venedig 17, 22, 35, 50, 95
Verona 19, 48
Vicenza 32
Viktring 42

278

Vils 109, 226
Vinschgau 12, 22, 35, 69, 73, 109, 155, 178, 190, 208f., 221
Volders 52, 169, 183, 187
Vorarlberg 46, 96, 99, 107f., 172, 174, 189, 191, 193, 214, 218, 222, 233, 254, 260, 262, 266
Vorderösterreich 46, 48, 53, 78, 86, 95

Wagram 191, 196, 214
Walchensee 37, 256
Wasserburg 46, 47, 68
Weihenstephan 32, 33
Weilheim 28, 34, 144, 190
Weißenhorn 49
Wenzenbach 66
Werberg 31
Werdenfels 31, 32, 34
Werneck 73

Wien 22, 45, 53, 73, 80f., 87, 93, 105, 139, 143f., 157ff., 175, 179, 183ff., 191, 210, 213f., 222, 225, 227, 232, 235, 239, 241ff., 247, 251, 253, 255, 261ff.
Wildenwarth 54
Wilten 22, 49, 73, 154, 187ff., 194, 195, 199, 261
Wolfratshausen 34
Wörgl 9, 52, 181f., 190, 197, 261
Würmsee 15
Württemberg 94, 95, 96, 214
Würzburg 73, 85, 90ff., 95, 210, 222f., 240, 259ff.

Zillertal 55, 56, 103, 107, 182, 211, 266
Zorneding 43

Bildnachweis

Bayerisches Armeemuseum, Ingolstadt: 156
Bayerisches Hauptstaatsarchiv, München: 57
Bayerisches Nationalmuseum, München: 88, 102
Bayerische Staatsgemäldesammlung, München (Foto: ARTOTHEK): VI, VII
Haus der Bayerischen Geschichte: 127; VIII
Institut für Kunstgeschichte, Universität Innsbruck (Dr. M. Neuwirth): 229
Österreichische Nationalbibliothek, Wien: Cod. 7962 fol. 3c (Ba. E 4857-C):II
Privat: 18 u., 77 u., 77 o. und 121 (Therese Gräfin Arco), 250
Tiroler Heimatwerbung, Innsbruck (Dr. P. Baeck): III
Tiroler Landesmuseum Ferdinandeum, Innsbruck: 41 o., 54, 78, 97 o., 167, 198; V
Tiroler Landesregierungsarchiv, Innsbruck: 241.
Verlag Tappeiner AG - Lana: I
Verlagsarchiv Tyrolia: 18 o., 29; IV

Weitere Abbildungen entnommen aus:

175-Jahr-Feier Paß Strub. Lofer und Waidring, 1984: 180
Adalbert Prinz von Bayern, Eugen Beauharnais. München, 1940[1]: 185 o.
Bonk, S./ Schmid P., Königreich Bayern. Regensburg, 2005: 128
Dannheimer, H./ Dopsch, H. (Hg.), Die Bajuwaren. München-Salzburg, 1988: 11
Darstellungen aus der Bayerischen Kriegs- und Heeresgeschichte. München, 1902: 67, 74
Die österreichisch-ungarische Monarchie in Wort und Bild. 6. Heft, Wien: 173
Egg, E., Das Tiroler Unterland. Salzburg, 1971: 61, 146
Forcher, M., Bayern-Tirol. Die Geschichte einer freud-leidvollen Nachbarschaft. Wien-Freiburg-Basel, 1981 (Grafik: H. Benko): 24/25, 112/113
Frass, H., Erlebnis Südtirol. Bozen, 1978: 20, 38
Frass, H./ Riedl F. H., Historische Gaststätten in Tirol. Bozen, 1974: 35, 36, 185 u.
Rall H. und M., Die Wittelsbacher in Lebensbildern. Graz-Regensburg, 1986: 41 u., 97 u.
Schmid, A. (Hg.), 1806: Bayern wird Königreich. Regensburg, 2006: 84 (Washington National Gallery)
Kapfhammer, G., Brauchtum in den Alpenländern. München, 1977: 233

Umschlagmotiv:

Tiroler Adler:
ullstein bild, Berlin - Imagebroker.net